JN111376

EXAMPRESS

心理
教科書

著

公認心理師
試験対策研究会

公認心理師

心理師

精選一問一答 1250

SE
SHOEISHA

本書の使い方

本書は、公認心理師国家試験の対策書です。

7回分の過去試験（第1回〜第6回、第1回追試含む）から、重要かつ今後も出題が予想されるものを集めて構成しています。苦手分野の繰り返し学習や知識の整理、試験直前の仕上げなど、さまざまな用途でお使いいただける一冊です。

● チェックボックス

正解した問題には、チェックを入れておきましょう。自分の苦手分野の把握にも。

● ポイント

重要なところや、補足が必要なところについて解説しています。

本書の記載内容は、2023年7月現在の法令等に基づいています。変更される場合もありますので、関連省庁が公表する情報をご確認ください。

第23章 公認心理師に関係する制度

1 保健医療分野に関する法律、制度

Q1145 介護老人保健施設は、医療法で規定されている医療提供施設である。
☐ ☐

Q1146 精神科病院は、医療法で「高度の医療技術の開発及び評価を行う能力を有すること」が要件として定められている。
☐ ☐

Q1147 精神保健及び精神障害者福祉に関する法律〈精神保健福祉法〉の入院に関する規定によると、応急入院の入院期間は24時間以内に制限される。
☐ ☐

Q1148 精神保健福祉法の入院に関する規定によると、措置入院は自傷他害の恐れのある精神障害者を市町村長が入院させるものである。
☐ ☐

Q1149 精神保健福祉法の入院に関する規定によると、措置入院は、72時間を超えて入院することはできない。
☐ ☐

Q1150 精神保健福祉法の入院に関する規定によると、緊急措置入院は、家族等の同意に基づいて緊急になされる入院をいう。
☐ ☐

> **ポイント　精神保健福祉法に基づく入院形態**
>
> 精神保健福祉法に基づく精神科病院への入院形態（任意入院・措置入院・医療保護入院・応急入院・緊急措置入院）の対象、要件をおさえておこう。また入院の形態によって、行ってもよい行動制限やその要件も違うので確認しておこう。

348

【読者特典案内】

本書の読者特典として、下記の Web アプリを提供しております。
本書との併用で、効率的に試験対策を進めましょう！
詳しくは p.381「読者特典について」をご覧ください。

(Web アプリの内容)
① 一問一答 500 問　※解説がつきます
② 第 6 回試験 (問題＋解答)　※解説はつきません

A1145　○　介護老人保健施設は、[医療] 法で規定されている医療提供施設である。医療法 (1948 (昭和23) 年) 第1条の二2項では病院、診療所、[介護老人保健施設]、[介護医療院]、調剤を実施する薬局その他の医療を提供する施設を医療提供施設と規定している。

A1146　×　[特定機能病院] は、医療法で「高度の医療技術の開発及び評価を行う能力を有すること」が要件として定められている (医療法第4条の2)。[精神科病院] は医療法の規定に基づいた病院で、精神病床のみを有し、原則として都道府県に設置が義務づけられている。

● 重要語句を確認
右ページでは解説の重要な部分などを赤い文字で示しています。

A1147　×　精神保健及び精神障害者福祉に関する法律 (精神保健福祉法) の入院に関する規定によると、応急入院の入院期間は [72] 時間以内に制限される (第33条の7)。

A1148　×　措置入院は自傷他害の恐れのある精神障害者に対して [都道府県知事] の権限で行われる入院形態である (第29条)。

A1149　×　[措置入院] は、入院させなければ [自傷他害] のおそれのある精神障害者で、2名以上の精神保健指定医の診察の結果が一致して入院が必要と認められたとき、[都道府県知事] (または政令指定都市の市長) の決定によって行われる入院である。入院期間の制限はない。

● 赤シート
本書付属の赤シートを使うと、解答 (○×) を隠して問題を解くことができます。
また、穴埋め問題としてもお使いいただけます。

A1150　×　[緊急措置入院] は、措置入院の要件に該当するものの、急を要し措置入院の手順が踏めない場合に精神保健指定医1名の診察によって行うことができる入院である。入院期間は [72時間以内] に制限される。

目次

第1章 公認心理師としての職責の自覚

1 公認心理師の役割

Q1 公認心理師法において、公認心理師は名称独占の資格であると定められている。

Q2 公認心理師法において、秘密保持義務に違反した者は禁錮刑の対象となると規定されている。

Q3 公認心理師法において、公認心理師が信用失墜行為を行った場合は、登録の取消しの対象となると規定されている。

Q4 公認心理師としての資質の向上を怠った場合、登録が取り消される可能性がある。

ポイント　公認心理師法に違反した場合

公認心理師法の中で罰則規定のあるものを確認しておこう。

・秘密保持義務（第41条）に違反した場合は、［1年］以下の懲役又は［30万円］以下の罰金（第46条）。

・公認心理師の登録取消しまたは使用停止されている者（第32条2項）又は公認心理師ではない者が「公認心理師」の名称を使用した場合（第44条）は、［30万円］以下の罰金（第49条）。

また、信用失墜行為の禁止（第40条）、秘密保持義務（第41条）、医師の指示を受けること（第42条2項）に違反した場合は、文部科学大臣及び厚生労働大臣は公認心理師の［登録取消し］または一定期間の［名称使用停止］を命ずることができる（第32条）。

A1 　○　公認心理師法において、公認心理師は［名称］独占の資格であると定められている。公認心理師法第44条に「公認心理師でない者は、公認心理師という名称を使用してはならない」という規定がある。公認心理師法内に［業務］独占に関する規定がないことに注意。

- -

A2 　×　公認心理師法第41条に［秘密保持］の義務があり、違反した場合は第46条で「第41条の規定に違反した者は、1年以下の懲役又は30万円以下の罰金に処する」と規定されており、［禁錮］刑ではない。

- -

A3 　○　公認心理師法第40条において「信用失墜行為の禁止」が定められている。加えて、第32条に「登録の取消し」事由が定められており、第40条に違反した場合、すなわち「信用失墜行為を行った場合」には、「登録の取り消し」または「一定期間の名称の使用停止」が命じられる可能性が規定されている。

- -

A4 　×　公認心理師法第43条に「資質向上の責務」について定められている。罰則規定や登録取り消しなどの行政処分は［ない］。

Q5 ☐ ☐ 公認心理師法において、公認心理師の支援対象者は、心理に関する支援を要する者とその関係者であると規定されている。

Q6 ☐ ☐ 公認心理師の業務とは、心理に関する支援を要する者に対し、その精神疾患に関する相談に応じ、助言、指導、その他の援助を行うことである。

Q7 ☐ ☐ 公認心理師の業務とは、心の健康に関する知識の普及を図るための教育、情報の提供を行うことである。

Q8 ☐ ☐ 診断は公認心理師の業務に含まれる。

Q9 ☐ ☐ 信用失墜行為に対しては罰則が規定されている。

Q10 ☐ ☐ 公認心理師法における主務大臣は厚生労働大臣である。

Q11 ☐ ☐ 公認心理師法において、公認心理師は、心理に関する支援を要する者から相談の求めがあった場合にはこれを拒んではならないと定められている。

Q12 ☐ ☐ 公認心理師法第2条において、保健医療、福祉、教育等の関係者との連携を保つことが定められている。

Q13 ☐ ☐ クライエントの見捨てられ不安を防ぐため、一度受理したケースを別の相談機関に紹介（リファー）しないことは、公認心理師の職責や倫理として適切である。

A5 ✕　公認心理師法第［1］条に、「国民の心の健康の保持増進に寄与すること」とあり、［国民全体］が支援対象者となる。

A6 ✕　公認心理師の業務とは、心理に関する支援を要する者に対し、その［心理］に関する相談に応じ、助言、指導、その他の援助を行うことである。

A7 ○　公認心理師の支援対象者は国民全体であり、心の健康に関する［教育］や［情報提供］も業務に含まれる。

A8 ✕　診断は公認心理師の業務に含まれ［ない］。診断は［医師］の業務であり、公認心理師が行うことはできない。

A9 ✕　公認心理師法第40条に［信用失墜行為］の禁止が規定されているが、［信用失墜行為］に対する罰則規定は［ない］。

A10 ✕　公認心理師法における主務大臣は［文部科学大臣］および［厚生労働大臣］である。

A11 ✕　公認心理師法において、公認心理師が、心理に関する支援を要する者からの相談の求めを拒んではならないと規定する条文は［ない］。

A12 ✕　公認心理師法第［42条1項］において、保健医療、福祉、教育等の関係者との連携を保つことが定められている。

A13 ✕　一度受理したケースであっても、所属機関では対応できないと判断した場合には別の相談機関に［紹介（リファー）］する。

2 公認心理師の法的義務及び倫理

Q14
☑ ☑
養育者による虐待が疑われ児童相談所に通告する場合は、公認心理師の秘密保持義務違反にあたらない。

Q15
☑ ☑
別居中の母親から音信不通で心配していると相談された場合、クライエントの居場所を教えることは、公認心理師の秘密保持義務違反にあたる。

Q16
☑ ☑
面接で自殺念慮と具体的な準備を語った被面接者の家族に、本人の同意を得ずに切迫した危険を伝えることは秘密保持義務違反になる。

Q17
☑ ☑
部下の家族をカウンセリングすることも心理職の職務になることがある。

Q18
☑ ☑
公認心理師の倫理として、税理士であるクライエントに確定申告を手伝ってもらうことは多重関係にあたらない。

Q19
☑ ☑
「倫理的ジレンマ」がより強まるものとは、輸血が必要な患者が、宗教上の理由で輸血を拒否している場合などが当てはまる。

Q20
☑ ☑
公認心理師の対応として、自分が兼務している別の機関にクライエントを紹介することは適切である。

A14　○　養育者による虐待が疑われ児童相談所に通告する場合は［通告義務］（「児童虐待の防止等に関する法律」第6条）があり、秘密保持義務違反にはならない。

A15　○　家族であってもクライエントの許可なく情報を伝えることは［秘密保持義務違反］にあたる。

A16　×　自傷他害行為の危険性が高い場合、秘密保持義務よりも［安全な保護］が優先される。そのため、秘密保持義務の例外事由に該当する。

A17　×　上司と部下は評価者・被評価者であり、上司が部下の家族をカウンセリングすることは適切ではない。［多重関係］となり、評価される側への圧力や、問題の隠蔽につながる可能性がある。

A18　×　税理士であるクライエントに確定申告を手伝ってもらうことは、「クライエントとカウンセラー」という関係性に加えて「税理士と依頼者」という関係性を結ぶことになるため、［多重関係］になる。

A19　○　「倫理的ジレンマ」とは、クライエントの意志を尊重したいと思う一方で、クライエントの安全や命を守るためには意志を尊重できないといった［矛盾した状況］になることを意味する。「輸血を拒否する」という意志を尊重したいが、生命維持には輸血が必要という事態は倫理的ジレンマの典型例である。

A20　×　公認心理師の対応として、自分が兼務している別の機関にクライエントを紹介することは、自己利益につながる［利益誘導］にあたることなので不適切である。

Q21 摂食障害のため通院している中学生に対して、公認心理師であるスクールカウンセラーが支援するにあたり、指示を受けるべき者は学校長が最も適切である。

3 要支援者等の安全の確保と要支援者の視点

Q22 我が国における思春期・青年期の自傷と自殺について、非致死性の自傷行為は、自殺のリスク要因ではない。

Q23 我が国における思春期・青年期の自傷と自殺について、繰り返される自傷行為は、薬物依存・乱用との関連が強い。

Q24 我が国における10代の自殺者数は、男性よりも女性の方が多い。

Q25 メディアによる、自殺を思い留まった事例に関する報道や援助資源に関する情報提供が結果として自殺の発生を防ぐことをウェルテル効果という。

Q26 1年前から家庭内暴力〈DV〉を受けているクライエントの裁判に出廷し、クライエントの同意を得た相談内容を開示することは秘密保持義務の例外にあたる。

Q27 クライエントとの面接で、誹謗中傷される相手が特定できる可能性がある場合、第三者にそれを知らせることは秘密保持義務の例外にあたる。

Q28 精神科病院に通院中のクライエントが特定の人へ危害を加える可能性があると判断される場合、公認心理師が最初に行うべき行動として、主治医に状況を報告することが適切である。

A21 ✕ 摂食障害のため通院している中学生に対して、公認心理師であるスクールカウンセラーが支援するにあたり、指示を受けるべき者は[主治医]が最も適切である。公認心理師法第[42条2項]では、要心理支援者（心理に関する支援を要する者）に主治医がいる場合、その指示を受けなければならないと定めている。

A22 ✕ 思春期・青年期において非致死性の自傷行為は、自殺のリスクを[高める]。

A23 ◯ 思春期・青年期において繰り返される自傷行為は、薬物依存や乱用と関連が[強く]、自殺のリスクを[高める]。

A24 ✕ 我が国における10代の自殺者数は、女性よりも男性の方が[多い]。

A25 ✕ 自殺を思い留まった事例に関する報道や援助資源に関する情報提供が結果として自殺の発生を防ぐことを[パパゲーノ効果]という。[ウェルテル効果]とは、自殺の報道によって自殺者が増えることをいう。

A26 ◯ クライエントが裁判を提起した場合およびクライエントの同意を得た上での相談内容の開示は[秘密保持義務の例外]に該当する。

A27 ✕ クライエントとの面接で、明確で差し迫った[生命の危険]があり、攻撃される相手が特定されている場合（他害の恐れ）は秘密保持義務の例外となるが、誹謗中傷ではそれにあたらない。

A28 ◯ 精神科病院に通院中のクライエントが特定の人へ危害を加える可能性があると判断される場合、公認心理師は最初に主治医に状況を報告することが適切である。主治医の判断により、[措置入院]や[応急入院]等の対処を行うことができる。

Q29 ☐ ☐ 教育相談の場で、小学4年生の女子Aが、「授業が分からない」、「友達がいなくて学校に居場所がない」、「お父さんがお布団に入ってくる」、「おばあちゃんが入院中で死なないか心配」と話した。公認心理師として、最も優先的に考慮するべきものを1つあげるなら「Aの学校での居場所」である。

---

4 情報の適切な取扱い

Q30 ☐ ☐ 公認心理師が他の職種と連携して業務を行う際、産業分野では、うつに悩むクライエントから許可を得れば、クライエントの上司に対して業務量の調整を提案してよい。

....

Q31 ☐ ☐ 秘密保持義務の例外として、本人の同意があれば、当該本人に関する個人データを第三者に提供できる。

....

Q32 ☐ ☐ 高齢者施設で働く公認心理師として、経済的虐待が疑われたが、当事者である利用者から強く口止めされたために、意向を尊重して誰にも報告しないことは適切な行為である。

....

Q33 ☐ ☐ クライエントが公認心理師に対する信頼に基づいて打ち明けた事柄は、個人情報に該当しない。

 ポイント　**秘密保持義務の例外**

公認心理師に課せられている秘密保持義務が外れる場合の例外状況をおさえておこう。

1. 自傷他害の恐れがある場合
2. 虐待が疑われる場合
3. ケース・カンファレンスなど、直接関わりのある専門家同士が話し合いをする場合
4. 法による定めがある場合や医療保険による支払が行われる場合
5. クライエントから情報開示許可の明確な意思表示があった場合（自分の精神状態や心理的問題に関する訴えを提起した場合も）

A29　✕　学校での居場所についての対処は、[虐待の疑い]に対する支援が明白になった後である。「お父さんがお布団に入ってくる」ということがどういうことであるのか、Aの心情に配慮しながら慎重に聴き取り、虐待の可能性が高ければ[児童相談所に通告]するなど早急に対処しなくてはならない。

A30　○　公認心理師は、他の職種と連携して各領域で業務を行う際の守秘義務について理解しておく必要がある。産業分野に限らず、要心理支援者より許可が得られたら、組織の管理者（上司）に対して[業務分担]や[業務量の調整]を公認心理師が提案してもよい。

A31　○　秘密保持義務の例外として[本人の同意]がある場合には、第三者に情報を提供できることがある。

A32　✕　高齢者施設で働く場合、医師や看護師などの他職種との協働が重要になる。組織の一員として「チーム内守秘義務」の立場に立ち、[虐待の疑い]などの重要な情報はチーム内で共有すべきである。

A33　✕　クライエントが公認心理師に対する信頼に基づいて打ち明けた事柄は、[秘密保持義務]が発生する情報である。

ポイント　個人情報保護法第 2 条 3 項

この法律において「要配慮個人情報」とは、本人の人種、信条、社会的身分、病歴、犯罪の経歴、犯罪により害を被った事実その他本人に対する不当な差別、偏見その他の不利益が生じないようにその取扱いに特に配慮を要するものとして政令で定める記述等が含まれる個人情報をいう。

Q34

☑ ☐ 医療関係者が患者から取得した個人情報の開示について、本人の同意を得る手続が例外なく不要なものに、「法令に基づく場合」がある。

Q35

☑ ☐ 個人情報の保護に関する法律における「要配慮個人情報」に「病歴」がある。

5 保健医療、福祉、教育その他の分野における 公認心理師の具体的な業務

Q36

☑ ☐ 学校内で自殺者が出た場合の緊急介入時に、事実を伝えるのは亡くなった生徒と親しかった少数のみに限定するのが原則である。

Q37

☑ ☐ 心理的アセスメントには、心理検査の結果だけではなく、関与しながらの観察で得た情報も加味する。

Q38

☑ ☐ 心理的な支援を行う際のインフォームド・コンセントには、リスクの説明は含まれない。

Q39

☑ ☐ カンファレンスで心理的アセスメントの結果を報告する際、わかりやすさを優先して専門用語の使用を控えて説明することは適切な行為である。

Q40

☑ ☐ クライエントが、被虐待の可能性が高い高齢者の場合は、被害者保護のために関係者との情報共有を行う。

A34　○　「法による定めがある場合」は秘密保持義務の例外に該当する。

A35　○　個人情報の保護に関する法律における「要配慮個人情報」に「病歴」がある。氏名や生年月日は個人情報であるが、要配慮個人情報ではない。また、掌紋や基礎年金番号は個人識別符号であるが、要配慮個人情報ではない。

A36　✕　学校内で自殺者が出た場合、文部科学省による緊急対応マニュアルにおいては、遺族の意向を最優先した上で、個々の反応に気を配りながらも、うわさや憶測が広がらないように正確で一貫した情報を学校全体あるいは保護者会を開くなど、[そのときにできる範囲]で発信することを基本としている。

A37　○　心理的アセスメントには、心理検査の結果だけではなく、[関与しながらの観察]で得た情報も加味する。心理的アセスメントは心理検査のみを指しているのではない。心理師がクライエントと関わる過程で感じたこともアセスメントに含まれる。

A38　✕　心理的な支援を行う際のインフォームド・コンセントには、メリットだけでなく[リスク]の説明も含まれる。

A39　○　多職種と協働する際、[誰にでもわかる]言葉で説明することが大切である。

A40　○　虐待が疑われる場合には[秘密保持義務の例外]となり、[秘密保持]義務よりも[保護]義務が優先される。

第2章 問題解決能力と生涯学習

1 自己課題発見と解決能力

Q41 公認心理師は科学的な知見を参考にしつつも、直観を優先して判断する。

Q42 公認心理師が産前・産後休業を取るにあたって、クライエントと今後の関わりについて相談することは、心理的支援を続行できないときの対応として適切である。

Q43 公認心理師の職場の異動に伴い担当者が交代したことを新しい担当者がクライエントに説明することは、心理的支援を続行できないときの対応として適切である。

Q44 公認心理師は、専門職としての知識と技術をもとに、最低限の実践ができるようになってから職業倫理を学ぶ。

Q45 感情労働は、第三の労働形態である。

Q46 感情労働における表層演技は、自らの感情とは不一致でも他者に表出する感情を望ましいものにしようとすることである。

Q47 心理的アセスメントは、E. Rodolfa らの提唱する心理職の基盤的コンピテンシーに該当する。

A41　✕　公認心理師は心理学の［専門的知識］と［倫理観］に基づいた判断を行う。直観は大切なものではあるが、判断の際に優先されるものではない。

．．

A42　◯　産前・産後休業は事前に予想のできることであるので、要心理支援者に説明し、今後起こりうることや［リファー］や［終結］などについて話し合うことは適切である。

．．

A43　✕　異動は事前にわかることであり、可能な限り現在の担当者が説明責任を果たすべきである。クライエントには、新しい担当者と心理的支援を継続するかどうかを選ぶ権利があり、［要心理支援者の意思］を尊重した対応を行うべきである。

．．

A44　✕　職業倫理は［基盤］コンピテンシーに位置づけられ、公認心理師として最初に身につけるべきことである。

．．

A45　◯　感情労働は、［頭脳労働］、［肉体労働］に続く第三の労働形態といわれている。

．．

A46　◯　感情労働における［表層演技］とは、抱く感情を変化させることはしないが、表出する感情を職務上適切なものにしようとすることである。それに対し［深層演技］とは、職務上適切な感情と自らの感情が不一致であったときに、表出する感情のみならず、抱く感情そのものを適切なものにしようとすることである。

．．

A47　✕　心理的アセスメントは、E. Rodolfaらの提唱する心理職の［機能］コンピテンシーに該当する。

Q48 反省的実践は、E. Rodolfa らの提唱する心理職の基盤的コンピテンシーに該当する。

☑ ☑

ポイント　コンピテンシー

コンピテンシーとは、自分が良い成果をもたらし続けるための行動特性で、心理職は自分の知識や技術を常にアップデートし、専門家としての倫理観に基づいて行動することが求められる。
基盤的コンピテンシー（基本的な姿勢）、機能コンピテンシー（技術の向上）、職業的発達（訓練と実践の水準）、の3つの側面があるので、内容をしっかりとおさえておこう。

2　生涯学習への準備

Q49 クライエントとの間に行き詰まりを経験しているスーパーバイジーに対して、スーパーバイザーはスーパーバイジーが抱える個人的な問題に対して心理療法を用いて援助を行う。

☑ ☑

- -

Q50 スーパービジョンでは、スーパーバイザーは、スーパーバイジーの心理的危機に対してセラピーを行う。

☑ ☑

- -

Q51 心理療法のセッションをリアルタイムで観察しながら介入を指示する方法をライブ・スーパービジョンと呼ぶ。

☑ ☑

- -

Q52 スーパーバイザーはスーパーバイジーを評価しない。

☑ ☑

A48 ○ [反省的実践] は、E. Rodolfa らの提唱する心理職の基盤的コンピテンシーに含まれる。自分の言動を振り返り、自身の能力や技能を認識し、必要に応じて修正していくことを指す。

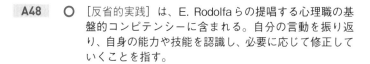

A49 ✕ スーパービジョンは、スーパーバイジーの個人的な問題に対する援助を目的としては [行わない]。個人的な問題に関しては、[教育分析] または [個人の心理療法] を受けるべきである。

A50 ✕ スーパーバイザーとスーパーバイジーは治療関係にはないため、セラピーを [行わない]。スーパーバイジーの心理的危機については、スーパービジョンとは別に個人のセラピーを受ける必要がある。

A51 ○ [ライブ・スーパービジョン] は、スーパーバイザーが実際のセッションに同席しながら、助言や指導を行う方法である。[すぐその場] で指導が行われるため、心理職のスキルアップには有効な方法である。

A52 ✕ スーパービジョンは教育の機会であり、スーパーバイザーがスーパーバイジーを [評価] することは重要である。

Q53 スーパービジョンはスーパーバイジーの公認心理師としての発達段階に合わせて行われる。

☑ ☑

Q54 スーパーバイザーとスーパーバイジーの関係は対等である。

☑ ☑

Q55 スーパービジョンとはスーパーバイザーとスーパーバイジーが1対1で行うものをいう。

☑ ☑

Q56 心理支援におけるスーパービジョンでは最新の技法を習得することが主な目的である。

☑ ☑

Q57 スーパービジョンでは、スーパーバイジーの心理職としての自己肯定感を高めることが重要である。

☑ ☑

Q58 スーパービジョンにおいて、スーパーバイザーは理論的な概念や知識から具体的事例への橋渡しをする。

☑ ☑

Q59 M.H. Rønnestad と T.M. Skovholt は、カウンセラーの段階的な発達モデルを示した。

☑ ☑

Q60 専門書を読む、講演会を聞きに行くなどの行為は受け身であるので、公認心理師としての生涯教育には当たらない。

☑ ☑

Q61 異なる専門家が集まり、クライエントの問題解決について話し合うことを教育分析という。

☑ ☑

A53 ○ スーパービジョンはスーパーバイジーの［発達段階＝成長過程］に合わせて行われる。スーパービジョンの教育機能という側面から見て当然のことである。

. . . .

A54 ✕ スーパーバイザーとスーパーバイジーの関係は対等［ではない］。スーパーバイザーはスーパーバイジーに［指導］をする立場である。

. . . .

A55 ✕ スーパービジョンには1対1で行う個人スーパービジョンだけでなく、［グループスーパービジョン］も行われる。

. . . .

A56 ✕ スーパービジョンは公認心理師としての［専門性］と［資質の向上］を図るものであり、必ずしも最新の技法の習得が目的ではない。

. . . .

A57 ✕ スーパービジョンでは、スーパーバイジーが自分の［心理職としての課題］に気づくことが重要である。

. . . .

A58 ○ スーパーバイザーは、スーパーバイジーが心理学の［理論的概念］や［知識］を具体的事例の中で具現化していけるように指導に当たる。

. . . .

A59 ○ M.H. RønnestadとT.M. Skovholtは論文「The Journey of the Counselor and Therapist（2003）」の中で、心理職の［6期発達モデル］を提唱した。

. . . .

A60 ✕ 専門書を読んだり、講演会や学会に参加したりするなどの行為は［生涯教育］である。他にも、ワークショップやシンポジウム、事例検討会に参加することなども含まれる。

. . . .

A61 ✕ 異なる専門家が集まり、クライエントの問題解決について話し合うことを［コンサルテーション］という。［教育分析］は、訓練の一環として、心理職が自分自身の個人的な課題に取り組むためのものである。

第**3**章 多職種連携・地域連携

1 多職種連携・地域連携の意義及び チームにおける公認心理師の役割

Q62 多職種連携によるチームアプローチにおいては、コミュニケーションを積極的にとることが望まれる。
☑ ☑

Q63 多職種連携によるチームアプローチにおいては、職務に関する問題は、専門家として責任を持って一人で解決を図る。
☑ ☑

Q64 多職種連携の際には、共通言語として心理的アセスメントの情報を共有することが大切である。
☑ ☑

Q65 多職種連携やチーム支援を充実させるため、チームは高度な専門的知識をもったスタッフで構成する。
☑ ☑

Q66 公認心理師法では、心理的支援を要する者へ多職種チームで対応する際に、医師の指導を受けることが定められている。
☑ ☑

Q67 公認心理師がチームに情報を共有するときには、なるべく心理学の専門用語を使わないように心がける。
☑ ☑

A62　○　公認心理師は［多職種連携］が重要視されている。多職種連携の際には、お互いが［尊重］し合い、［コミュニケーション］を取ることが重要である。

A63　×　多職種連携におけるチームアプローチでは、職務に関する問題は、各専門家が自身の専門知識を活かし、協力して解決に取り組むことが求められる。多職種連携によって、［要心理支援者］が持っている多種多様なニーズに細かく対応することが可能になる。

A64　○　多職種連携において公認心理師が求められる重要な役割として［心理的アセスメント］がある。公認心理師は心理的アセスメントを行い、その内容を他の職種と［共有］することが大切である。

A65　×　多職種連携やチーム支援を充実させるために専門的知識は重要である。しかし、専門的知識をもつ者だけでなく、［要心理支援者］もチームの一員である。また、要心理支援者の［家族］もチームの一員としての立場を担っている。

A66　×　公認心理師法第42条2項において、担当する要心理支援者に［主治医］がいる場合、公認心理師はその主治医の［指示］を受けなければならないと定められている。

A67　○　公認心理師がチームに情報を共有するときには、心理学の［専門用語］を多用せず、なるべくわかりやすい言葉で伝えるよう努力しなければならない。また、チームでの情報共有に限らず、［クライエント］に対しても専門用語を使わないように気をつける。

Q68 多職種でのカンファレンスは、議論や討論を行う場である。

☑ ☑

Q69 公認心理師が、成人のクライエントの心理に関する情報を医療チームに提供する場合、クライエントの同意が事前に必要である。

☑ ☑

Q70 精神科領域のチーム医療において、公認心理師には、技術の習得やトレーニングが期待されている。

☑ ☑

Q71 デイケア利用者のケア会議の場でスタッフBが「Aさんは気難しく、人の話を聞いていないので関わりが難しい」と発言した。この発言に対し、公認心理師としてスタッフの交代を提案することは適切である。

☑ ☑

Q72 多職種連携コンピテンシーは、2つのコアドメインと、コアドメインを支える6つのドメインで構成されている。

☑ ☑

●多職種連携コンピテンシーの対象者：医療保健福祉に携わる職種

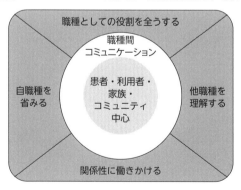

出典：多職種連携コンピテンシー開発チーム「医療保健福祉分野の多職種連携コンピテンシー」（2016年3月31日第1版）

A68　○　多職種でのカンファレンスでは、良い治療を提供するためにどうすればよいのかを議論していく。単なる情報交換の場ではなく［議論や検討、調整］を行う場といえる。

A69　○　公認心理師が、成人のクライエントの心理に関する情報を医療チームに提供する場合、クライエント本人の［同意］が必要である。未成年者の場合は、［保護者の許可・同意］が必要である。

A70　✕　精神科領域のチーム医療において公認心理師に求められていることは、［心理学的アセスメント］をはじめとする心理支援である。技能獲得の訓練は、主に［作業療法士］が行う。

A71　✕　Aの病状やAとBの関係性など、詳細な情報がないまま、Bの発言だけをもとにスタッフの交代を提案することは問題の解決にならない。AとBの間に何が起きているのか、どこが問題であるのかを［アセスメント］することがまずは重要である。

A72　✕　専門職連携を行う際の実践能力は、［多職種連携コンピテンシー］と呼ばれ、［2つ］のコアドメインと、それを支える［4つ］のドメインで構成されている。

ポイント　コアドメインを支える4つのドメイン

職種としての役割を全うする	お互いの役割を理解し、お互いの知識・技術を活かしそれぞれが自分の職種としての役割を全うする
関係性に働きかける	複数の職種との関係性の構築・維持・成長を支援および調整する
自職種を省みる	自分の職種の思考、行為、感情および価値観を振り返り、複数の職種との連携協働の経験をより深く理解し、連携協働に活かす
他職種を理解する	他の職種の思考、行為、感情および価値観を理解し、連携協働に活かす

Q73 専門職連携において、他の職種との関係構築や維持、成長を支援し調整できる能力は、多職種連携コンピテンシーの1つである。

☑ ☑

Q74 患者の意向よりも、他の職種との間での共通の目標を最優先にして設定することができる能力は、多職種連携コンピテンシーのコアドメインである。

☑ ☑

Q75 地域連携を行うためには、公認心理師は同じ分野で同世代の地域の人々と積極的に連携することが重要である。

☑ ☑

Q76 多職種チームによる精神科デイケアにおいて、公認心理師は作業プログラムの企画を担当する。

☑ ☑

Q77 精神科デイケアの利用者に対するピアカウンセリングは公認心理師の業務の一つである。

☑ ☑

Q78 多職種チームによる精神科デイケアにおいて、社会福祉士は必要に応じ利用者の公的補助導入について助言を行う。

☑ ☑

ポイント　地域連携で必要なこと

公認心理師は、要心理支援者に対する心理学的支援が円滑に提供されるように、要心理支援者の地域にあるリソースを把握し、必要に応じ活用していくことが求められる。そのため、普段から地域の関係する専門家とコミュニケーションをとっておくことが大切である。

ポイント　ピアカウンセリング

ピアカウンセリングとは、同じ経験や背景を持つ人々がお互いに支えあい、相互の体験や感情に対して対話を通じて支援を提供するアプローチである。専門的なカウンセリングとは異なり、同じ立場の人々が共感し合いながら、共通の課題や問題について助言や理解を共有する。

A73 ○ 多職種連携コンピテンシーの4つのドメインの1つである「関係性に働きかける」は、複数の職種との関係構築・維持・成長を支援および調整する能力を指している。

A74 ✕ 多職種連携コンピテンシーのコアドメインは［患者・利用者・家族・コミュニティ中心］である。患者や利用者、家族、コミュニティのために、協働する職種で患者や利用者、家族、地域にとって重要な関心事あるいは課題などに焦点をあて、共通の目標を設定する。

A75 ✕ 地域連携は支援者にとって身近な機関や団体である［地域］の関係者などと連携を行うことである。分野が同じか、また、世代が同じかは関係ない。

A76 ✕ 多職種チームによる精神科デイケアにおいて、作業プログラムの企画は、［作業療法士］が行うことが多い。

A77 ✕ ピアカウンセリングとは、［当事者同士］での相談支援を指す。公認心理師が直接行う業務ではない。

A78 ○ 利用者の公的補助導入についての助言などは、主に［社会福祉士］などのソーシャルワーカーが担当する。

第4章 心理学・臨床心理学の全体像

1 心理学・臨床心理学の成り立ち

Q79
20世紀前半の心理学の3大潮流とは、ゲシュタルト心理学、行動主義、認知心理学である。

Q80
世界で最初の心理学実験室を創設したW. Wundtは行動レベルの反応を測定した。

Q81
W. Wundtは、心的要素間の結合様式を解明しようとした。

Q82
A. Adlerは個人心理学を提唱した。

Q83
オペラント行動の研究の基礎を築いたのはJ.B. Watsonである。

Q84
認知心理学では、まとまりのある全体像を重視する。

Q85
認知心理学では、観察可能な刺激と反応との関係性を重視する。

A79 ✕ 20世紀前半の心理学の3大潮流とは、ゲシュタルト心理学、行動主義、［精神分析学］である。認知心理学は20世紀半ばに、［行動主義］と［新行動主義］の流れの中から生まれてきた心理学である。

A80 ✕ 行動レベルの反応を測定したのは、［J.B. Watson］（行動主義的心理学）である。

A81 ○ W. Wundt は［内観法］を用いて、意識を構成する要素に分解し、心的要素の構造を明らかにしようとした。

A82 ○ A. Adler は［個人心理学］を提唱した。人間を無意識と意識、あるいは感情と思考といった要素に分解するのではなく、全人格的に捉えて全体で1人の個人であると考えた。

A83 ✕ オペラント行動の研究の基礎を築いたのは、［B.F. Skinner］である。J.B. Watson は、心理学の研究対象は、「客観的に測定（観察）可能な行動」であるべきだと主張し、［行動主義］を提唱した。

A84 ✕ ［ゲシュタルト心理学］では、まとまりのある全体像を重視する。［ゲシュタルト心理学］では、人間は、心的過程の働きかけにより、与えられた刺激を個別にではなく、まとまりをもったものとして知覚し、意識すると主張する。

A85 ✕ ［行動主義心理学］では、観察可能な刺激と反応との関係性を重視する。［J.B. Watson］は、心理学は観察可能な行動を研究対象にすべきだと主張し、刺激を変化させることで反応がどのように変化するのかを研究した。

Q86 認知心理学では、心的過程は情報処理過程であるという考え方に基づく。
☑ ☑

Q87 心的過程の「全体」や「場」を重んじ、集団力学誕生の契機となった心理学は、新行動主義心理学である。
☑ ☑

Q88 ゲシュタルト心理学において中心的に研究されているのは学習である。
☑ ☑

Q89 人間性心理学では、人間の健康的で積極的な側面を強調する。
☑ ☑

Q90 人間性心理学では、価値や未来よりも過去や環境を重視する。
☑ ☑

Q91 人間性アプローチに関係が深い人物は、C.R.Rogers である。
☑ ☑

Q92 人間性心理学の理論として代表的なものにはアフォーダンス理論がある。
☑ ☑

Q93 A. Ellis が創始した心理療法は精神分析療法である。
☑ ☑

Q94 遊戯療法と関係の深い人物は A. Freud である。
☑ ☑

Q95 バランス理論に最も関係が深い人物は、A.Binet である。
☑ ☑

A86 ○ ［認知心理学］では、心的過程は情報処理過程であるという考え方に基づく。［認知心理学］ではS（刺激）とR（反応）の間に起こる思考や記憶、学習や推論といった内的過程を情報処理過程として研究し、複雑で高度な行動や学習を説明しようとする。

A87 ✕ 心的過程の「全体」や「場」を重んじ、集団力学誕生の契機となったのは［ゲシュタルト心理学］である。［新行動主義心理学］は、刺激と反応の間に媒介変数（内的要因）があるとし、行動主義心理学を発展させた。

A88 ✕ ゲシュタルト心理学において中心的に研究されているのは［知覚］である。人は物事を部分や要素の集合ではなく、全体として知覚すると考える学派である。学習は、主に［行動主義心理学］において研究されている。

A89 ○ 人間性心理学では、人間の肯定的な側面を重視し、［自己実現］、［自己決定］ができるよう促す。

A90 ✕ ［人間性心理学］では、過去や環境にとらわれず、価値や未来を重視する。

A91 ○ C.R.Rogers は、［人間性アプローチ］の代表的な人物であり、人間は自己実現に向かって歩む主体的な存在としてとらえ、［来談者中心療法］を提唱した。

A92 ✕ アフォーダンス理論は生態学的見方をもとにした［知覚心理学］の理論である。

A93 ✕ A. Ellis が創始した心理療法は［論理情動行動療法］である。［精神分析療法］の創始者はS. Freud である。

A94 ○ A. Freud は、子どもに対する心理療法のために遊びを導入し、［遊戯療法］を創始した。

A95 ✕ A.Binet は、［知能検査］を初めて考案した人物である。バランス理論は［F.Heider］の主張した説で、［認知的均衡理論］とも呼ばれる。

Q96 生物心理社会モデルは、生物生態学的モデルへの批判を背景に生まれたモデルである。

☐ ☐

Q97 生物心理社会モデルは、クライエントを包括的に理解する上で有用なモデルである。

☐ ☐

Q98 生物心理社会モデルは多職種連携を行う際に役立つ。

☐ ☐

Q99 生物心理社会モデルでは、生物要因が最も重要であると考える。

☐ ☐

Q100 生物心理社会モデルはスピリチュアリティを最も重視するモデルである。

☐ ☐

Q101 生物心理社会モデルの心理的要因には、感情が含まれる。

☐ ☐

Q102 生物心理社会モデルの社会的要因には、対処行動が含まれる。

☐ ☐

Q103 DSM-5は、生物心理社会モデルに共通する考え方を含んでいる。

☐ ☐

Q104 国際生活機能分類（ICF）は、生物心理社会モデルに共通する考え方を含んでいる。

☐ ☐

A96 ✕ 生物心理社会モデルは、[生物医学モデル]への批判を背景に生まれたモデルである。1977年にG. Engelが提唱した。

A97 ◯ 生物心理社会モデルは、クライエントの生物的、心理的、社会的な要因を考慮し、[包括的]に理解しようとするモデルである。

A98 ◯ 生物心理社会モデルは他の医療専門職などと[多職種連携]を行う際に役立つ。要心理支援者への支援は心理的な要因だけでなく、[生物的]要因や[社会的]要因も含めた総合的な視点から行われる必要がある。

A99 ✕ 生物心理社会モデルは要心理支援者を生物要因、心理要因、社会要因から[総合的]、[多角的]にみるためのモデルであり、それぞれの要因に重要度の順序はない。

A100 ✕ 生物心理社会モデルは、クライエントの理解には[生物的]要因と[心理的]要因、[社会的]要因から捉えることが重要であるとするモデルで、スピリチュアリティについては言及していない。

A101 ◯ 生物心理社会モデルの心理的要因には、[感情]の[認知や対処行動]、[ストレス]などが含まれる。

A102 ✕ 生物心理社会モデルの社会的要因には、[環境]、[組織]、[制度]などが含まれる。対処行動は、[心理的要因]に含まれる。

A103 ◯ [DSM-5]の診断基準には、生物学的側面、心理的側面だけでなく、生活適応などの社会的な領域での症状を評価する項目があり、生物心理社会モデルに共通する考え方である。

A104 ◯ [国際生活機能分類（ICF）]は、WHOが提唱する障害・健康に関する捉え方である。個人の心身機能や身体構造だけでなく、環境因子や個人因子などを加味した[生活機能モデル]が採用されており、生物心理社会モデルと共通した考え方である。

第5章 心理学における研究

1 心理学における実証的研究法

Q105 実験計画において、実験者が操作する変数以外に観測される変数に影響を与えると考えられているものに剰余変数がある。

Q106 人を対象とした心理学研究においては、自発性が保証された状況下で、対象者からインフォームド・コンセントを取得することが求められる。

Q107 質的研究における、分析結果の解釈の妥当性を高める方法をコーディングという。

Q108 コミュニティ・アプローチにおいて、マンパワーの資源は、非専門家との協力が重視される。

Q109 学会発表等で、他者の先行研究で示された実験結果の一部を参考論文から抜き出し、出所を明らかにすることなく自分のデータとして図を含めてスライドに記述し、そのまま発表した場合に該当する不正行為をねつ造という。

Q110 心理学の実験において、「XがYに及ぼす影響」の因果的検討を行うとき、Xは、値又はカテゴリーが2つ以上設定される。

A105　○　[剰余変数] は実験計画において、従属変数に影響を与えると想定する独立変数以外で影響を与える変数であり、[誤差変数] ともいう。

A106　○　人を対象とした心理学研究においては、自発性が保証された状況下で、対象者から [インフォームド・コンセント] を取得することが求められる。研究実施にあたり、研究者は協力者に対し、研究内容の丁寧な説明を行った上で、自発的に協力・非協力を選択できることを保証すべきである。

A107　✕　質的研究における、分析結果の解釈の妥当性を高める方法を [メンバーチェック] という。[コーディング] は質的データの一部にその特徴やエッセンス、顕著な特徴を捉えた単語や短い文章を付ける作業を指す。

A108　○　[コミュニティ・アプローチ] において、マンパワーの資源は、多様な人材によるサービスを志向するため、非専門家との協力が重視される。

A109　✕　他の研究者のアイディア、分析・解析方法、データ、研究結果、論文又は用語を、当該研究者の了解もしくは適切な表示なく流用することを [盗用] という。[ねつ造] とは「存在しないデータ、研究結果等を作成すること」である（文部科学省）。

A110　○　心理学の実験において、「XがYに及ぼす影響」の因果的検討を行うとき、値やカテゴリーが2つ以上設定されることによって、[因果関係] の原因としての要因Xが設定される。

Q111

☑ ☑

質問紙を用いたパーソナリティ検査について、検査が測定しているものを正しく測定できている程度のことを信頼性という。

- -

Q112

☑ ☑

心理学の実験において、基準関連妥当性は、独立変数と従属変数の因果関係の確かさの程度を表す。

- -

Q113

☑ ☑

心理学研究における観察法は、観察者のバイアスが入り込みやすい。

- -

Q114

☑ ☑

心理学の研究法において、質問紙法と比較したときの面接法の特徴として、データの収集に手間と時間がかかるということがある。

- -

Q115

☑ ☑

心理療法やカウンセリングの効果研究におけるメタ分析では、ある介入法に基づく複数の効果研究について、効果サイズを算出することができる。

- -

Q116

☑ ☑

観察者の有無が作業に及ぼす影響をみる実験において、参加者を作業時に観察者がいる群といない群に分け、各群の参加者に単純課題条件と複雑課題条件の双方を課した。この結果の分析方法で最も適切なのは、複数個の対応のある平均値のt検定を行うことである。

A111 ✕ 質問紙を用いたパーソナリティ検査について、検査が測定しているものを正しく測定できている程度のことを［妥当性］という。［信頼性］は、その構成概念の測定の精度を表す概念である。

A112 ✕ 心理学の実験において、独立変数と従属変数の因果関係の確かさの程度を表すのは［内的妥当性］である。［基準関連妥当性］は、その尺度の基準となるような明確な外的基準との相関関係を算出する等によって検討される。

A113 ○ 心理学研究における観察法において、観察者は観察の目的を自分の期待通りに見てしまう傾向、すなわち［観察者バイアス］に注意しながら研究を進める必要がある。

A114 ○ ［質問紙法］は集団に一斉実施が可能であるが、［面接法］は研究目的に合った調査対象者の選定や依頼に多くの労力を要するため、一人あたりの面接にかかる時間も多くなる。

A115 ○ 心理療法やカウンセリングの効果研究におけるメタ分析で、何らかの尺度得点を用いて介入を行った群と行わない群との差異を検討したものを［効果サイズ（効果量）］という。「効果サイズ＝（介入群の平均値－統制群の平均値）÷統制群の標準偏差」で求められる。

A116 ✕ 観察者の有無が作業に及ぼす影響をみる実験において、参加者を作業時に観察者がいる群といない群に分け、各群の参加者に単純課題条件と複雑課題条件の双方を課した。本実験の要因は「観察者の有無」が被験者間条件、「2種類の課題」が被験者内条件であるので、［2要因混合分散分析］を行うのが適切である。

Q117
☑ ☑

量的な説明変数によって1つの質的な基準変数を予測するための解析方法を、重回帰分析という。

Q118
☑ ☑

因子分析の斜交回転において各観測変数と各因子との相関係数を要素とする行列を表すものを、単純構造という。

Q119
☑ ☑

質的研究と関わりが深い研究方法や分析方法には、主成分分析がある。

Q120
☑ ☑

重回帰分析で算出される重相関係数とは、基準変数と予測値との相関係数のことである。

Q121
☑ ☑

重回帰分析において、説明変数間の相関の絶対値が大きく、偏回帰係数の推定が不安定となる状態を多重共線性があるという。

Q122
☑ ☑

個体を最もよく識別できるように、観測変数の重みつき合計得点を求める方法をクラスター分析という。

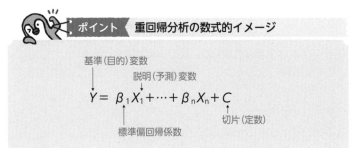

ポイント　**重回帰分析の数式的イメージ**

基準(目的)変数
説明(予測)変数

$$Y = \beta_1 X_1 + \cdots + \beta_n X_n + C$$

切片(定数)
標準偏回帰係数

A117 ✕ 量的な説明変数によって1つの質的な基準変数を予測するための解析方法を [判別分析] という。[重回帰分析] では、複数の量的な説明変数で1つの量的な基準変数を予測する。

A118 ✕ 因子分析の斜交回転で各観測変数と各因子との相関係数を要素とする行列を表すものを [因子構造] という。[単純構造] とは、因子分析の回転後の因子負荷量が、当該因子のみに高くそれ以外の因子には低い値を示す構造のことである。

A119 ✕ 質的研究と関わりが深い研究方法や分析方法には、[PAC分析]、[エスノグラフィー]、[グラウンデッド・セオリー・アプローチ] 等がある。[主成分分析] とは、多くの変数を少ない変数へと置換し要約するデータの理解をしやすくする量的研究の分析手法である。

A120 ◯ 重回帰分析で算出される [重相関係数] とは、基準変数と予測値との相関係数のことである。[重相関係数] を2乗したものを [決定係数] というが、いずれも予測値が基準変数をどの程度説明しているか判断する指標となる。

A121 ◯ 重回帰分析の説明変数に強い相関関係がある場合、（標準）偏回帰係数の推定が不安定となり、分析結果の信頼性に問題が出る状態を [多重共線性] があるという。

A122 ✕ 個体を最もよく識別できるように、観測変数の重みつき合計得点を求める方法を [主成分分析] という。[クラスター分析] は、対象者の分類を行うことを目的とし、多変数をもとに類似した対象者を選び出してクラスターにまとめていく分析をいう。

3 統計に関する基礎知識

Q123
☑ ☑

順序尺度によるデータの散布度を標準偏差という。

Q124
☑ ☑

観測値として、9、5、7、8、4が得られたとき、値が6.6となる代表値（小数点第2位を四捨五入）を算術平均という。

Q125
☑ ☑

データ分布の特徴を表す指標のうち、平均値は外れ値の影響を受けにくい。

Q126
☑ ☑

2×2のクロス集計表における2変数間の関連性を示す指標を四分点相関係数という。

Q127
☑ ☑

探索的因子分析において、固有値の変化がなだらかになる1つ前までの固有値の数を因子数とする基準をスクリー基準という。

Q128
☑ ☑

全対象者に一連の番号を付け、スタート番号を乱数によって決め、その後、必要な標本の大きさから求められた間隔で研究対象者を抽出する方法を、単純無作為抽出法という。

ポイント 尺度水準

[尺度水準]には、[名義尺度]（順序性の違いがなく単なるカテゴリー）、[順序尺度]（個々の値の間に等間隔性はないが順序性はあるようなデータ）、[間隔尺度]（個々の値の間に等間隔性はあるが、基点としてのゼロはない）、[比率尺度]（個々の値の間に等間隔性があり、基点としてのゼロがある）の4つがある。

A123　✕　順序尺度によるデータの散布度を［四分位偏差］という。四分位偏差は下から25％に第1四分位数、下から50％に第2四分位数（中央値の場所）、下から75％に第3四分位数をとる。

A124　○　［算術平均］とは「値の総和をn個で割る」ものである。観測値として、9、5、7、8、4が得られたとき、算術平均の値が6.6となる（小数点第2位を四捨五入）。

A125　✕　［外れ値］とは、データの中で相対的に高すぎたり低すぎたりする少数の値のことをいう。平均値は外れ値の影響を受けやすい。［中央値］はデータの順序によって算出する代表値であるため、外れ値の影響を受けにくい。

A126　○　2×2のクロス集計表における2変数間の関連性を示す指標を［四分点相関係数］という。2つの値しかとらない変数（非喫煙者＝0、喫煙者＝1など）の相関係数のことをいい、［φ（ファイ）係数］ともいう。

A127　○　探索的因子分析において、［固有値］は、その因子に含まれる項目数の目安であり、1以上あることが必要となる。スクリー基準以外に、固有値が1以上のものを因子とするカイザー基準があり、これらを柔軟に使って因子を解釈する。

A128　✕　全対象者に一連の番号を付け、スタート番号を乱数によって決め、その後、必要な標本の大きさから求められた間隔で研究対象者を抽出する方法は［系統抽出法］である。［単純無作為抽出法］は、全対象者に一連の番号を付け、乱数表を用いて必要な標本数の抽出を行う方法であり、決められた間隔での抽出を行うことはない。

Q129 1要因分散分析の帰無仮説は、「全ての水準の母平均は等しくない」となる。
☑ ☑

Q130 クロス集計表の連関の検定で利用される確率分布はF分布である。
☑ ☑

Q131 心理学研究で行われている統計的仮説検定において利用される有意水準は、帰無仮説が真であるとき帰無仮説を棄却する確率のことである。
☑ ☑

Q132 統計的仮説検定において、K. Pearsonの相関係数が0.1％水準で有意であった場合、2つの変数間に強い相関があるといえる。
☑ ☑

Q133 相関関係を求める2つの変数それぞれから、共通の第3の変数の影響を除いて求められるのは、偏相関係数である。
☑ ☑

ポイント 推測統計とは

統計学では本来の対象を母集団というが、実際の研究では母集団における代表値（母数という）は知ることはできないので、その一部を標本抽出してデータとして母数を推定することを推測統計と呼ぶ。

ポイント 推測統計の2種類の誤り

①第1種の誤り：帰無仮説が正しいのに、帰無仮説を棄却する誤り。
②第2種の誤り：帰無仮説が偽であるのに、帰無仮説を採択してしまう誤り。

A129　✗　1要因分散分析の帰無仮説は、「全ての水準の母平均は等しい」となる。「全ての水準の母平均は等しくない」は対立仮説が採択され、なおかつ[多重比較]で全ての水準間に有意差がみられた場合にのみ適用できる結論である。

A130　✗　クロス集計表の連関の検定で利用される確率分布は[カイ2乗分布]である。クロス集計表とは、複数の要因間で[質的変数]の出現率をまとめたものをいい、その[差]をカイ2乗検定によって分析する際に[カイ2乗分布]を用いる。F分布は、2群間の[量的変数]の[分散]に差があるか検定する際に用いられる。

A131　○　統計的仮説検定を用いた推測統計では、第1種の誤りと第2種の誤りが生じることがある。このうち[第1種の誤り]である「帰無仮説が真であるにもかかわらず、帰無仮説を棄却してしまう誤り」を犯す確率の最大値のことを[有意水準]と呼ぶ。

A132　✗　統計的仮説検定において、K. Pearsonの[相関係数]の強さは、有意性検定を行って有意であった相関係数について、その[絶対値の大きさ]で判断する。0.1%水準で有意であった場合、2つの変数間に強い相関があるとは[いえない]。

A133　○　偏相関係数は、例えば「身長」と「体重」で相関が高いような場合に、「年齢」という第3の変数が影響して[疑似相関（見かけの相関)]を高めているような場合に算出する。

第6章 心理学に関する実験

1 実験計画の立案

Q134 心理学実験で実験参加者に留意点を説明する際のカウンターバランスとは、実験参加者の順序等をあえて考慮せずに配置することで、結果へのバイアスを減らす手続きをいう。

☑ ☑

Q135 心理学実験で実験参加者に留意点を説明する際の無作為割付とは、実験参加者を特定の偏りのもとで実験条件に配置すると、結果に影響を与えることがあるため、それを避けるための方法である。

☑ ☑

Q136 因子分析による解析を計画している調査用紙の回答形式は評定尺度法で行われる。

☑ ☑

Q137 調査において、代理回答や記入ミスが起こりにくい実施方法は、面接調査である。

☑ ☑

 **ポイント** 実験時の留意点

練習効果	被験者内計画の実験参加者は特定の課題を複数回行うことで、課題に慣れてしまい、その繰り返しが従属変数に影響を与えることがある。
順序効果	被験者内計画で実験する場合、実験参加者が異なる条件の課題を行う際に、その条件提示の順番が影響を与えてしまうことがある。
カウンターバランス	被験者内計画で実験する場合、実験参加者の半数は逆の順番にするなどして、順序効果を相殺する。
無作為割付	実験参加者を特定の偏りのもとで実験条件に配置すると、従属変数の結果に影響を与える可能性があるため、実験参加者は無作為（ランダム）に配置することが重要。

A134 ✕ ［カウンターバランス］とは、実験参加者の前半部分と後半部分の順序（刺激を提示する順番など）を逆にして、順序効果を相殺する手続きである。

A135 〇 ［無作為割付］は、実験参加者を無作為（ランダム）に配置することであり、実験計画を立てる上で重要な留意事項である。

A136 〇 ［評定尺度法］は、複数の項目に対して程度や頻度という形でいくつかの段階を設定して、その中から選択を求める方法であり、潜在的な［因子］の有無を分析するデータとして適している。

A137 〇 ［面接調査］は実際に対象者から回答を聞き取るため代理回答や記入ミスが起こりにくいが、多人数に実施するときは人的コストが大きくなる。

Q138 相関分析による解析を計画している調査用紙の回答形式には、文章完成法が用いられる。

Q139 研究の目的を偽って実験を行い、実験の終了後に本来の目的を説明することによって、実験の参加者に生じた疑念やストレスを取り除く研究倫理上の行為に、ディセプションがある。

Q140 実験参加者に対してその目的や想定されるリスク等について事前に説明し、参加への同意を確認することをインフォームド・コンセントという。

Q141 クロス集計表において列要素と行要素の関連の強さを示す指標を κ （カッパ）係数という。

Q142 心理療法の有効性の研究では、単一の理論に基づく心理療法が用いられる。

Q143 心理療法の有効性の研究では、クライエントが抱える多様な問題に焦点を当てる。

Q144 Müller-Lyer錯視図形の実験において留意すべき点として、矢羽根の角度が異なる刺激をランダムに呈示するということが挙げられる。

A138　✕　［文章完成法］は、不完全な文章の前半部分に続けて、意味の通る文章を完成させる方法であり、得られるデータは記述データなので相関分析に適さない。相関分析による解析が可能なデータとしては、間隔尺度や比率尺度による量的データが必要であり、一般的には評定尺度法による回答形式が多い。

A139　✕　研究の目的を偽って実験を行い、実験の終了後に本来の目的を説明することを［デブリーフィング］という。［ディセプション］とは、実験の真の目的に気づかれることが実験結果に影響することを防ぐため、実験開始前に虚偽の目的を告げることをいう。

A140　◯　研究を行う際は、参加者に不利益が生じないよう細心の注意を払うことが必要である。実験参加者に対してその目的や想定されるリスク等について事前に説明し、参加への同意を確認する［インフォームド・コンセント］は非常に重要な倫理的配慮であるといえる。

A141　✕　クロス集計表において列要素と行要素の関連の強さを示す指標を［φ（ファイ）係数］という。［κ（カッパ）係数］は、同じ対象に対して2つの評価間の一致度を表す。

A142　◯　有効性を検討する心理療法の技法は、［単一の理論］に基づいている必要がある。

A143　✕　心理療法ではクライエントが抱える多様な問題に焦点を当てるが、心理療法の有効性を検討する場合には多様な問題ではなく、［特定の問題］に焦点を当てる。

A144　◯　Müller-Lyer錯視図形の実験は矢羽根の角度が錯視量に及ぼす影響を調べるものであるから、矢羽根の角度を［ランダム］に変えることが最も適切な実験方法である。

Q145

☑ ☑

心理学実験において、行動に及ぼす要因を明らかにするために実験者が操作する変数を従属変数という。

Q146

☑ ☑

心理学実験において、剰余変数を統制するために、複数の実験者が入れ替わり実験を実施することは適切である。

Q147

☑ ☑

t検定には2つの独立した群の平均値を比較して有意差があるかを分析する方法しかない。

Q148

☑ ☑

α係数は、観察法のチェックリスト法による2人の評定の一致の程度を表す指標である。

Q149

☑ ☑

ω係数は心理尺度等、複数の変数のまとまりのよさを表す指標であり、各変数が共通因子から受けている影響を考慮して重みづけを行って算出する指標である。

Q150

☑ ☑

効果量や信頼区間は、有意性検定の2つの過誤を防ぐため、群間差の実際の大きさを表すという考え方にもとづいている。

Q151

☑ ☑

心理学実験において比較する2つの群間で、影響力の大きい交絡変数の値をできる限り一致させることを一定化という。

A145　✕　心理学実験において、行動に及ぼす要因を明らかにするために実験者が操作する変数を［独立変数］という。独立変数が影響を及ぼすのが、実際の行動などの［従属変数］である。

. . . .

A146　✕　［剰余変数］とは偶然による要因を意味する。複数の実験者が入れ替わると偶然による影響力は［増加］する。

. . . .

A147　✕　2つの独立した群の平均値を比較するのは［対応のないt検定］であるが、同一実験参加者の何らかの変数における時間的変化などを分析する［対応のあるt検定］もある。

. . . .

A148　✕　［α（アルファ）係数］は、心理尺度等、複数の変数のまとまりのよさを表す程度を表す指標である。観察法のチェックリスト法による2人の評定の一致の程度を表す指標は［κ（カッパ）係数］である。

. . . .

A149　○　［ω（オメガ）係数］は、心理尺度等、複数の変数のまとまりのよさを表す［α（アルファ）係数］に似た指標であるが、各変数が共通因子から受けている影響を考慮して重みづけを行って算出する点で異なる。

. . . .

A150　○　2つの群間を比較する際に、有意差があるだけで判断するのではなく、その［効果量］の大きさや、［標準誤差］を用いて［信頼区間］を算出し両者を考慮することで、結果をより信頼できるものかを判断する。

. . . .

A151　✕　心理学実験において比較する2つの群間で、影響力の大きい交絡変数の値をできる限り一致させることを［マッチング］という。［一定化］とは、ある要因が従属変数に影響を与えそうなとき、その要因の変数を全て同じにすることである。

Q152 心理療法の効果研究におけるランダム化比較試験では、対照群には介入を実施しない。

☑ ☑

Q153 準実験的研究は、実験的研究に比べて、内的妥当性が高い。

☑ ☑

Q154 観察法において、観察対象者に起こりそうな行動の一覧表を用意し、観察結果を記録する方法を、トランスクリプトという。

☑ ☑

ポイント　実験群と統制（対照）群

実験の手続きで重要な点として、実験者によって独立変数による操作が加えられた群のことを実験群と呼ぶのに対し、操作が加えられていない群を統制（対照）群と呼ぶ。例えば、何らかの治療法の効果を見る場合、その治療を施した実験群と、治療を施していない統制群の間で、予後としての症状（従属変数）に差があるか検討する場合などがある。

ポイント　観察法

観察法とは、主に子どもなどを対象として、標的とする行動を観察してカウントし、データを収集する方法であり、質的データを収集することもある。観察者によるバイアス（歪み）が入り込みやすい。

3　実験結果の解釈と報告書の作成

Q155 2要因分散分析において、主効果が有意であっても交互作用が有意になるとは限らない。

☑ ☑

A152 ✕ ランダム化比較試験において、[介入] は実験群と対照群の両方に実施する必要がある。この比較試験では [交絡] を防ぐことが重要で、交絡とは独立変数と従属変数の両方に影響を与える要因のことである。

....

A153 ✕ 準実験的研究は、実験的研究に比べ、無作為割付が実施できない分、剰余変数の入り込む可能性が高くなるので、[内的妥当性] は低下する。

....

A154 ✕ 観察法において、観察対象者に起こりそうな行動の一覧表を用意し、観察結果を記録する方法を [行動目録法] という。[トランスクリプト] は会話分析などの会話記録で、一般には音声データの文字起こしのことをいう。

A155 ○ 2要因分散分析では、2つの要因によって分析を行うが、それぞれの [主効果] のみが有意である場合と、2つの要因の [交互作用] が有意である場合とがある。

第7章 知覚及び認知

1 人の感覚・知覚の機序及びその障害

Q156 極限法には反応バイアスが含まれる。

Q157 調整法には反応バイアスが含まれない。

Q158 一対比較法には反応バイアスが含まれる。

Q159 二肢強制選択法には反応バイアスが含まれる。

Q160 マグニチュード推定法には反応バイアスが含まれる。

Q161 恒常法は弁別閾や主観的等価点を推定するための測定法として適切である。

Q162 ファイ現象（φ現象）とは、実際には動いていないにもかかわらず、運動知覚を生じさせる仮現運動のことである。

A156　○　[極限法] は刺激を一定の方向に少しずつ変えながら示されるので、実験参加者は刺激に対して [推測可能] なことから反応バイアスが [含まれる]。

A157　×　[調整法] は実験参加者自身が刺激の量を調整し閾値を探る方法であり、そのため反応バイアスが [含まれる]。

A158　○　[一対比較法] は実験参加者に刺激を2つずつ組にして提示し、選択させ、刺激の [主観的価値] を計量化する方法であるため、実験参加者の反応バイアスが [含まれる]。

A159　×　[二肢強制選択法] はあらかじめ選択肢の数を2つに設定し、その中から実験参加者に選ばせる反応バイアスを取り除く [強制選択法] であるため、反応バイアスが [含まれない]。

A160　○　[マグニチュード推定法] は実験者によって決められた数値を基準に与えられた刺激の程度を実験参加者が推定し回答するものであるため、反応バイアスが [含まれる]。

A161　○　[恒常法] は判断を実験参加者に求め、標準刺激と比較刺激を提示するため [弁別閾] や [主観的等価点] の推定ができる。

A162　○　[ファイ現象（φ現象）] は実際には動いていないが運動知覚を生じさせる仮現運動のことである。

Q163 McGurk効果（McGurk effect）は運動視に関連した現象である。

Q164 奥行きの知覚における輻輳は単眼運動である。

Q165 E.Heringの色覚の反対色過程は、赤-緑、黄-青、白-黒の3組の反対色による残効（残像）の生起で色覚が生じるという説である。

Q166 色覚多様性（従前は色覚障害と呼称）は女性より男性に多く見られ、その色覚多様性は1型と2型の2つに分けられる。

Q167 色覚多様性（色覚障害）は1型も2型も桿体の機能不全や欠損によって生じる。

Q168 色覚検査は、学校保健安全法施行規則に定める児童生徒等の健康診断における必須の検査項目である。

Q169 音源定位は両耳間時間差と両耳間強度差によって行われる。

Q170 味覚の4基本味は「甘味、苦味、塩味、酸味」であり、Henning,H.の5基本味は「塩味、甘味、酸味、苦味、うま味」である。

Q171 身体の各部位における触圧覚は2点弁別閾値に関係する。

A163 ✕ ［フラッシュラグ効果（flash-lag effect）］は運動視に関連した現象である。［McGurk効果］とは聴覚は視覚の影響も受けるというクロスモーダル知覚現象（視覚と味覚など異なる知覚が互いに影響を及ぼし合う現象）である。

A164 ✕ 奥行きの知覚における輻輳は［両眼］運動である。［輻輳］とは両眼球が内側および外側に動き、対象への焦点を合わせることから、奥行き知覚に必要なものである。

A165 ◯ ［色覚の反対色過程］は［赤と緑］、［黄と青］、［白と黒］の3組の反対色の残効（残像）が生起することにより［色覚］が生じるというE.Heringの説である。

A166 ◯ 色覚多様性（従前は色覚障害と呼称）は女性より男性に［多い］。その色覚多様性は［1型と2型］の2種類である。

A167 ✕ 色覚多様性（色覚障害）は1型も2型も［錐体］の機能不全や欠損によって生じる。

A168 ✕ 色覚検査は平成15年度（2003年）に児童生徒等の健康診断の必須項目より削除された。その際［学校医による健康相談］で、色覚に不安を覚える児童生徒及び保護者に対して事前の同意を得て個別に検査を行うこととなっている。

A169 ◯ ［音源定位］は聴覚入力で音源の位置を特定するが、これは両耳間［時間］差（音が左右の耳に到達する［時間］の差）と両耳間［強度］差（音の左右の耳での［強度］の差）によるものである。

A170 ✕ ［Henning,H.の4基本味］は「甘味、苦味、塩味、酸味」であり、［味覚の5基本味］は「塩味、甘味、酸味、苦味、うま味」である。

A171 ◯ 身体の各部位における触圧覚は［2点弁別閾値］に関係し、神経の粗密によって［弁別閾が異なる］。

Q172 ヒトは、欠損した情報を補わずに知覚する。

☑ ☑

Q173 感覚刺激が継続して呈示される場合、その刺激に対する感度は低下する。

☑ ☑

2 人の認知・思考の機序及びその障害

Q174 ワーキングメモリモデルは、音韻ループ、視空間スケッチパッド、中央実行系の３つのコンポーネントから構成されており、空間的な情報の記憶に関係するのは視空間スケッチパッドである。

☑ ☑

Q175 体験によって記憶されるのは意味記憶であり、リハーサルにより記憶が定着するのはエピソード記憶である。

☑ ☑

Q176 短期記憶は容量は無制限だが、保持期間は数十秒程度である。

☑ ☑

Q177 運動技能、知覚技能及び認知技能に関わり、想起意識を伴わない記憶とは意味記憶である。

☑ ☑

Q178 意味記憶と手続記憶は加齢の影響を受ける。

☑ ☑

Q179 エピソード記憶と展望記憶は加齢の影響が少ない。

☑ ☑

A172 ✕ ヒトは、欠損した情報を補って知覚する。実際に見えないものを補う脳の機能を［主観的輪郭の補完］といい、「カニッツァの三角形」と呼ばれる錯視図形によって示された。

・・

A173 〇 感覚刺激が継続的に呈示されることで刺激に対する感度が［低下］することを［順応］という。

A174 〇 ワーキングメモリモデルは、［音韻ループ］、［視空間スケッチパッド］、［中央実行系］の3つのコンポーネントから構成されており、空間的な情報の記憶に関係するのは［視空間スケッチパッド］である。

・・

A175 ✕ 体験によって記憶されるのは［エピソード記憶］であり、リハーサルにより記憶が定着するのは［意味記憶］である。

・・

A176 ✕ 短期記憶の容量は［7±2］であり、保持期間は［数十秒程度］である。

・・

A177 ✕ 運動技能や知覚技能及び認知技能に関連し、体が覚えているため、想起意識を伴わないものは［手続記憶］である。

・・

A178 ✕ ［意味記憶］は一般的な知識としての事実や概念に関するものであり、加齢による影響が［少ない］。［手続記憶］は運動技能や習慣などに関する記憶であり、加齢の影響が［少ない］。

・・

A179 ✕ ［エピソード記憶］は個人が経験してきたエピソードに関する記憶であり、加齢の影響を［受ける］。［展望記憶］は将来の予定などに関する記憶であり、加齢の影響を［受ける］。

Q180 エピソード記憶の中で自己参照的な自伝的記憶に付随して生じる、高齢者にみられるレミニセンス・バンプでは、青年期・成人期の記憶が想起されやすい。

☐ ☐

Q181 系列位置効果（初頭効果と新近効果）は長期記憶貯蔵モデルを説明する現象である。

☐ ☐

Q182 初頭効果とは記銘するリストの最初の方に呈示された単語が再生されにくい現象である。

☐ ☐

Q183 新近効果はリストの最後の方に呈示された単語が再生されやすい現象で、これは短期記憶の反映によるものである。

☐ ☐

Q184 系列位置ごとの再生率を折れ線グラフとして表した系列位置曲線は、系列位置効果により記銘したリストの最初と最後の再生率が中間のものよりも低くなるため、逆U字型である。

☐ ☐

Q185 プライミング効果には、先行情報が後続情報の処理を促進するだけでなく、その逆として、先行情報によって抑制される場合もある。

☐ ☐

Q186 盲視とは、眼球の障害によって視覚が障害を受けていても脳の他の部分を迂回して情報が伝わり、患者は一部欠損していると意識することなく見えている状態である。

☐ ☐

Q187 文章（物語）を認知処理する際には、物語文法をスキーマーとして活用する。

☐ ☐

Q188 個人特有の認知的な枠組みによって事象の解釈を行い、行動及び環境を統制するものと仮定する理論を相互決定論という。

☐ ☐

A180 ○ 高齢者の自伝的記憶の想起で10代から30代（青年期・成人期）にあった出来事を思い出すことを［レミニセンス・バンプ］という。

A181 ✕ ［系列位置効果］（初頭効果と新近効果）は［二重記憶貯蔵モデル］を説明する現象である。

A182 ✕ 初頭効果とは記銘するリストの最初の方に呈示された単語が再生され［やすい］現象である。

A183 ○ 新近効果は［短期記憶］によってリストの最後の方に呈示された単語が再生され［やすい］現象である。

A184 ✕ 系列位置ごとの再生率を折れ線グラフとして表した系列位置曲線は、［系列位置効果］により記銘したリストの最初と最後の再生率が中間のものよりも［高く］なるため［U字型］である。

A185 ○ プライミング効果には［促進と抑制の両方］の場合がある。［抑制］する場合は［ネガティブプライミング効果］と呼ばれることもある。

A186 ✕ 盲視は眼球の障害ではなく、［脳機能］の障害により［視覚野］が障害を受けていても脳の他の部分を迂回して情報が伝わり、患者は見えていると意識はしていないが見えている状態である。

A187 ○ 物語の多くは文章構造や話し（物語）展開が類似していることから［スキーマーとしての物語文法］が使用（活性化）される。

A188 ✕ 個人特有の認知的な枠組みによって事象の解釈をし、行動及び環境を統制するものと仮定する理論は［パーソナル・コンストラクト理論］である。［相互決定論］とは、行動と環境要因と個人要因は相互に影響をしあい、相互の決定因にもなるという理論である。

第8章 学習及び言語

1 人の行動が変化する過程

Q189
消去とは、同一の刺激を繰り返し経験すると、その刺激に対する反応が弱まってくる現象である。

Q190
古典的条件づけが成立した個体に、無条件刺激を対呈示せずに条件刺激を与えると、条件反応が生じなくなることを馴化という。

Q191
ある刺激に条件づけられた反応が、条件刺激と類似した他の刺激に対しても生起するようになる現象を般化という。

Q192
古典的条件づけでは、般化は生じない。

Q193
オペラント条件づけによる行動変容以前の行動頻度のことをオペラント水準という。

Q194
レスポンデント条件づけでは、条件刺激の除去によって反応の消去が生じる。

Q195
古典的条件づけは、条件刺激と無条件反応の連合によって成立する。

Q196
連続強化による条件づけは、間歇強化による条件づけよりも消去抵抗が強い。

A189　✕　［馴化］とは、同一の刺激を繰り返し経験すると、その刺激に対する反応が弱まってくる現象である。

A190　✕　古典的条件づけが成立した個体に、無条件刺激を対呈示せずに条件刺激を与えると、条件反応が生じなくなることを［消去］という。

A191　○　条件づけされた反応と類似の別の反応の生起率が増大することを［反応般化］という。物理的類似度による般化を［刺激般化］、意味的類似度による般化を［意味般化］という。般化の程度は、その刺激との類似度の関数として表され、刺激の物理的類似度を横軸に、反応数を縦軸にとり、反応数の変化をプロットしたものを［般化勾配］という。

A192　✕　オペラント条件づけでも古典的条件づけでも、般化（刺激般化）は［生じる］。

A193　○　条件づけが成立する前に自発的に生じた行動の頻度を［オペラント水準］という。

A194　✕　レスポンデント条件づけによる条件反応の成立後、無条件刺激なしでの条件刺激を単独で［提示］し続けることにより、条件反応が誘発されにくくなる（消去）。

A195　✕　古典的条件づけは、［条件刺激］と［無条件刺激］の連合によって成立する。

A196　✕　［間歇強化］は、たまに成功報酬が与えられるもので、連続強化よりも消去抵抗が［強い］、つまり行動が維持されやすいことが知られている。

Q197 古典的条件づけにおいては、逆行条件づけは順行条件づけよりも条件反応の獲得が良好である。

☑ ☑

Q198 味覚嫌悪学習は、脱馴化の典型例である。

☑ ☑

Q199 部分強化は、連続強化に比べて反応の習得が早い。

☑ ☑

Q200 目覚めに効果的なアラーム音を設定したが、1か月後には起きられなくなってしまうような現象のことを、自発的回復という。

☑ ☑

Q201 トークンエコノミー法とは、不適切な行動をとった際に、得られたトークンを没収する手続きをとり、その行動頻度が低下するという原理を用いる。

☑ ☑

A197 ✕ 古典的条件づけにおいては、条件刺激の前に無条件刺激を呈示する逆行条件づけは、条件刺激の後に無条件刺激を呈示する順行条件づけよりも条件反応の獲得が［困難］である。

A198 ✕ 味覚嫌悪学習は［ガルシア効果］とも呼ばれており、ある食べ物を食べた後に、吐き気や嘔吐、腹痛、下痢など消化器系の体調不良を経験した場合、その食べ物に対する嫌悪感や不快感が条件づけられるものである。これは古典的条件づけの一種である。馴化とは、刺激に対する［慣れ］を示す現象のことであり、馴化が生じた後に新しい刺激を提示すると元の刺激に対する反応が［回復］することを脱馴化という。

A199 ✕ 部分強化は、連続強化に比べて消化抵抗が［高い］。行動するたびに強化子を随伴させるのが［連続強化］、ある条件が満たされた場合のみ強化子を行動に随伴させるのが［部分強化］である。［連続強化］は行動の形成や獲得に必須の方法であり、一般的には部分強化に比べて反応の習得が早い。また、［部分強化］は、行動の維持に有効な方法であり、［連続強化］よりも消去までに時間や回数を要することが知られている。

A200 ✕ 最初の頃は効果的なアラーム音にびっくりして起きていたが、同じ音が繰り返されるにつれて、その反応量が次第に減弱していくことを［馴化］という。自発的回復とは、しばらくそのアラーム音を使わないでいると、反応の大きさが自然と［回復］する現象である。

A201 ✕ ［レスポンスコスト］とは、不適切な行動をとった際に、得られたトークンを没収する手続きをとり、その行動頻度が低下するという原理を用いる。［トークンエコノミー法］は、オペラント条件づけの正の強化に基づいた方法で、適応行動や望ましい行動に応じて、ポイントのような代用貨幣と呼ばれるトークンを与え、それが一定量集まると特定の物や活動（バックアップ強化子）と交換してもらえるという仕組みで実施される。

Q202 オペラント条件づけで、逃避学習や回避学習を最も成立させやすいのは、正の罰である。

☑ ☑

Q203 E. Aronsonは、相互に学び合うことを目指して、学習者各々が分割された課題を分担し、後に学習者相互に情報を発信しつつ協調することで全体的な学習を行うという問題練習法を考案した。

☑ ☑

Q204 徒弟制において、最初は新入りが工房に入り、基礎的な仕事から始め、技術を持った熟達者の仕事を覚えていき、一人前になって重要な仕事を見よう見まねで覚えていくという学習のことを正統的周辺参加という。

☑ ☑

Q205 B.F. Skinnerは、オペラント条件づけの理論を個別学習に応用し、スモールステップ、即時強化、積極的反応、自己ペースといった原理に基づいた問題解決学習を提唱した。

☑ ☑

Q206 K.Lorenzは、孵化直後から開眼し、歩くことが可能な状態で生まれてくるカモなどの離巣性の鳥類は、孵化後の特定の期間内に目にした動く刺激に対して、接近、追従することを報告し、これを生得的解発機構と名付けた。

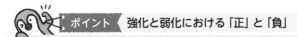 **ポイント** 強化と弱化における「正」と「負」

刺激が出現することを「**正**」、刺激が消失することを「**負**」、行動が増えることを「**強化**」、行動が減ることを「**弱化**」という。

 **ポイント** 強化のマトリクス

	行動増加 (レバーを押すようになる)	行動減少 (レバーを押さなくなる)
刺激出現	[正の強化]	[正の弱化 (罰)]
刺激消失	[負の強化]	[負の弱化 (罰)]

A202　✕　オペラント条件づけで、逃避学習や回避学習を最も成立させやすいのは、［負］の罰である。「正」とは強化子を提示すること、「負」とは強化子を除去することである。オペラント行動の反応頻度が増えることを［強化］、オペラント行動の反応頻度が減ることを［罰］と呼ぶ。

A203　✕　学習者各々が部分（ピース）にあたる分割された課題を分担し、後に学習者各々がそれらを持ち寄って完成させる学習は、ジグソーパズルになぞらえて［ジグソー学習］と呼ばれている。［問題練習法］は、学習者が問題練習を数多くこなし、実践的な問題に慣れる学習方法である。

A204　○　［正統的周辺参加］とは、J. Lave と E. Wenger が提唱した概念であり、弟子としてであっても社会的な実践共同体に正統的に属し、徐々に参加度を増して熟達していき中心的役割を果たすようになる学習のことである。

A205　✕　オペラント条件づけの理論を個別学習に応用し、スモールステップ、即時強化、積極的反応、自己ペースといった原理に基づいた学習方法は［プログラム学習］である。B.F.Skinner は、この学習方法を効率よく実践するため、学習者のペースに合わせ、段階的に進められるティーチングマシンという機器を考案した。なお、［問題解決学習］は、知識を暗記する受け身的な学習ではなく、学習者が能動的に課題を発見し解決する能力を養うことを目的とした学習法であり、J. Dewey が提唱した。

A206　✕　K.Lorenz が報告したのは［刻印づけ］である。これは通常の学習とは異なり、報酬が必要ないこと、消去や対象変更ができないこと、練習が不要で短期間で成立すること、孵化後早期の限られた時期（臨界期）にのみ生じるなどの特徴がある。なお、［生得的解発機構］とは、トゲウオの防衛反応の例のように、動物の普段抑制されている本能（生得）的行動が、ある鍵となる特定の鍵刺激に対して引き起こされ、この連続によって固定的動作が成立する仕組みのことである。

Q207
☑ ☑

フランス語の授業の後に英語の授業があると、発音を間違えてしまうことを学習の転移という。

2 言語の習得における機序

Q208
☑ ☑

H.P. Griceによって提唱された、会話の公理（maxims of conversation）とは、会話を円滑に行うための基本的なルールをまとめたものであり、これは言語学の中でも発話の意味を扱う統語論（syntax）という分野の立場に位置づけられている。

Q209
☑ ☑

「場の雰囲気に配慮する」ことは、H.P. Griceの会話の公理（maxims of conversation）に該当する。

Q210
☑ ☑

N. Chomskyによれば、言語発達のメカニズムは、遺伝的に決定されている。

Q211
☑ ☑

N. Chomskyの言語理論によれば、句構造規則によって作られた文の表層構造は、変形規則によって深層構造となる。

A207 ◯ ある学習を行った後、その他の学習を促進したり、逆に遅らせたりすることを［学習の転移］と呼ぶ。スケートができるとスキーが早く上達する場合など、学習を促進するものを［正の転移］、反対に水道のレバーを上げる様式に慣れると、下げる様式に取り換えるとしばらく戸惑う場合など、学習を妨げる場合を［負の転移］という。

A208 ✕ H.P. Griceによって提唱された、会話の公理（maxims of conversation）とは、会話を円滑に行うための基本的なルールをまとめたものであり、これは言語学の中でも発話の意味を扱う［語用論］（pragmatics）という分野の立場に位置づけられている。［統語論］（syntax）は、話者がどのような構造で句や文を構成するかという仕組み（文法など）を扱う。

A209 ✕ 「場の雰囲気に配慮する」ことは、H.P. Griceの会話の公理（maxims of conversation）に該当［しない］。会話の公理は発話をどのように構成することが適切かというルールに加えて、会話に参加する者が相互にルールを遵守しているであろうという前提のもと、発話の意図を推論する際に重要な役割を果たす。

A210 ◯ N. Chomskyによれば、ヒトの言語発達は、生まれつき脳に普遍文法という個々の言語形式を算出する文法能力の基盤が組み込まれていると考えられているため、［遺伝的］に決定されているということができる。

A211 ✕ N. Chomskyの言語理論によれば、句構造規則によって作られた文の［深層構造］は、変形規則によって［表層構造］となる。単語の語順の規則である句構造規則に基づいて文の深層構造（実際に使われる文のもととなる規則的な構造を持った文の原型）が作られ、その後、変形という文法操作（変形規則）が働くことで、深層構造が表層構造（実際に表出される文）として表現される。

Q212 N. Chomskyの言語理論によれば、言語の文法は、ヒト以外の動物種にも認めることができる。

☑ ☑

Q213 N. Chomskyによれば、脳の中にある言語獲得装置は、報酬と罰の経験によって文法を獲得する働きを持つ。

☑ ☑

Q214 言語獲得支援システム（LASS：Language Acquisition Support System）を提唱したのはN. Chomskyである。

☑ ☑

Q215 感覚性失語は多くの場合Broca野の損傷が原因となる。

☑ ☑

Q216 吃音は幼児期に始まる傾向にあり、女児よりも男児に多い。

☑ ☑

Q217 ディスレクシアを持つ人の割合は言語圏によらず一定である。

☑ ☑

Q218 自閉スペクトラム症／自閉症スペクトラム障害〈ASD〉では統語論的な能力につまずきをもつことが多い。

☑ ☑

A212 ✕ N. Chomsky は、ヒトに特有の言語を生成する基盤について論じており、ヒト以外の動物の文法については［認めていない］。一般的に、言語の文法はヒト以外の動物とヒトの知性を隔てる要素と考えられている。

A213 ✕ Chomsky は、ヒトは脳に［言語獲得装置］を備えて生まれ、周囲の大人の言語に触れることにより、言語獲得装置が発動して文法が作られていくと考えており、文法獲得は報酬と罰の経験ではないとしている。

A214 ✕ 言語獲得支援システム（LASS）を提唱したのは［J. Bruner］である。言語獲得支援システムとは、子どもの言語獲得を促すような大人が子どもと行う会話などの関わりのことである。

A215 ✕ 感覚性失語は多くの場合［Wernicke野］の損傷が原因となる。［Broca失語］は前頭葉の運動性言語中枢の損傷による。

A216 ◯ ［吃音］は、DSM-5（米国精神医学会による精神疾患の診断・統計マニュアル 第5版）では小児期発症流暢障害とされ、［幼児］期に始まり［男児］が［女児］の3倍程度多く、連発（音を繰り返す）、伸発（音を引き伸ばす）、難発（音がつまる）などの特徴がある。

A217 ✕ ディスレクシアを持つ人の割合は［英語圏］に多いとされている。ディスレクシアとは、全体的な知的発達の遅れはみられないものの、文字の音韻情報処理に問題があり、文字の読み書きに困難がある状態のことをいう。英語など綴りと音との対応規則が複雑な言語で読みや書きの障害が生じやすい。

A218 ✕ ［自閉スペクトラム症］（ASD：Autism Spectrum Disorder）は社会的コミュニケーション障害、つまり社会文化的状況の中での言語の使用に困難があるという特徴を有しており、これは［語用論］（pragmatics）の問題である。

第9章 感情及び人格

1 感情に関する理論と感情喚起の機序

Q219 気分一致効果の実験において、現在の気分は将来の出来事の予測に影響を与える。

Q220 気分状態依存効果の実験において、記銘時と想起時の気分が一致している場合は記憶が再生されやすくなる。

Q221 ポジティブ感情は注意の幅を狭くし、それにより深く狭い情報処理をもたらす。

Q222 P. Ekmanの基本感情説における基本6感情は、発達の過程を通して文化に固有のものとして獲得される。

Q223 J. Russellの感情を二次元で表す円環モデルは、快ー不快と覚醒ー睡眠とその混淆の起こりやすさと起こりにくさで説明するものである。

Q224 R.B. Zajoncの顔面血流説では、表情筋の動きによる血流変化によって感情の客観的体験が説明される。

A219 ○ 気分一致効果の実験において、現在の気分は［将来の出来事］の予測に影響を与えるということが明らかにされている。

A220 ○ 気分状態依存効果の実験において、［記銘時（記憶）］と［想起時］の気分が一致している場合は記憶の再生率が［高く］なる。

A221 ✕ ポジティブ感情とは人の注意の幅を［広く］し、それにより［浅く広い］情報処理をもたらすものである。

A222 ✕ P. Ekmanの基本感情説とは、基本6感情は［地域差及び文化差］がない［普遍］的で［生得］的なものとする説である。

A223 ○ J. Russellの感情を二次元で表す［円環モデル］は［快－不快］と［覚醒－睡眠］とその混淆の起こりやすさと起こりにくさで説明するものである。

A224 ✕ R.B. Zajoncの［顔面血流説］は表情筋の動きによる血流変化によって感情の［主観的］体験を説明するものである。

2 感情が行動に及ぼす影響

Q225
☐ ☐
基本感情のうち、怒りの表情に対する認知については、異文化間での共通性はない。

Q226
☐ ☐
S.S. Tomkinsの顔面フィードバック説では、表情筋の活動により感情が引き起こされるとしている。

Q227
☐ ☐
S. SchacterとJ. Singerの2要因説は、覚醒状態に認知的評価が加わって感情が生じるものであり、これにより誤帰属が生じることもある。

Q228
☐ ☐
W.B. CannonとP. Bardの末梢起源説は、受容器で受けた情報を視床へ集め、それが身体末梢部へと伝達されることで身体へ変化が生じて感情が生まれるとするものである。

Q229
☐ ☐
W. JamesとC. Langeの末梢起源説は、刺激によって起こる身体末梢部での活動変化によって感情が生じるというものである。

Q230
☐ ☐
M. Lewisの感情の発達による分化説では、誕生～1歳6か月の間に基本的情緒が［満足→喜び］、［興味→喜び］、［苦痛→悲しみ・嫌悪→怒り・恐れ］に分化する。

Q231
☐ ☐
M. Lewisの感情の発達による分化説によると、1歳6か月から2歳くらいまでに照れ、共感、羨望の感情の分化が成立し、2～3歳までに誇り、恥、罪悪感へと分化する。

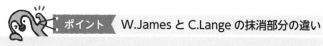

ポイント　W.JamesとC.Langeの抹消部分の違い

W. JamesとC. Langeの末梢起源説では、W. Jamesは骨格筋と内臓の反応による感情の発生を見ており、C. Langeは血の血管での循環により感情の発生を見ているという違いがある。

74

A225 ✕ P. Ekman らによると、異文化間であっても［幸福］、［悲しみ］、［怒り］、［驚き］、［嫌悪］、［恐れ］の基本感情への表情の認知には［共通性］がある。

A226 ○ S.S. Tomkins の［顔面フィードバック説］は表情筋の［抹消反応］という活動により引き起こされる［主観的］体験が、感情を引き起こすとしている（「S.S. Tomkins と C.E. Izard による」と出題される可能性もあることに留意）。

A227 ○ S. Schacter と J. Singer の［2要因説］は、覚醒状態に［認知的評価］が加わって感情が生じるものであり、これは一種の［帰属理論］であるため、［誤帰属（吊り橋の実験）］が生じることもある。

A228 ✕ W.B. Cannon と P. Bard の［中枢起源説］は、受容器で受けた情報を［視床（中枢）］へ集め、それを［身体末梢部］へ伝達していくことで身体に変化が生じ、感情が生まれるとするものである。

A229 ○ W. James と C. Lange の［末梢起源説］は、刺激によって起こる［身体末梢部］での活動変化によって感情が生じるというものである。

A230 ✕ M. Lewis の感情の発達による分化説では、誕生〜［6］か月の間に基本的情緒が、満足→［喜び］、興味→［喜び］、苦痛→悲しみ・［嫌悪］→怒り・［恐れ］（1次的情動の成立）に分化し、［1歳6か月］くらいまでに客観的な自己意識ができあがる。

A231 ○ M. Lewis の感情の発達による分化説によると、1歳6か月から2歳くらいまでに［照れ］、［共感］、［羨望］の感情の分化が成立し、2〜3歳までに［誇り］、［恥］、［罪悪感］へと分化（2次的情動の成立）する。

Q232 一卵性双生児と二卵性双生児の兄弟姉妹それぞれにおける人格特性の相関係数は、二卵性双生児の方が高い。

☑ ☑

. . . .

Q233 A. Thomas と S. Chess らのニューヨーク縦断研究（New York Longitudinal Study：NYLS）で見いだされた9次元の気質は①活動水準、②周期性、③接近・回避、④順応性、⑤感受性の閾値、⑥反応の強さ、⑦気分の質、⑧散漫性、⑨注意の範囲と持続性である。

☑ ☑

. . . .

Q234 C.R. Rogers のパーソナリティ理論として重要な概念は自己概念である。

☑ ☑

. . . .

Q235 性格特性を5因子でとらえたものは R.B. Cattell の Big Five 理論である。

☑ ☑

🐧 **ポイント** ▸ パーソナリティ5因子理論の5因子の覚え方

5因子の英語の頭文字を並べると OCEAN（洋）となる。こうした項目は正確に覚えておくと加点につながるので、「洋（5因子）はオーシャン（ocean）よ」の語呂合わせを活用して暗記してみよう。

O：経験への開放性 (Openness to Experience)	高さは新奇性への積極性、低さは保守性の高さを示す
C：誠実性 (Conscientiousness)	与えられた課題への取り組みの計画性・誠実性の高さ、もしくは低さを示す
E：外向性 (Extraversion)	高さは積極性・活動性を示し、低さは内向的であることを示す
A：協調性 (Agreeableness)	他者との協調性の高さ、もしくは低さを示す
N：神経症傾向 (Neuroticism)	高さは情緒不安を示し、低さは情緒安定を示す

A232　✗　人格の個人差についての［行動遺伝学］的な面におい
　　　　　て、一卵性双生児と二卵性双生児の兄弟姉妹それぞれ
　　　　　における人格特性の相関係数は［一卵性双生児］の方が
　　　　　高い。

. . . .

A233　◯　A. Thomas と S. Chess らの［ニューヨーク縦断研究］
　　　　　（New York Longitudinal Study：NYLS）で見いだされ
　　　　　た［9つの主な気質］（性格を構成する生物学的側面）
　　　　　的行動特徴の特性次元は、①活動水準、②［周期性］、③
　　　　　接近・回避、④［順応性］、⑤感受性の閾値、⑥［反応の
　　　　　強さ］、⑦気分の質、⑧［散漫性］、⑨［注意の範囲と持続
　　　　　性］である。

. . . .

A234　◯　C.R. Rogers のパーソナリティ理論においては、クライ
　　　　　エント中心療法（Person-Centered Approach：PCA）と
　　　　　関連する［自己概念］が重要な概念である。

. . . .

A235　✗　性格特性を5因子でとらえたものは［L.R. Goldberg］の
　　　　　Big Five 理論である。その5因子は、N：［神経症傾向］：
　　　　　Neuroticism、E：［外向性］：Extraversion、O：［経験へ
　　　　　の開放性］：Openness to Experience、A：［協調性］：
　　　　　Agreeableness、C：［誠実性］：Conscientiousness であ
　　　　　る。

第9章　感情及び人格

Q236 C.G. Jungのパーソナリティ理論には、内向型と外向型の分類がある。

☑ ☑

Q237 H.J. Eysenck のパーソナリティ理論では、パーソナリティ特性を、外向－内向と神経症傾向の２軸に分けている。

☑ ☑

Q238 G.A. Kellyのパーソナリティ理論は、白－黒のような対比による個人的構成概念（パーソナル・コンストラクト理論）であり、その理論に基づいてRole Construct Repertory Test（Repテスト）が作られた。

☑ ☑

4 人格の類型、特性

Q239 H.J. Eysenck は類型論と特性論の統合を目指し、性格特性を４因子と４階層で捉え、それに基づいて16FPを考案した。

☑ ☑

Q240 J.P. Guilfordは13因子による性格特性の測定を行い、Guilfordと矢田部達郎が共同で開発したものがYG性格検査（矢田部・ギルフォード性格検査）である。

☑ ☑

Q241 L.R. Goldbergの５因子性格特性理論において使用されている統計手法は分散分析である。

☑ ☑

Q242 クラスター分析とは、ある集団の中から類似したものを集めてグルーピングするもので、G.W. AllportやR.B. Cattellはこの手法も使うことで体型と性格を関連づけた類型論を作り上げている。

☑ ☑

A236　○　C.G. Jungのパーソナリティ理論は［リビドーの向かう方向］により［内向型］と［外向型］に分類している。

A237　○　H.J. Eysenckのパーソナリティ理論では、パーソナリティ特性を［外向－内向］と［神経症傾向］の2軸に分けている。

A238　○　G.A. Kellyのパーソナリティ理論は、白－黒のような対比による［個人的構成概念］（パーソナル・コンストラクト理論）であり、その理論に基づいて［Role Construct Repertory Test（Repテスト）］が作られた。

A239　✕　H.J. Eysenckは［類型論と特性論の統合］を試み、性格特性を［4階層］（特定反応水準、習慣反応水準、特性水準、類型水準）で捉え、それに基づき［MPI（モーズレイ性格検査）］と、改訂版である［EPI（アイゼンク性格検査）］を考案した。

A240　✕　矢田部達郎がJ.P. Guilfordの理論を参考に独自開発したものが［YG性格検査（矢田部・ギルフォード性格検査）］である。

A241　✕　L.R. Goldbergの5因子性格特性理論において使用されている統計手法は［因子分析］である。

A242　✕　［クラスター分析］とは、ある集団の中から類似したものを集めてグルーピングするもので、G.W. AllportやR.B. Cattellはこの手法も使うことで［性格特性論］を作り上げている。なお、体型と性格を関連づけたのはE. Kretschmerである。

Q243 J.A. Russell のコア・アフェクト理論では、感情は快－不快・睡眠－覚醒という2軸（2次元上）に配置され、神経生理学システムに依拠し、非内省的に発生し、意識化も可能なものとされている。

☐ ☐

Q244 G.H. Bower の感情ネットワーク・モデル仮説は、知識間を結ぶネットワークに感情の結束点（ノード）があり、それによって身体反応と感情表出が結びつくというものである。

☐ ☐

Q245 A.R. Damasio のソマティックマーカー説は、外部からの刺激に対して身体・生理的反応が腹内側前頭前野にマーカーとして蓄積され、それにより感情が引き起こされるという仮説である。

☐ ☐

Q246 L.R. Goldberg の性格5因子検査（Big Five 尺度の作成）は5因子80項目で構成された検査である。

☐ ☐

Q247 C.R.Cloninger の気質－性格理論では、気質次元特性は遺伝の規定性が強く、気質は①新奇、②損害回避、③報酬依存、④固執（持続）の4次元である。

☐ ☐

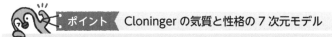 ポイント **Cloninger の気質と性格の7次元モデル**

Cloninger,C.R. の7次元モデルでは、性格を構成するものとして生得的な［遺伝要因］である気質と後天的に学ぶという［環境要因］である性格を2分して説明をしている。この7次元モデルでは次の4気質次元と3性格次元の組み合わせで性格を説明している。

4気質次元	3性格次元
①新規性の探求	①自己志向
②損害回避	②協調性
③報酬依存	③自己超越
④固執	

A243 ○ J.A. Russell のコア・アフェクト理論とは［基本感情状態］のことであり、これは［快－不快］・［睡眠－覚醒］という2軸（2次元上）に配置され、神経生理学システムに依拠し、非内省的に発生し、意識化も可能なものである。

A244 ✕ G.H. Bower の感情ネットワーク・モデル仮説は、知識間を結ぶネットワークに感情の結束点（ノード）があり、それによって［過去の出来事］と［感情表出］が結びつくというものである。

A245 ○ A.R. Damasio の［ソマティックマーカー説］は、外部からの刺激に対して身体・生理的反応が腹内側前頭前野にマーカーとして蓄積され、それにより［感情］が引き起こされて認知の過程へ影響を与え、行動へ導くという仮説である。

A246 ✕ L.R. Goldberg の性格5因子検査（Big Five 尺度の作成）は5因子［60］項目で構成された検査である。

A247 ○ C.R.Cloninger の気質－性格理論は、気質次元特性は遺伝の［規定性］が強く、［4次元］であり、①［新奇］は行動活性系で探索的行動状況を好み単調な状況を回避、②［損害回避］は行動抑制系で抑制的で嫌悪状況を回避、③［報酬依存］は報酬に条件づけられたことに反応する、④［固執（持続）］は断続的強化であっても行動が持続するものである。

第10章 脳・神経の働き

1 脳神経系の構造と機能

Q248 Broca野は頭頂葉に位置し、発語に関わる。

Q249 一次視覚野は側頭葉にある。

Q250 Wernicke野は側頭葉に位置し、言葉の理解に関わる。

Q251 頭頂連合野は主に物の判別と記憶に関わる部位である。

Q252 脳幹網様体は意識水準の維持に必須の領域である。

Q253 間脳は中脳と小脳の間に位置する。

Q254 延髄には嚥下反射の中枢が位置している。

Q255 補足運動野は、運動の準備や計画に関わる部位である。

A248 ✕ Broca野は［前頭葉］（下前頭回の弁蓋部と三角部）に位置する脳領域の一部である。［運動性言語中枢］とも呼ばれ、［発話］をつかさどっている。

A249 ✕ 一次視覚野は［後頭葉］にある。側頭葉にあるのは［聴覚野］である。

A250 ○ Wernicke野は［側頭葉］（上側頭回の後部）に位置する脳領域の一部である。［聴覚性言語中枢］もしくは［感覚性言語中枢］とも呼ばれ、［言葉の理解］に関わる。

A251 ✕ 頭頂連合野は主に［空間認識］に関わる部位である。

A252 ○ 脳幹には、神経線維が網の目のように張り巡らされ、その間に神経細胞が豊富に分布している。この放射状に分布している神経系を［脳幹網様体］といい、［脳幹網様体］と視床からの大脳皮質への広範な投射路を含む上行性毛様体賦活系が［意識水準の維持］に関わっている。

A253 ✕ 間脳（視床・視床下部）は［大脳］と［中脳］の間に位置する。中脳と小脳の間にあるのは［橋・延髄］である。

A254 ○ 延髄には［嚥下反射の中枢（嚥下中枢）］があり、錐体路と錐体外路の影響を受けている。また延髄には、［呼吸中枢］や［心臓中枢］など生命を維持するために重要な中枢が集まっている。

A255 ○ 補足運動野は、運動の［準備］や［計画］に関わる部位である。これは一次運動野の前方内側面に存在する部位で、随意的な運動の［開始・抑制］、順序動作の制御、両手の協調運動などに関与する。

第10章 脳・神経の働き

Q256 副交感神経系の活動が亢進すると、瞳孔が散大する。

☑ ☑

Q257 ストレスが加わると、交感神経系の活動が亢進する。

☑ ☑

Q258 迷走神経反射によって血圧の上昇がみられる。

☑ ☑

Q259 レム睡眠では全身の骨格筋に緊張がみられる。

☑ ☑

Q260 サーカディアンリズムは加齢によって影響を受ける。

☑ ☑

Q261 睡眠相遅延（後退）症候群は、夕方から強い眠気が出る。

☑ ☑

ポイント　レム睡眠とノンレム睡眠

	レム睡眠	ノンレム睡眠
脳	[活動している]	[休息している]
身体	[休息している]	[休息しているが、筋肉はやや緊張している]
眠り	[浅い]	[深い]
心拍数・呼吸数	[様々]	[通常、または低下する]

A256 ✕ 副交感神経系の活動が亢進すると、瞳孔が［縮小］する。瞳孔の散大は［交感神経］の亢進によってみられる。

A257 ○ ストレスが加わると、［交感神経系］の活動が亢進する。これにより自律神経のバランスが乱れ、様々な不調が生じる。

A258 ✕ 迷走神経反射は迷走神経を介して起こる自律神経反射の一種である。顔面［蒼白］や血圧［低下］、脈拍［減少］、脳血流［低下］などがみられ、［意識の消失］を引き起こす。

A259 ✕ レム睡眠時には、脳は覚醒状態にあるが、全身の骨格筋は［弛緩（緊張が低下）］している。

A260 ○ サーカディアンリズムは［加齢］によって影響を受ける。［若年者］は遅寝遅起きであり、年齢と共に早寝早起きになる傾向がある。

A261 ✕ ［睡眠相遅延（後退）症候群］は、極端に遅寝遅起きで、朝方から昼間の眠気を特徴とする。夕方から強い眠気が出るのは［睡眠相全身症候群］である。

Q262 ☑ ☑

リンパ液は脈絡叢（みゃくらくそう）で産生され、中枢神経系の保護と代謝に関わる。

Q263 ☑ ☑

コルチゾールはストレス状況で副腎髄質から分泌が促進されるホルモンである。

Q264 ☑ ☑

グルタミン酸は抑制性神経伝達物質である。

2 記憶、感情等の生理学的反応の機序

Q265 ☑ ☑

α波は開眼によって抑制される。

Q266 ☑ ☑

θ波は認知症で増加する。

Q267 ☑ ☑

情動失禁とは、喜びの感情や興味が失われた状態である。

3 高次脳機能の障害と必要な支援

Q268 ☑ ☑

脳血管障害は高次脳機能障害の原因の一つである。

A262　✕　[脳脊髄液] は脈絡叢（みゃくらくそう）で産生され、中枢神経系の保護と代謝に関わる。リンパ液は、毛細血管から漏出した [組織液] がリンパ管に流入したものである。

A263　✕　[アドレナリン] はストレス状況で副腎髄質から分泌が促進されるホルモンである。コルチゾールは、[副腎皮質] から分泌されるホルモンの一種である。

A264　✕　グルタミン酸は [興奮性] 神経伝達物質である。代表的な [抑制性] 神経伝達物質としてGABAがある。

A265　○　α波（8〜13Hzの周波数）は [覚醒]・[安静]・[閉眼] といった条件のもとで出現し、α波は開眼によって [抑制] される。このことを [αブロッキング] という。

A266　○　認知症の種類や進行の度合いによっても異なるが、θ波は認知症で [増加] する。θ波（4〜7Hzの周波数）はδ波と同様、[徐波] である。また、脳の全般的なθ波の増大は海馬の萎縮と有意な相関があることを示唆する研究もみられる。

A267　✕　情動失禁とは、[情動調節] の障害によって、些細な刺激で泣いたり怒ったり笑ったりする状態をいう。

A268　○　高次脳機能障害を引き起こす原因としては、脳梗塞や脳内出血、くも膜下出血等の [脳血管障害]、交通事故や転落、スポーツ事故等による [頭部外傷]、脳炎や低酸素脳症、脳腫瘍、神経変性疾患等がある。

Q269
☑ ☑
記憶障害に対するリハビリテーションとして、スケジュール管理のためのメモリーノートの使用を勧めることがあるが、これは環境調整の一部である。

Q270
☑ ☑
遂行機能障害では、行動の計画を立てることが難しくなる。

Q271
☑ ☑
右利きの者が右中大脳動脈領域の脳梗塞を起こした場合、失語症がみられる。

Q272
☑ ☑
右利きの者が右中大脳動脈領域の脳梗塞を起こした場合、全般性注意障害がみられることがある。

Q273
☑ ☑
純粋失書では、写字が保たれる。

Q274
☑ ☑
遂行機能障害の特徴として、ささいなことに興奮し、怒鳴り声をあげることがある。

ポイント　大脳半球

左右の大脳半球のうち、ある特定の機能に密接に関係している大脳半球を［優位半球］、そうでない大脳半球を［劣位半球］と呼ぶ。［右利き］成人の95％程度は左半球優位であり、左利き成人では60〜70％程度が左半球優位であるとされる。

A269 ✕ 記憶障害に対するリハビリテーションとしてのメモリーノートの使用は［外的代償法］に含まれる。日記やメモ、カレンダーの活用もこれにあたる。［環境調整］とは、記憶障害を呈する人を取り巻く周囲の環境を調整し、生活や仕事などをしやすくすることである。

. . . .

A270 ◯ ［遂行機能障害］では、行動の計画を立てることが難しくなる。遂行機能障害とは、［目標の設定］、［計画の立案］、［計画の実行］、［効果的な行動］ができなくなった状態を指す。また、柔軟性の低下や臨機応変な対応が難しくなることも遂行機能障害の特徴である。

. . . .

A271 ✕ 右利きの者が右中大脳動脈領域の脳梗塞（右半球の損傷）を起こした場合、失語症は［起こりにくい］。右利きの者の言語機能の優位半球は［左］半球であるため、多くの場合、［左］半球の言語に関わる部位の損傷によって失語症が生じる。

. . . .

A272 ◯ 右利きの者が［右中大脳動脈領域］の脳梗塞を起こした場合、全般性注意障害がみられることがある。全般性注意障害は高次脳機能障害のひとつであり、ある刺激に焦点を当てることが困難となり、他の刺激に注意を奪われやすい状態である。［右］半球あるいは［広範な領域］の脳損傷の場合に生じてくる。

. . . .

A273 ◯ 純粋失書では、基本的に［写字能力］は保たれる。純粋失書は失行、失認、失語がなく、［書字］に限局した障害であり、自発書字や書き取りは障害される。

. . . .

A274 ✕ ささいなことに興奮したり、怒鳴り声をあげたりするのは社会的行動障害の特徴であり、［易刺激性］や［易怒性］という。

第11章 社会及び集団に関する心理学

1 対人関係並びに集団における人の意識及び行動についての心の過程

Q275 集団や組織、コミュニティにおいて、無力な状態にある人々が自らの中に力があることに気づき、能動的にそれを使い、環境の変化を求めていけるようになることをエンパワメントという。

Q276 親密な対人関係の説明原理に社会的絆理論がある。

Q277 集団思考〈groupthink〉は、集団内で同調圧が高いと感じるときに生じやすい。

Q278 自分の態度と行動が矛盾する場合に認知的不協和が生じ、その不協和を解消するために態度が変容することを説明する理論を、認知的不協和理論という。

Q279 多くの人がいると、一人のときにはするはずの行動が生じなくなる傾向に関連する概念は、集団極性化である。

Q280 集団や社会の多くの成員が、自分自身は集団規範を受け入れていないにもかかわらず、他の成員のほとんどがその規範を受け入れていると信じている状況を指す概念を、内集団バイアスという。

A275　○　[エンパワメント]には、自分自身の生活全般をコントロールできる感覚と、自分の住んでいるコミュニティや環境に参加や関わりを維持することがコントロールできる感覚とが含まれる。

A276　×　親密な対人関係の説明原理に[社会的交換理論]がある。これは人の社会的行動を、態度や反応の交換を通して互いに影響し合う過程としてとらえる考え方である。[社会的絆理論]は、非行や犯罪の原因に関する説明原理である。

A277　○　[集団思考〈groupthink〉]は、メンバーの意見を一致させなければというプレッシャーが個々の意見を言いにくくすることから生じる。

A278　○　[認知的不協和理論]とは、人が自身の認知とは別の矛盾する認知を抱えた状態、またそのときに覚える不快感に関する理論である。

A279　×　多くの人がいると、一人のときにはするはずの行動が生じなくなる傾向に関連する概念は[傍観者効果]である。[集団極性化]は、多くの成員によって構成された集団で議論した場合、個人の意見の違いを超えて、極端な方向に結論が偏りやすい現象をいう。

A280　×　集団や社会の多くの成員が、自分自身は集団規範を受け入れていないにもかかわらず、他の成員のほとんどがその規範を受け入れていると信じている状況を指す概念を[集合的無知]という。[内集団バイアス]は人が外集団より内集団を高く評価する傾向のことを意味する。

Q281 社会的勢力は、組織や集団の目標を実現するためのリーダーの影響力の基盤となる。このうち準拠勢力は、メンバーがリーダーに対して好意や信頼、尊敬を抱くことで、自らをリーダーと同一視することに基づく勢力をいう。

☑ ☑

2 人の態度及び行動

Q282 認知的不協和に関わる現象として、顕示的消費がある。

☑ ☑

Q283 ヒューリスティックスとは、いくつかの具体的事例から一般的、普遍的な法則性を結論として導く手続のことである。

☑ ☑

Q284 周囲の状況の影響を十分に考慮せずに、他者の行動が内的属性に基づいて生じていると評価する傾向を、対応バイアスという。

☑ ☑

Q285 良い出来事は自身の内的属性に、逆に悪い出来事は自身の置かれた外的状況に原因帰属する傾向を表す概念を、自己中心性バイアスという。

☑ ☑

A281 ○ 社会的勢力のうち、[準拠勢力]とは、その人のようになりたいという理由から影響を受けることをいう。ここでいう同一視とは、リーダーと一体であるとか、一体でありたいというメンバーの感情のことをいう。

A282 ✕ 認知的不協和に関わる現象として、[段階的要請法（フット・イン・ザ・ドアテクニック）]などがある。これは最初に小さな依頼を承諾した後で大きな依頼を受けたとき、認知的不協和が起き、最終的に大きな依頼も引き受けてしまう現象である。[顕示的消費]とは、必要でない物を、それによって得られる周囲からの羨望のまなざしを意識して行う消費行動である。

A283 ✕ いくつかの具体的事例から一般的、普遍的な法則性を結論として導く手続は、[帰納的推論]という。[ヒューリスティックス]とは、しばしば経験から導かれ、必ずしも正しい結果に至ることは保証されていないが、適用が簡便な手続のことである。

A284 ○ 周囲の状況の影響を十分に考慮せずに、他者の行動が内的属性に基づいて生じていると評価する傾向を、[対応バイアス]という。[基本的な帰属のエラー（誤り）]ともいう。

A285 ✕ 良い出来事は自身の内的属性に、逆に悪い出来事は自身の置かれた外的状況に原因帰属する傾向を表す概念は、[自己奉仕バイアス]である。[自己中心性バイアス]は、自分の知識を基準にして、他者の心の状態を捉えることをいう。

Q286 自己中心性バイアスに該当する現象に、自己関連づけ効果がある。
☑ ☑

Q287 ある実験において、写真に写った本人は左右反転の鏡像をより好み、その友人は同じ人の正像をより好むという結果が得られたとする。この結果を説明する心理学概念は、単純接触効果である。
☑ ☑

Q288 社会的認知のバイアスとして、観察者が状況要因を十分に考慮せず、行為者の内的特性を重視する傾向を、行為者－観察者バイアスという。
☑ ☑

Q289 影響源の強度、影響源との近接性及び影響源の数という3要素が、個人の遂行行動に与える影響を説明する理論を社会的インパクト理論という。
☑ ☑

Q290 ハロー効果とは、社会的認知のバイアスとして、人物のある側面を望ましいと判断すると、他の側面も望ましいと判断する傾向のことである。
☑ ☑

Q291 プロスペクト理論では、損失回避の傾向を説明することができる。
☑ ☑

Q292 相互作用を伴わない単なる接触の繰り返しは、対人魅力につながらない。
☑ ☑

A286　✕　自己中心性バイアスに該当する現象に、[スポットライト効果]などがある。これは行為者が自身が目立つと推測する行為をしたときに、他者が自分に注目していると過度に思う現象である。[自己関連づけ効果]とは、記憶するときに自己に関連した処理を行うと、意味的な処理や他者に関連した処理を行った場合に比べて記憶保持に優れる現象を指す。

A287　◯　[単純接触効果]とは、繰り返し接触する人に好意を持つ現象をいう。本人にとって鏡に映った像は普段から繰り返し見ている自分であるし、友人はその人の正像を普段から見ているため、問題文を説明する上で適切である。

A288　✕　社会的認知のバイアスとして、観察者が状況要因を十分に考慮せず、行為者の内的特性を重視する傾向を[基本的な帰属のエラー]という。[行為者－観察者バイアス]とは、ある課題での成功や失敗を、自分については課題の困難さなどに帰属させ、他者についてはその人の能力や努力などに帰属させやすいことをいう。

A289　◯　[社会的インパクト理論]は[Latané,B.]が提唱し、これによって社会的促進や社会的抑制、社会的手抜きといった現象を説明できる。

A290　◯　ハロー効果は[光背効果]ともいい、他者評価の際に生じやすいバイアスのひとつである。

A291　◯　[プロスペクト理論]では、損失回避の傾向を説明することができる。人は利益を目の前にすると損失の回避を優先し、損失を目の前にすると損失そのものを回避しようとする[損失回避性]があることが実験で示されている。

A292　✕　相互作用を伴わない単なる[接触]の繰り返しでも、[対人魅力]を高めることにつながる。

Q293
☑ ☐

J.S. Adams が提唱した、交換関係にある人々の間で、分配上の正当性は互いの利益が投資に比例しているときに得られるとする考え方をバランス理論という。

- -

Q294
☑ ☐

社会的排斥の原因を説明する理論として、社会的交換理論がある。

- -

Q295
☑ ☐

コストに対する報酬の比が個人の期待である比較水準を上回る場合に当事者はその関係に満足し、一方、別の他者との関係におけるコストと報酬の比である選択比較水準が比較水準を上回る場合には、その関係に移行すると考える理論は、社会的比較理論という。

- -

Q296
☑ ☐

精神障害に対するスティグマ（差別、偏見）について、対象への反応時間を測定することにより潜在的なスティグマが評価できる。

- -

Q297
☑ ☐

「男性はたくましく、女性はやさしい」という固定観念を説明する概念を、ジェンダー・ステレオタイプという。

- -

Q298
☑ ☐

自分の考えや自分が正しいと信じるものにこだわり、そのことを証明する証拠ばかりを探してしまう現象のことを自己評価維持モデルという。

A293 ✕ J.S. Adams が提唱した、交換関係にある人々の間で、分配上の正当性は互いの利益が投資に比例しているときに得られるとする考え方を［衡平理論］という。［バランス理論］は F. Heider が提唱した理論で、自分（P：perceiver）が対象（X）に対してもつ態度は、他者（O：other）との関係によって左右されると説明する。

A294 ✕ 社会的排斥の原因を説明する理論として、［社会的アイデンティティ理論］がある。好ましくない内集団成員は内集団ひいきの対象とならず、逆に差別されるため（黒い羊効果）、これが社会的排斥につながる。［社会的交換理論］は、仲のよい関係は好意や利益などを交換することで成り立っていることを説明する理論である。

A295 ✕ 対人関係の基本を社会的報酬あるいはコストの交換と考える理論を［相互依存性理論］という。［社会的比較理論］は、周囲の人々と自分を比較することで、自分の社会における位置を確かめる現象に関する理論である。

A296 ◯ ［潜在的スティグマ］とは、はっきりと表明はしていない無意識的な部分の態度である。対象者に対する瞬間の表情や快か不快かの反応時間の測定で判断が可能である。

A297 ◯ 性に関する概念は生物学的性を［セックス］、社会・文化的性を［ジェンダー］と区別され、ジェンダーの典型例としてもたれるイメージがジェンダー・ステレオタイプであるといえる。

A298 ✕ 自分の考えや自分が正しいと信じるものにこだわり、そのことを証明する証拠ばかりを探してしまう現象のことを［確証バイアス］という。［自己評価維持モデル］とは、「人は自己評価を維持もしくは高揚しようと動機づけられている」「他者との関係は個人の自己評価に多大な影響を及ぼす」という2つの基本的前提のもとに自己評価の過程をモデル化したものである。

Q299 家族システム論は、G. Batesonの一般システム理論の影響を受けて発展してきている。
☑ ☑

Q300 家族療法において、逸脱を増幅する正のフィードバックと、安定性を維持する負のフィードバックにより情報が伝達され、家族システムが制御されることを二重拘束という。
☑ ☑

Q301 G. Batesonの二重拘束理論に関連する概念に、三角関係がある。
☑ ☑

Q302 家族療法におけるジェノグラムは、IPを中心とした家系図で、そこに書かれる客観的な情報を用いて、問題の整理や理解、介入に役立たせるものである。
☑ ☑

Q303 家族療法におけるリフレーミングは、ある出来事や物事に対する見方を変化させ、その意味付けを変容させることである。
☑ ☑

ポイント 家族療法の主な技法

Joining ジョイニング	家族と**信頼関係**を結び、家族システムの一部としてセラピストが積極的に参加し、介入すること
Reframing リフレーミング	家族メンバーの行動や出来事、関係性などの「事実」は変えずに、その**文脈**や**意味づけ**を肯定的に変化させること
Enactment エナクトメント	面接場面で、実際の家庭生活でのコミュニケーションパターンを**再演**してもらうこと
Paradox パラドックス技法	逆説的介入ともいわれ、問題行動を**維持**あるいは**強化**するように指示することで悪循環を断とうとすること

A299 ✕ 家族システム論は、G. Batesonの［二重拘束（ダブルバインド）理論］の影響を受けて発展してきている。

A300 ✕ 家族療法において、逸脱を増幅する正のフィードバックと、安定性を維持する負のフィードバックにより情報が伝達され、家族システムが制御されることを［サイバネティクス］という。［二重拘束（ダブルバインド）］は、矛盾した言語的メッセージと非言語的メッセージが同時に発せられて、受け手に葛藤が生じることをいう。

A301 ✕ G. Batesonの二重拘束理論に関連する概念に、［メタ・コミュニケーション］がある。［メタ・コミュニケーション］は、G. Batesonによって「コミュニケーションのコミュニケーション」と定義づけられている。発せられたメッセージとその背後にあるメタ・メッセージが矛盾することにより、受け手が葛藤状態に陥るコミュニケーションパターンを［二重拘束（ダブルバインド）理論］として提唱した。［三角関係］は、二者関係を安定させるために第三者を引き込もうとする、家族心理学における重要な概念である。

A302 ✕ 家族療法における［ジェノグラム］には、客観的な情報と［主観的な解釈］や［人間関係］が書き込まれ、世代ごとに繰り返されるパターンや、家族の強み、弱みなどを読み取るものである。

A303 ◯ 家族療法における［リフレーミング］は、その出来事に対する見方を［肯定的］に変えたり、他の視点から見たりすることで、気持ちや感情を［肯定的］に変化させることである。

第 12 章 発達

1 認知機能の発達及び感情・社会性の発達

Q304
☑ ☑
J. Piaget の発達理論において、外界に合わせてシェマを変化させる過程は「同化」、「調節」、「退行」のプロセスで行われる。

Q305
☑ ☑
J. Piaget の発達理論における形式的操作期は、速度、距離、時間など変数間の数量的な関係という抽象性の理解が可能な発達段階である。

Q306
☑ ☑
J. Piaget の発達段階における具体的操作期での思考の特徴は「自己中心性」であり、これは何事も自分中心に考える利己的な心性を表し、愛他心の弱さを特徴とする。

Q307
☑ ☑
J. Piaget の発達段階は、個人によってそれぞれの発達段階の出現する順序が入れ替わる。

Q308
☑ ☑
J. Piaget の発達理論において、前操作期の終わり頃の6～7歳になると延滞模倣が生じる。

Q309
☑ ☑
J. Piaget の発達理論において、対象の永続性は感覚運動期に生じる。

Q310
☑ ☑
J. Piaget の発達理論において、仮説による論理的操作ができるようになるのは具体的操作期である。

A304　✕　J. Piagetの発達理論において、外界に合わせてシェマを変化させる過程は［同化］、［調節］、［均衡］のプロセスで行われる。

A305　◯　J. Piagetの発達段階における［形式的操作期］では、速度、距離、時間など変数間の数量的な関係という［抽象性］の理解が可能となっている。

A306　✕　J. Piagetの発達段階における具体的操作期での思考の特徴は［脱中心化］である。自分と異なった者の視点を持ちはじめ、さらには物体の形状などを変化させても質量は変化しないという［保存の概念］が成立する。思考の特徴が「自己中心性」であるのは、［前操作期］であり、それは自他の区分が不明確で、そのため他者の視点が理解できていないことである。

A307　✕　J. Piagetの発達段階は、個人によってそれぞれの発達段階の出現する順序が入れ替わることはない。若干の各発達段階の出現の差はあるが［同じ順序］で進んでいく。

A308　✕　J. Piagetの発達理論において、［感覚運動期］の終わり頃の1歳半〜2歳になると延滞模倣が生じる。この頃には［ごっこ遊び］が可能となる。

A309　◯　J. Piagetの発達理論において、対象の永続性は［感覚運動期］に生じる。

A310　◯　J. Piagetの発達理論において、仮説による論理的操作ができるようになるのは［具体的操作期］である。

Q311 J. Piagetの発達理論における前操作期の認知の特徴として「アニミズム」と「自己中心性」という思考を持つ。

☑ ☑

Q312 L.S. Vygotskyの発達理論の構成概念は、外言（精神内機能）、内言（精神間機能）、発達の最接近領域（ZPD）、高次精神機能などが主なものである。

☑ ☑

Q313 L.S. Vygotskyの発達の最近接領域（ZPD：Zone of Proximal Development）とは、大人の発達段階と同等である最近接領域まで誰の手助けも借りず子どもが一人で遂行可能な段階のことである。

☑ ☑

Q314 乳幼児の社会的参照とは主に養育者の表情、態度、反応を見て行動決定するものである。

☑ ☑

Q315 生後1年目までにみられる社会情動的発達に関わる主な現象として、社会的微笑、人見知り、怒りの表出、社会的参照がある。

☑ ☑

Q316 乳幼児の三項関係の成立時点で主にみられるのは、指さし、ショーウイング、共同注意、社会的参照である。

☑ ☑

 ポイント　**三項関係の成立**

生後9か月から15か月の時期に乳児と大人の二項関係より乳児と対象（物や人）と大人の三項関係が成立する。次の4つがみられると三項関係が成立したとされる。

①共同注意	乳児が大人と同じ対象へ同時に注意を向けられる
②指さし	乳児が大人に一緒に見て欲しいものを指さす
③ショーウイング	乳児が所持物や行為を大人に見せる
④社会的参照	乳児にとって重要な他者（母親等）が、ある事態に対して示す表情や態度により、その事態への意味づけを行う

A311 ○ J. Piagetの発達理論における［アニミズム］及び［自己中心性］という思考は前操作期に生ずる。前者は人工物にも人間同様の思考感情があるとする考えであり、後者は自他の区別が不明確で、他者視点で見られないことをいう。

A312 × L.S. Vygotskyの発達理論の構成概念は、「外言（精神間機能）」、「内言（精神内機能）」、「発達の最接近領域（ZPD）」、「高次精神機能」である。

A313 × L.S. Vygotskyの［発達の最近接領域（ZPD：Zone of Proximal Development）］とは、一人ではできないが、大人もしくは先行した発達段階にある子どもの手助けによりできることの差を表す発達理論の概念である。

A314 ○ 乳幼児の［社会的参照］とは生後10か月〜1歳頃に三項関係が成立した後に、主には養育者の［表情］、［態度］、［反応］を見て価値判断や行動を決定するものである。

A315 ○ 生後1年目までにみられる主な社会情動的発達に関わる現象は、［社会的微笑］（生後5〜6週目に生じる）、［人見知り］（生後6か月くらいから生じる）、［怒りの表出］（M.S. Lewisによると生後6か月くらいまでに生じる）、［社会的参照］（生後12か月くらいまでに生じる）である。

A316 ○ 乳幼児の［三項関係］の成立時点で主にみられるのは、［指さし］、［ショーウイング］、［共同注意］、［社会的参照］である。

Q317
☑ ☑ ストレンジ・シチュエーション法のタイプ分類において、A タイプの養育者はアタッチメント要求を子どもが出したときに拒否的にふるまうことが多く、一方で、子どもも母子分離時の混乱がほとんどなく、親との再会時も無関心である。

Q318
☑ ☑ ストレンジ・シチュエーション法のタイプ分類において、B タイプの養育者はアタッチメント要求を子どもが出したときに適度かつ適切にふるまうことが多く、一方で子どもは分離時に混乱を示し、養育者との再会時にすぐに落ち着かず、関わりを再開しがたい。

Q319
☑ ☑ ストレンジ・シチュエーション法のタイプ分類において、C タイプの養育者は子どもに対し、その発するシグナルへの応答性、感受性が相対的に低く一貫性を欠いていることが多く、一方で子どもは養育者との再会時に養育者への身体接触を求めつつ、養育者への怒りや攻撃を見せることが多い。

Q320
☑ ☑ ストレンジ・シチュエーション法のタイプ分類において、D タイプの養育者は、自身のアタッチメント対象の喪失などの外傷体験の経験者が多く、一方で子どもは接近と回避を同時に見せるなど本来は両立しない不可解な行動を見せることが多い。

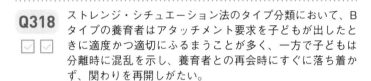

ポイント **SSP による再会時のアタッチメント4タイプ**

Aタイプ	回避型	養育者に再会時よそよそしい関わり
Bタイプ	安定型	養育者と再会後すぐに安定して関われる
Cタイプ	アンビバレント型	養育者と再会後に不安定で怒りを表出する
Dタイプ	無秩序・無方向型	養育者に接近と回避の関わりが同時にみられる

A317　◯　ストレンジ・シチュエーション法のタイプ分類において、Aタイプ（回避型）の養育者はアタッチメント要求を子どもが出したときに［拒否的］にふるまうことが多く、一方で、子どもも母子分離時の混乱が［ほとんどなく］、親との再会時も無関心である。

. . . .

A318　✕　ストレンジ・シチュエーション法のタイプ分類において、Bタイプ（安定型）の養育者はアタッチメント要求を子どもが出したときに［適度かつ適切］にふるまうことが多く、一方で子どもは分離時に［多少の混乱］を示すが、養育者との再会時に［すぐに落ち着いて］関わりを再開しはじめる。

. . . .

A319　◯　ストレンジ・シチュエーション法のタイプ分類において、Cタイプ（葛藤・アンビバレント型）の養育者は子どもに対し、その発するシグナルへの応答性、感受性が［相対的に低く一貫性を欠いている］ことが多く、一方で子どもは養育者との再会時に養育者への身体接触を求めつつ、養育者への［怒りや攻撃］を見せることが多い。

. . . .

A320　◯　ストレンジ・シチュエーション法のタイプ分類において、Dタイプ（無秩序型）の養育者は、自身の［アタッチメント対象の喪失］などの外傷体験の経験者が多く、一方で子どもは接近と回避を同時に見せるなど本来は両立しない［不可解な］行動を見せることが多い。

Q321 ☑ ☑ E.H. Eriksonのライフサイクル論で乳児期の発達課題と心理社会的危機は「基本的信頼」対「基本的不信」であり、幼児期前期の発達課題と心理社会的危機は「自律性」対「恥・疑惑」である。

Q322 ☑ ☑ E.H. Eriksonのライフサイクル論で幼児期後期の発達課題と心理社会的危機は「後期積極性」対「罪悪感」であり、児童期・学童期の発達課題と心理社会的危機は「勤勉性」対「劣等感」である。

Q323 ☑ ☑ E.H. Eriksonのライフサイクル論で青年期の発達課題と心理社会的危機は「生殖」対「停滞」であり、初期成人期の発達課題と心理社会的危機は「親密性」対「孤立」である。

Q324 ☑ ☑ E.H. Eriksonのライフサイクル論で成人期中期・中年期の発達課題と心理社会的危機は「同一性」対「同一性拡散」であり、成人期後期・老年期の発達課題と心理社会的危機は「統合」対「絶望」である。

Q325 ☑ ☑ 成人期前期に生じるモラトリアムを提唱したのはL.S. Hollingworthで、同じ時期に生じる心理的離乳を提唱したのはE.H. Eriksonである。

Q326 ☑ ☑ J.E. Marciaのアイデンティティステイタスにおいて同一性達成型は、危機を経験し、人生の重要な領域に積極的に関与している。

Q327 ☑ ☑ J.E. Marciaのアイデンティティステイタスにおいて早期完了型は、危機を経験し、人生の重要な領域に積極的に関与している。

Q328 ☑ ☑ J.E. Marciaのアイデンティティステイタスにおいてモラトリアム型は、危機を経験しておらず、人生の重要な領域に積極的に関与していない。

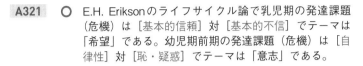

A321 ○ E.H. Eriksonのライフサイクル論で乳児期の発達課題（危機）は［基本的信頼］対［基本的不信］でテーマは「希望」である。幼児期前期の発達課題（危機）は［自律性］対［恥・疑惑］でテーマは「意志」である。

A322 ○ E.H. Eriksonのライフサイクル論で幼児期後期の発達課題（危機）は「後期積極性」対「罪悪感」でテーマは「目的」である。児童期・学童期の発達課題（危機）は「勤勉性」対「劣等感」でテーマは「有能」である。

A323 ✕ E.H. Eriksonのライフサイクル論で青年期の発達課題（危機）は「同一性」対「同一性拡散」でテーマは「忠誠」である。初期成人期の発達課題（危機）は「親密性」対「孤立」でテーマは「愛」である。

A324 ✕ E.H. Eriksonのライフサイクル論で成人期中期・中年期の発達課題（危機）は「生殖」対「停滞」でテーマは「世話」である。成人期後期・老年期の発達課題（危機）は「統合」対「絶望」でテーマは「知恵」である。

A325 ✕ 成人期前期に生じるモラトリアムを提唱したのは［E.H. Erikson］で、同じ時期に生じる心理的離乳を提唱したのは［L.S. Hollingworth］である。

A326 ○ J.E. Marciaのアイデンティティステイタスにおいて同一性達成型（アイデンティティ達成型）は、危機を［経験］し、人生の重要な領域に［積極的に関与］している。

A327 ✕ J.E. Marciaのアイデンティティステイタスにおいて早期完了型は危機を［経験せず］、人生の重要な領域に［積極的に関与］している。

A328 ✕ J.E. Marciaのアイデンティティステイタスにおいてモラトリアム型は、危機［の最中］であり、人生の重要な領域に［積極的に関与］しようとしている。

Q329 J.E. Marciaのアイデンティティステイタスにおいてアイデンティティ拡散型は、1）危機を経験せず、人生の重要な領域に積極的に関与していないものと、2）危機を経験して、人生の重要な領域に積極的に関与していないものがある。

☑ ☑

Q330 乳児は生後6か月を過ぎると対面する他者の視線方向を目で追う傾向が出始める。

☑ ☑

Q331 A.N. MeltzoffとM.K. Mooreの新生児模倣現象では、生後数時間で新生児は他者の舌の突き出し、口の開閉、唇の突き出しなどを模倣することがわかる。

☑ ☑

Q332 R.L. Fantzの選好注視法では、生後72時間以降には顔図形もしくは適度に複雑な図形を選好することがわかる。

☑ ☑

Q333 子どもに対する鏡像認知課題は自己認識の成立を見る課題である。

☑ ☑

Q334 L. Kohlbergの道徳性の発達理論において、前習慣的段階のステージ0は「懲罰志向」、ステージ1は「自己欲求希求志向」、ステージ2は「道徳的・快楽志向」である。

☑ ☑

Q335 L. Kohlbergの道徳性の発達理論において、習慣的段階のステージ3は「よい子志向」、ステージ4は「権威志向」である。

☑ ☑

Q336 L. Kohlbergの道徳性の発達理論において、脱習慣的段階のステージ5は「個人的理念による道徳性」、ステージ6は「社会契約志向」である。

☑ ☑

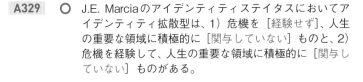

A329 ○ J.E. Marciaのアイデンティティステイタスにおいてア
イデンティティ拡散型は、1）危機を［経験せず］、人生
の重要な領域に積極的に［関与していない］ものと、2）
危機を経験して、人生の重要な領域に積極的に［関与し
ていない］ものがある。

A330 × 乳児は［生後2か月］の段階でアイコンタクトを行い、
対面する他者の［視線方向を目で追従］する傾向を示
す。

A331 ○ A.N. MeltzoffとM.K. Mooreの［新生児模倣現象］では
［生後数時間］で新生児は他者の表情を模倣することが
わかる。

A332 × R.L. Fantzの［選好注視法］では、生後［46］時間以降
には顔図形や適度に複雑な図形を選好していることが
わかる。

A333 ○ 子どもに対する［鏡像認知課題（マークテスト・ルー
ジュ課題）］は自己認識の成立を見る課題である。

A334 × L. Kohlbergの道徳性の発達理論において、Ⅰ段階（前
習慣的段階）のステージ0は「自己欲求希求志向」であ
り、自身が欲し好きなことを求めることである。ステー
ジ1は「懲罰志向」であり、権力へ服従することであ
る。ステージ2は「道徳的・快楽志向」であり、利益が
ある場合のみ応諾することである。

A335 ○ L. Kohlbergの道徳性の発達理論において、Ⅱ段階（習
慣的段階）のステージ3は「よい子志向」であり、周囲
に喜ばれることは良い行動と考えることである。ス
テージ4は「権威志向」であり、法・秩序・権威を尊重
することである。

A336 × L. Kohlbergの道徳性の発達理論において、Ⅲ段階（脱
習慣的段階）のステージ5は「社会契約志向」であり、
規則の絶対視から正当なる自由での規則遵守性を指す。
ステージ6は「個人的理念による道徳性」であり、正義、
尊厳、平等を重視することである。

Q337 児童・学童期にみられる友人関係であるピア・グループとは、それぞれの個別性・異質性を認め、異性をも包含したグループである。

☑ ☑

Q338 児童期中期以降にみられる友人関係のチャム・グループとは、多面的な境遇のChum（仲間・親友）間における同質性・類似性を言葉により確かめあうグループである。

☑ ☑

Q339 児童期中期以降にみられる友人関係のギャング・グループとは、同一行動をとることでの一体感により作られたグループである。

☑ ☑

4 非定型発達

Q340 場面緘黙は自閉スペクトラム症／自閉症スペクトラム障害〈ASD〉の基本的な特徴といえる。

☑ ☑

Q341 ひきこもりは自閉スペクトラム症／自閉症スペクトラム障害〈ASD〉の基本的な特徴といえる。

☑ ☑

Q342 通常の会話のやりとりの困難は自閉スペクトラム症／自閉症スペクトラム障害〈ASD〉の基本的な特徴といえる。

☑ ☑

Q343 言葉の発達の遅れは自閉スペクトラム症／自閉症スペクトラム障害〈ASD〉の基本的な特徴といえる。

☑ ☑

A337 ✕ [青年期]にみられる友人関係であるピア・グループとは、それぞれの個別性・異質性を認め、異性をも包含したグループである。

A338 ✕ [思春期・青年前期]にみられる友人関係のチャム・グループとは、多面的な境遇の[Chum(仲間・親友)]間における同質性・類似性を言葉により確かめあうグループである。

A339 ○ [児童期(学童期)中期以降]にみられる友人関係のギャング・グループとは、[同一行動]をとることでの一体感により作られたグループである。

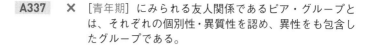

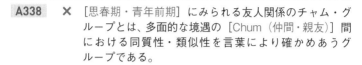

A340 ✕ 場面緘黙はDSM-5では[不安症群/不安障害群]に含まれる。選択制緘黙(場面緘黙)は自閉スペクトラム症/自閉症スペクトラム障害〈ASD〉他の精神病性障害の経過中にのみ起こるものではないとされているので、基本的な特徴であるとはいえない。

A341 ✕ [ひきこもり]は「学校や仕事に行けずに家の中にこもっている」状態像であり、一部ASDと関連があるとされてはいるが、他の[精神障害や知的障害]などでも生じることから基本的な特徴であるとはいえない。

A342 ○ 通常の会話のやりとりの困難とは[社会的コミュニケーション]及び[対人的相互反応]の障害につながっていることであり、これはASDに基本的にみられる特徴であるといえる。

A343 ✕ 言葉の発達の遅れはASDの場合にはその遅れを伴う場合もあるが、疾病の[診断基準とはされておらず]、基本的な特徴とはいえない。

Q344 ディスレクシアは自閉スペクトラム症／自閉症スペクトラム障害〈ASD〉の基本的な特徴といえる。

☑ ☑

Q345 自閉スペクトラム症／自閉症スペクトラム障害〈ASD〉は女性よりも男性に多い。

☑ ☑

Q346 自閉スペクトラム症／自閉症スペクトラム障害〈ASD〉は知的障害を伴うことは極めて希である。

☑ ☑

Q347 注意欠如多動症／注意欠如多動性障害〈AD/HD〉において女性は不注意の行動特徴を示す傾向がある。

☑ ☑

Q348 注意欠如多動症／注意欠如多動性障害〈AD/HD〉と診断するに際しては不注意、多動及び衝動性の3タイプの行動特徴があることが必要である。

☑ ☑

Q349 注意欠如多動症／注意欠如多動性障害〈AD/HD〉の状態を示す幼児・児童に対してのアセスメントをする際には、親族（特に血縁者）に類似の障害を持つ人がいるかどうかの情報を重視する必要がある。

☑ ☑

Q350 注意欠如多動症／注意欠如多動性障害〈AD/HD〉の状態を示す幼児・児童に対してのアセスメントをする際に、1歳前に激しい行動を示していた場合はそれをAD/HDの根拠とするのは適切である。

☑ ☑

Q351 幼児・児童に対して注意欠如多動症／注意欠如多動性障害〈AD/HD〉のアセスメントをする際に家庭内の行動状態と適応だけではなく、保育園や幼稚園及び小学校での行動状態と適応も含めて情報収集が必要である。

☑ ☑

Q352 知的障害の目安となるのはIQ（知能指数）の平均である100より－2SD（2標準偏差）である。

☑ ☑

A344 ✕ ディスレクシアは［学習障害（限局性学習症／限局性学習障害）］のことであり、ASDの人が持つ基本的な特徴とはいえない。

A345 ○ ASDは３〜４：１の割合で［男性］に多い。

A346 ✕ ASDは［知的障害］を伴うことが多く、知的障害を伴わないのは４人に１人程度である。

A347 ○ 注意欠如多動症／注意欠如多動性障害〈AD/HD〉において女性は［不注意優勢型］を示すことが多く、男性は［多動性・衝動性］を示すことが多い。

A348 ✕ AD/HDと診断するに際しては、１）不注意、２）多動、３）衝動性の３タイプの行動特徴のうち、［ひとつでも行動特徴があれば］診断をされる。

A349 ○ 幼児・児童に対してAD/HDのアセスメントをする際に［親族（特に血縁者）］に類似の障害を持つ人がいるかどうかの情報を重視する必要がある。

A350 ✕ 幼児・児童に対してAD/HDのアセスメントをする際に、１歳前に激しい行動を示していた場合にそれをAD/HDの根拠とするのは［不適切］である。１歳前の行動特性は感情が［未分化］であり、粗大運動や微細運動も［発達が不十分］なため、激しい行動となりがちである。

A351 ○ 幼児・児童に対してAD/HDのアセスメントをする際に、一般的に家庭内では刺激が［少なく］、反対に保育園や幼稚園及び小学校は刺激が［過多］であるため、両方の適応と行動特性を情報として把握する必要がある。

A352 ○ IQ（知能指数）の平均である100より［−２SD（−２標準偏差）］である［IQ＝70］を知的障害の目安としている。

Q353 ウェクスラー式知能検査はWISC−Vは4指標、WAIS-Ⅳは5指標により、個人内差を評価できる。

☑ ☑

Q354 田中ビネー知能検査Ⅴは2歳から15歳まではIQ=精神年齢（MA）／生活年齢（CA）×100で算出をするが、16歳以降はDIQ（偏差知能指数）を用いる。

☑ ☑

5 高齢者の心理社会的課題と必要な支援

Q355 高齢期の心理的な適応について、ソーシャルコンボイの維持またはコンボイの中で何か機能が失われてもその補償ができることが重要である。

☑ ☑

Q356 E. Cumming & W.H. Henryの離脱理論とは、活動性や社会的関係の減少は自然で避けられないものであり、そのため、速やかに離脱することが高齢期の心理的な適応に不可欠であるという考え方である。

☑ ☑

Q357 高齢期の心理的な適応について、能力低下への補償として、活動領域を選択的に限定し、従来とは異なる代替方略を用いることが有効である。

☑ ☑

Q358 Carstensen, L.Lの提唱した社会情動的選択性理論では、人は人生の残った時間が少なくなると、自分の持つ資源を心理・情動的に満足できる対象へ注ぎ込もうとする傾向があると考える。

☑ ☑

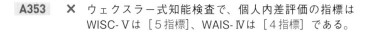

A353 ✗ ウェクスラー式知能検査で、個人内差評価の指標は WISC-Ⅴは［5指標］、WAIS-Ⅳは［4指標］である。

A354 ✗ 田中ビネー知能検査Ⅴは2歳から13歳までは［IQ=精神年齢（MA）／生活年齢（CA）×100］で算出をするが、13歳以降は［DIQ］（偏差知能指数：集団の平均を100とし、同年齢集団の平均値との比較でどの程度の水準にあるかを示すもの）を用いる。

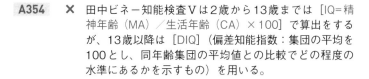

A355 ○ 高齢期の心理的な適応には［ソーシャルコンボイ］の維持または何かコンボイの中で機能が失われてもその補償ができることが重要である。

A356 ✗ E. Cumming & W.H. Henryの［離脱理論］とは、活動性や社会的関係の減少は自然で避けられないものという考えである。離脱の速やかさにより高齢者の心理的適応が良くなるという考え方［ではない］。高齢者の社会的な活動量が減少していくことは「自然なこと」として考える。

A357 ○ 高齢期の心理的な適応のため、［SOC理論］（失ったものの補償として活動可能なものを選択）は重要であり、この理論による［代替方略］を積極的に用いていくことが必要である。

A358 ○ Carstensen, L.Lの［社会情動的選択性理論］では、人生の残り時間が僅少になると、その人の持つ資源を［心理・情動］的に満足できる対象へ注ぐような強い選択を取る傾向があると考える。

第13章

障害者（児）の心理学

1 身体障害、知的障害及び精神障害

Q359
☑ ☑
知的障害者福祉法では、知的障害者は庇護され、社会経済活動ではなく福祉により生活などを保護していくとされている。

Q360
☑ ☑
Bank-Mikkelsen, N,E.の主張であるノーマライゼーションは「知的障害者の完全参加と平等」を表している。

Q361
☑ ☑
Bank-Mikkelsen, N,E.の主張であるノーマライゼーションでは、社会的に立場が弱い人々への支援や制度を設けることを中心においている。

Q362
☑ ☑
知的障害は乳幼児期には既に発症しており、多くは青年期までに気付かれるが、一部は成人期に入ってから気付かれる場合もある。

Q363
☑ ☑
療育手帳の発行は厚生労働大臣が行い、実施は市町村その他の関係機関の協力によるものであり、根拠法は知的障害者福祉法である。

ポイント　療育手帳制度要綱

第3 実施主体
この制度は、都道府県知事及び指定都市の長（以下「都道府県知事等」という。）が市町村その他の関係機関の協力を得て実施する。

第5 手帳の交付手続
2 交付の決定及び交付　都道府県知事等は、児童相談所又は知的障害者更生相談所における判定結果に基づき手帳の交付を決定し、交付の申請の際の経由機関を経由して申請者にこれを交付する。

A359 ✕ 知的障害者福祉法の目的として、知的障害者の［自立］と［社会経済活動］への参加を促進するため、知的障害者を援助するとともに必要な保護を行い、知的障害者の［福祉］を図るとされている（同法第1条1項）。

A360 ○ Bank-Mikkelsen, N,E.のノーマライゼーションの理念とは、知的障害者へ［市民権］を与えることで、全ての市民と同等の権利や機会を与えることである。

A361 ✕ Bank-Mikkelsen, N,E.の主張であるノーマライゼーションでは、社会的に立場が弱い人々への支援や制度を設けるのではなく、［特別の法律］を廃止して、他の市民と同じ［一般法］で援助されるべきとしている。

A362 ○ 知的障害は乳幼児期には既に発症しており、［1歳半・3歳児］検診、保育園・幼稚園、小学校入学後に気付かれるなど、多くは［青年期］までに気付かれるが、一部は［成人期］に入ってから気付かれる場合もある。

A363 ✕ 療育手帳の発行は［都道府県知事］や［指定都市］の長が行う。法律には規定されず、［療育手帳制度要綱］が定められている。

Q364 知的障害者へ交付される療育手帳は18歳以下の者のみへ発行される。

☑ ☑

Q365 DSM-5では知的障害の重症度を知能指数〈IQ〉で定めている。

☑ ☑

Q366 DSM-5には、知的能力障害群（知的障害）に対して臨床的評価及び個別化標準化された知能検査を実施すると書かれているが、Wechsler系知能検査を実施することは規定されていない。

☑ ☑

2　障害者（児）の心理社会的課題と必要な支援

Q367 ICF〈国際生活機能分類〉において生活機能と障害の状態は、健康状態、環境因子及び個人因子を分けて考えられている。

☑ ☑

Q368 ICF〈国際生活機能分類〉において生活機能の障害は、心身機能と身体構造だけではなく、活動や参加に制限があることによって引き起こされるとされている。

☑ ☑

Q369 ICF〈国際生活機能分類〉における障害への心理的支援においては、診断名ではなく、生活の中での困難さに焦点を当てることを重視している。

☑ ☑

A364　✕　知的障害者へ交付される療育手帳は発行について年齢制限が［設けられていない］。ただし、18歳未満は［児童相談所］、18歳以上は［知的障害者更生相談所］で発行される。

A365　✕　DSM-5は知的能力障害群（知的障害）を［臨床的評価及び個別化標準化された知能検査］により確かめられる知的機能の欠陥、複数の日常生活への［適応機能の支障］、知的および適応の欠陥が［発達期に発症］しているという3基準で診断している。

A366　○　DSM-5では、知的能力障害群（知的障害）へ実施するものとして［臨床的評価及び個別化標準化された知能検査］としか規定されておらず、Wechsler系知能検査やBinet系知能検査、もしくは新版K式発達検査であっても差し支えはない。

A367　✕　ICF〈国際生活機能分類〉において生活機能と障害の状態は、個人の［健康状態］とその人を取り巻く［環境因子］、またその人の［個人因子］が影響［し合い］、生活機能と障害の状態を決定していると考えられている。

A368　○　ICF〈国際生活機能分類〉において生活機能の障害は［心身機能・身体構造］だけではなく、［活動］及び［参加］に制限があることによって引き起こされるとされている。

A369　○　ICF〈国際生活機能分類〉では［生活機能］を中心に考えており、その人の生活の中での［困難さ］を軽減することに焦点を当てて心理的支援を行うことを重視する。

Q370 国際障害分類（ICIDH）から、国際生活機能分類（ICF）に改訂され、分類対象から妊娠や加齢は除かれた。

☐ ☐

Q371 ICF〈国際生活機能分類〉は医学モデルと心理学モデルに依拠して作られている。

☐ ☐

Q372 ICF〈国際生活機能分類〉では生活上のプラス面を加味して生活機能を分類している。

☐ ☐

Q373 ICF〈国際生活機能分類〉で想定されている生活機能モデルは「心身機能・身体構造」「活動」「参加」の3要素に「環境因子」と「個人因子」を背景因子として加え、この5つがそれぞれ独立しているモデルを提唱している。

☐ ☐

Q374 学校教育法施行規則第140条に基づいた特別支援教育における通級指導は、小学校、中学校、義務教育学校、高等学校または中等教育学校において行われている。

☐ ☐

Q375 学校教育法施行規則第140条に基づいた特別支援教育における通級指導の対象は、言語障害者、知的障害、自閉症者、情緒障害者、弱視者、難聴者、学習障害者、注意欠陥多動性障害者などとなっている。

☐ ☐

Q376 通級による指導を受ける児童生徒の週当たりの授業時数については、当該児童生徒の障害の状態等を十分考慮して、負担が過重とならないように配慮することが必要である。

☐ ☐

ポイント ICIDHモデルとICFモデル

1980年に出されたICIDH〈国際障害分類〉と2001年のICF〈国際生活機能分類〉の考え方の違いをおさえておこう。ICIDHは医学モデル、つまり疾病の結果に関する分類でいかにそれを克服するかに焦点を当てているものであるのに対し、ICFは社会モデル、つまり生活機能に着目してその人の強みの活用や社会参加を促そうとするものである。

A370 ✕ 国際生活機能分類（ICF）は従前の国際障害分類（ICIDH）と異なり、[生活機能] 分類なので、分類対象には疾病だけでなく [妊娠] や [加齢] なども含まれるようになった。

. . . .

A371 ✕ ICF〈国際生活機能分類〉は生きることの全体像を示す [生活機能モデル] に依拠して作られている。

. . . .

A372 ○ ICF〈国際生活機能分類〉では、生活上の [プラス面] を強調した分類である。生活上の [マイナス面] についてもより前向きかつ中立的な表現を心がけながら加味して総合的に評価する。

. . . .

A373 ✕ ICF〈国際生活機能分類〉で想定されている生活機能モデルは [心身機能・身体構造] [活動] [参加] の3要素に [環境因子] と [個人因子] を背景因子として加え、この5つがそれぞれ [相互影響し合う] モデルを提唱している。

. . . .

A374 ○ 学校教育法施行規則第140条に基づいた特別支援教育における通級指導は [小学校]、[中学校]、義務教育学校、高等学校または中等教育学校において行われている。

. . . .

A375 ✕ 学校教育法施行規則第140条に基づいた特別支援教育における通級指導の対象は、[言語障害者]、[自閉症者]、[情緒障害者]、弱視者、難聴者、学習障害者、注意欠陥多動性障害者などである。知的障害者に対する学習上又は生活上の困難の改善・克服に必要な指導は、生活に結びつく実際的・具体的な内容を継続して指導することが必要であるため対象外である。

. . . .

A376 ○ 通級による指導を受ける児童生徒の週当たりの授業時数については、当該児童生徒の障害の状態等を十分考慮して、通級と在籍学級の2つに属するため、[負担が過重とならないよう配慮する] ことが必要である。

Q377 ☑ ☑ 入学試験や検定試験の際の合理的配慮の対応は、「文部科学省所管事業分野における障害を理由とする差別の解消の推進に関する対応指針」に挙げられている。

Q378 ☑ ☑ 特別支援学校、特別支援学級及び通級では「個別の教育支援計画」のみを作成する。

Q379 ☑ ☑ 合理的配慮の対象は、障害者手帳を持っている人に限られる。

Q380 ☑ ☑ 合理的配慮によって取り除かれるべき社会的障壁には、障害者に対する偏見は含まれていない。

Q381 ☑ ☑ 学校における合理的配慮の妥当性の検討に際しては、医師の診断書は必須ではない。

Q382 ☑ ☑ 大学における合理的配慮は、学生の保護者又は保証人の申出によって検討されることが必要とされている。

ポイント 　合理的配慮

合理的配慮は、「身体障害、知的障害、精神障害（発達障害を含む。）その他の心身の機能の障害（以下「障害」と総称する。）がある者」の社会的障壁を取り除き、日常生活および社会生活で制限を受けることがないようにする目的で行われる。特に教育分野と産業分野で問われることが多いので、それぞれの法的根拠や対象者、教育機関や事業者の義務などをおさえておこう。

A377 ○ 「文部科学省所管事業分野における障害を理由とする差別の解消の推進に関する対応指針」には、[合理的配慮] の具体例として、[入学試験や検定試験] の際の対応が挙げられていることから、対応すべき事柄である。

A378 ✕ 特別支援学校、特別支援学級及び通級では「個別の指導計画」（個々の児童の実態に応じて適切な指導を行うために学校で作成されるもの）と「個別の教育支援計画」（障害のある児童の生涯にわたる継続的な支援体制を整える際に教育機関が中心となって作成するもの）の [双方] を作成する必要がある。

A379 ✕ 合理的配慮の対象は、障害者手帳の有無に [限定されない]。合理的配慮の対象は、「障害者（身体障害、知的障害、精神障害（発達障害を含む。）その他の心身の機能の障害（以下「障害」と総称する。）がある者）」であり、障害者基本法第2条1項の「障害及び社会的障壁により継続的に日常生活又は社会生活に相当な制限を受ける状態にあるもの」とされている。

A380 ✕ 障害者基本法第2条2項で [社会的障壁] とは「障害がある者にとつて日常生活又は社会生活を営む上で障壁となるような社会における [事物]、[制度]、慣行、観念その他一切のもの」と定められており、[偏見] は、慣行、観念その他一切のものに含まれている内容である。

A381 ○ 合理的配慮の妥当性の検討に際しては、医師の診断書は必須 [ではない]。これは日本学生支援機構が公開する [合理的配慮ハンドブック] に、（合理的配慮を）提供する人にとって負担とならない場合、「特別な資料がなくても障害の状況が明らかな場合等は、根拠資料がなくても問題ありません」とされているためである。

A382 ✕ 大学における合理的配慮は、学生の保護者又は保証人の申出は必要と [されていない]。あくまでも合理的配慮にける権利の主体は [学生本人] であるために、[学生本人] の申出に基づいた調整を行うことが重要である。

Q383 ☑ ☑ 特別支援学校において視覚障害のある児童生徒の授業で点字を用い、聴覚障害のある児童生徒の授業で音声言語とともに手話も使うことは合理的配慮である。

Q384 ☑ ☑ 就労移行支援とは、障害者総合支援法に定められた障害福祉サービスのひとつであり、就労移行支援事業所は、企業等への就労を希望する18歳以上65歳未満の障害や難病を有する人へ、就労のために必要な知識や能力を身につけられるように支援を行う通所施設である。

Q385 ☑ ☑ 就労定着支援とは障害者の職場適応に課題がある場合に、職場にジョブコーチが出向いて、障害特性を踏まえた専門的な支援を行い、障害者の職場適応を図ることを目的として行われるものである。

Q386 ☑ ☑ ジョブコーチによる支援とは職場への定着を支援するサービスであり、就労継続支援や就労移行支援、自立訓練サービスなどを経験して障害者雇用での就労を含めた一般就労を経験した人が利用できるものである。

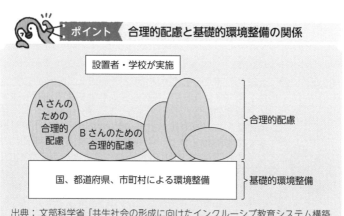

ポイント 合理的配慮と基礎的環境整備の関係

設置者・学校が実施

Aさんのための合理的配慮
Bさんのための合理的配慮

合理的配慮

国、都道府県、市町村による環境整備

基礎的環境整備

出典：文部科学省「共生社会の形成に向けたインクルーシブ教育システム構築のための特別支援教育の推進（報告）参考資料21：合理的配慮と基礎的環境整備の関係」を加工して作成

A383　✕　特別支援学校での視覚障害のある児童生徒へ点字の使
用や、聴覚障害のある児童生徒の授業で音声言語や手
話の使用は、合理的配慮の土台となる［基礎的環境整
備］となるものである。

A384　○　就労移行支援とは、［障害者総合支援法］に定められた
障害福祉サービスのひとつであり、［就労移行支援事業
所］は、企業等への就労を希望する［18歳以上65歳未
満］の障害や難病を有する人へ、就労のために必要な知
識や能力を身につけられるように支援を行う［通所］施
設である。

A385　✕　［ジョブコーチによる支援］とは障害者の職場適応に課
題がある場合に、職場にジョブコーチが出向いて、［障
害特性］を踏まえた専門的な支援を行い、障害者の職場
適応を図ることを目的として行われるものである。

A386　✕　［就労定着支援］とは職場への定着を支援するサービス
であり、就労継続支援や就労移行支援、自立訓練サービ
スなどを経験して［障害者雇用］での就労を含めた一般
就労を経験した人が利用できるものである。

第14章 心理状態の観察及び結果の分析

1 心理的アセスメントに有用な情報（生育歴や家族の状況等）とその把握の手法等

Q387 生育歴の聴取はアセスメントの基本となるため、初回面接で行う。

☐ ☐

Q388 心理検査は一定の状況設定で行うため、得られた情報は客観的で信頼できる。

☐ ☐

Q389 アセスメントは面接でクライエントのニーズや来談経緯を聞くことから始まる。

☐ ☐

Q390 アセスメント面接では構造化されていない自由面接を用いる。

☐ ☐

Q391 アセスメント面接は一般に治療的面接を開始する前に行われる。

☐ ☐

Q392 アセスメント面接では、クライエントのリソースや強みなど肯定的心理的特徴も見定める。

☐ ☐

Q393 ケース・フォーミュレーションは、全体的かつ安定的な心理的要因のみを検討する。

☐ ☐

A387 ✕ 初回面接で最も重要なことは、クライエントとの［ラポール（信頼関係）］の基盤作りである。クライエントが初回では生育歴を話すことに抵抗があったり、他に話したい悩みがあったりする場合はそれを優先する。

A388 ✕ 心理検査の種類は多様であり、かつ、検査状況は一定とは限らないため、必ずしも客観的で信頼できると［はいえない］。また、一部分しか測れないことも多い。

A389 ◯ アセスメントは面接でクライエントの［ニーズ］や［来談経緯］を聞くことから始まる。クライエントがどのような悩みを抱えているか等は、最初に聞くべき重要なことである。

A390 ✕ アセスメントでは、［自由面接（非構造化面接）］を用いることもあれば、［構造化面接］や［半構造化面接］を用いることもある。

A391 ◯ アセスメントはクライエントの［特徴の把握］や［今後の治療方針］の判断材料として行うため、治療的面接の［前］に行うことが通常である。

A392 ◯ アセスメント面接では、クライエントが抱える問題のみではなく、クライエントの強みや得意な面といった［肯定的心理的特徴］も見定める。

A393 ✕ ［ケース・フォーミュレーション］では、全体的かつ安定的な部分のみならず、クライエントが抱える問題の意味や［認知の歪み］等を検討し、治療計画に役立てる。

Q394 ケース・フォーミュレーションは、クライエントと心理職との共同作業を重視する。

☑ ☑

Q395 ケース・フォーミュレーションに、クライエントの意見は反映されない。

☑ ☑

Q396 ケース・フォーミュレーションとは、クライエントの問題に関する仮説である。

☑ ☑

Q397 半構造化面接は、質問紙型の面接ともいわれる。

☑ ☑

Q398 半構造化面接では、面接の前に質問項目を用意する。

☑ ☑

Q399 初回面接では、ラポール形成のために、早急な助言を控える。

☑ ☑

Q400 初回面接では、主訴と状況を早く理解するために、できるだけ多くの情報を得る。

☑ ☑

Q401 心理アセスメントにおいて、心理的支援に否定的な影響が想定される場合、検査の性質の一部を伏せて実施する。

☑ ☑

A394 ○ ケース・フォーミュレーションは、クライエントと心理職との［共同作業］を重視する。心理職が一方的に作っていくものではない。

A395 × ケース・フォーミュレーションに、クライエントの意見は反映［される］。クライエントとセラピストがそれぞれの意見を出し合い、［共同作業］を通じて作成する。

A396 ○ ケース・フォーミュレーションとは、クライエントの問題に関する［仮説］である。問題に関して、クライエントの家族、素因、関連する過去の出来事、思い込み、きっかけとなる出来事、行動、認知（考えやイメージ）、身体反応、感情、さらに自分らしさや強みなどを図式などを用いて整理して、問題のきっかけ、変化などをクライエントもセラピストも眺められるようにする。

A397 × 質問紙型の面接といわれるのは、［構造化面接］である。

A398 ○ 半構造化面接では、面接の前にあらかじめ大まかな［質問項目］を用意する。医療機関でのインテーク面接等で、家族構成や現在の状況など大枠で質問項目を用意しながら、クライエントに合わせて柔軟に変更しつつ進められる面接が代表例である。

A399 ○ 初回面接は、クライエントとの［信頼関係］が十分でない段階であり、［傷つけてしまう］可能性があるため、早急な助言は避けたほうがよい。

A400 × 初回面接では、心理職が聞きたいことよりも、クライエントが話したいことを優先し、話したくないことは［話さなくていい］と保証することのほうが重要である。

A401 × 心理アセスメントにおいては、検査の実施に際して、メリットだけでなくデメリットが生じる可能性も含めて［説明］し、納得して［同意］を得た上で検査を実施する必要がある。

Q402

☑ ☑

インテーク面接では、クライエントの問題に関連する情報を初回でもれなく収集する。

- -

Q403

☑ ☑

心理アセスメントでは、心理的側面だけでなく、環境を評価することも重要である。

- -

Q404

☑ ☑

S.E.Finnの治療的アセスメントにおいて、アセスメントを行う者の個性の影響を取り除くのは適切である。

2 H.S. Sullivanの関与しながらの観察

Q405

☑ ☑

「関与しながらの観察」とは、支援者と要支援者双方の相互作用の中で共有される治療構造のことである。

- -

Q406

☑ ☑

「関与しながらの観察」では、支援者は、要支援者との関係で生じる事態に巻き込まれざるを得ないという認識を前提とする。

- -

Q407

☑ ☑

「関与しながらの観察」では、面接外のクライエントの行動に関する情報も、面接中に得られる情報と同等に重要である。

A402　✕　インテーク面接の第一の目的は、クライエントとの［ラポールの形成］にある。初回に情報をもれなく収集するために質問攻めにするような対応は、ラポール形成を［阻害］する。

A403　○　人の心理は独立したものではなく、［環境］と相互作用しながら存在しているため、いかなる［環境］の上での心理状態かをアセスメントすることが重要である。

A404　✕　S.E.Finnの治療的アセスメントにおいて、アセスメントを行う者の個性の影響を取り除くのは［不適切］である。治療的アセスメントを行う者は、クライエントと関わる際に、自分自身にも独自の視点と偏りがあること、そして他者のこころの内側を完全に理解することは不可能であることを、現実として認識している。その上で、クライエントとアセスメントを行う者が［協働］し、［対話］を通してアセスメントを行っていく。

A405　✕　［治療構造］とは、セラピストとクライエントの交流を規定する様々な要因と条件が構造化されたものをいい、面接場所や時間、料金といった［外的構造］と、治療目標や治療方法などの［内的構造］などが含まれている。そのため、「関与しながらの観察」とは異なる。

A406　○　H.S. Sullivanは、精神医学は［対人関係］を研究する学問であると考えていた。支援の場において支援者は面接の中で起こる事態の全てに［巻き込まれざるを得ない］ため、常に要支援者との相互作用に注意を向けるべきとした。

A407　✕　「関与しながらの観察」において、「面接外のクライエントの行動」は重要視して［いない］。［対人関係］を重要視し、治療は［治療者］と［患者］との対人関係の場で行わなければならないとした。

Q408 「関与しながらの観察」によると、クライエントとのコミュニケーションを正しく理解するためには、現象のみに目を向けるべきである。
☑ ☑

Q409 「関与しながらの観察」では、観察者は現象に人為的な操作を加え、条件を統制したり関与したりしながら観察を行う。
☑ ☑

Q410 「関与しながらの観察」によると、観察者は自身が1つの道具としての性質を持っており、自らの存在の影響を排除できない。
☑ ☑

Q411 「関与しながらの観察」では、自分の中立的な立ち位置が揺れ動かないよう努める。
☑ ☑

Q412 「関与しながらの観察」では、自分のその場での言動と関係付けてクライエントの反応を捉える。
☑ ☑

3 心理検査の種類、成り立ち、特徴、意義及び限界

Q413 ベンダー・ゲシュタルト検査では器質的な脳障害を把握できる。
☑ ☑

Q414 CAARSは、自閉スペクトラム症／自閉症スペクトラム障害の重症度を測定する質問紙検査である。
☑ ☑

Q415 GHQは、心理的ウェルビーイングを測定する質問紙検査である。
☑ ☑

A408 ✕ 「関与しながらの観察」において、明確に［知覚できる物事］の範囲にとどまらず、例えば治療者側が患者に抱く［説明しがたい感覚］なども重要な情報とする。

A409 ✕ 「関与しながらの観察」によると、観察者は［ありのまま］を観察するために、現象への人為的操作や条件統制を極力控えつつ関与する。

A410 ◯ 「関与しながらの観察」によると、観察者は自身が1つの道具としての性質を持っており、自らの存在の影響を［排除］できない。観察者が存在することで［相互作用］が必ず生じるのである。

A411 ✕ H.S. Sullivanは、「治療者は自らの影響を排除することができない。面接中に起こる全ての事象に巻き込まれることから逃れられない」と述べており、中立性を担保することはできない旨を明示している。

A412 ◯ 「関与しながらの観察」で最も重要な概念は、「治療は治療者と患者との対人関係の場で行わなければならない」とする「対人関係の相互作用」である。

A413 ◯ ベンダー・ゲシュタルト検査では［器質］的な脳障害を把握できる。現在は、脳画像診断による脳障害の把握が可能となったため、脳障害の発見のために用いられることは少なくなっている。

A414 ✕ CAARS（Conners' Adult ADHD Rating Scales）とは、成人にみられる［AD/HD関連症状］を評価する質問紙検査である。

A415 ✕ GHQとは、精神健康調査票（The General Health Questionnaire）のことであり、［神経症者の症状］の把握や評価などを行うための質問紙検査である。

Q416 IES-Rは、ストレッサーを測定する質問紙検査である。

☑ ☑

Q417 POMSは、認知特性を測定する質問紙検査である。

☑ ☑

Q418 MASは、特性不安を測定する質問紙検査である。

☑ ☑

Q419 MASは、MMPIの項目から作成された。

☑ ☑

Q420 MMPIの妥当性尺度とは、?尺度、L尺度、F尺度及びK尺度の4つを指す。

☑ ☑

Q421 MMPIの質問項目は550項目あり、実施時間は1時間以上を見込む必要がある。

☑ ☑

Q422 MMPIは、心気症、抑うつ、緊張などの各傾向を測定する20個の臨床尺度から構成される。

☑ ☑

Q423 MMPIは、各質問項目には5件法で回答する。

☑ ☑

Q424 MMPIのF尺度は、心理的防衛の高さを示している。

☑ ☑

A416 ✕ IES-Rとは、改訂出来事インパクト尺度（Impact of Event Scale-Revised）のことであり、［心的外傷性のストレス症状］を評価する質問紙検査である。

......

A417 ✕ POMSとは、気分プロフィール検査（Profile of Mood States）のことであり、気分や感情、情緒などの［主観的］な側面から［人の情動］を評価する質問紙検査である。

......

A418 ◯ MASは、［特性不安］を測定する質問紙検査である。MASとは、顕在性不安尺度（Manifest Anxiety Scale）のことであり、［身体的］な徴候として表れる不安や［精神的］な徴候として表れる不安を含めた、不安の［総合的な程度］を評価する。

......

A419 ◯ MASの不安尺度は、［MMPI］から［不安］に関する質問項目を抽出して作成された。

......

A420 ◯ MMPIの妥当性尺度とは、？尺度（疑問尺度）、L尺度（虚偽尺度）、F尺度（頻度尺度）及びK尺度（修正尺度）の4つを指す。

......

A421 ◯ MMPIの質問項目は［550］項目と多いため、質問紙検査の中では時間を要する。

......

A422 ✕ MMPIは、心気症、抑うつ、緊張などの各傾向を測定する［10］個（Hs, D, Hy, Pd, Mf, Pa, Pt, Sc, Ma, Si）の臨床尺度から構成される。

......

A423 ✕ MMPIは、各質問項目には［2］件法で回答する。項目ごとに「当てはまる」か「当てはまらない」のどちらかで回答する。ただし、できるだけ避けるようにとされてはいるが、「どちらとも言えない」と回答することも許容されている。

......

A424 ✕ MMPIの［K］尺度（correction scale）は、心理的防衛の高さを示している。［F］尺度（frequency scale）は、質問項目に対して逸脱する方向に答えるような傾向を検出することを目的としている。

Q425 NEO-PI-Rの各人格次元にはそれぞれ2つの下位次元がある。

□ □

Q426 東大式エゴグラムは、被検者の自我状態をP、A又はCの3タイプのいずれか1つに分類する検査である。

□ □

Q427 TEGの自我状態の1つであるFCは、責任感が強いという特徴と関係がある。

□ □

Q428 内田クレペリン精神作業検査は、作業量の水準ではなく、偏りの有無に注目する。

□ □

Q429 P-Fスタディは、精神分析理論の防衛機制に関する実験的研究の結果を基盤に発展した心理検査である。

□ □

Q430 ロールシャッハ・テストは、被検者に1枚ずつ図版を呈示し、図版に描かれた絵をもとに物語を作ってもらう投影法人格検査である。

□ □

Q431 バウムテストの解釈において、対人関係や感情表出の特徴を示す指標として、枝の先端の処理に注目する。

□ □

ポイント　NEO-PI-R の尺度構成

NEO-PI-R の各人格次元には、それぞれ6つの下位次元がある。

次元名	下位次元
N：神経症傾向	不安、敵意、抑うつ、自意識、衝動性、傷つきやすさ
E：外向性	温かさ、群居性、断行性、活動性、刺激希求性、よい感情
O：開放性	空想、審美性、感情、行為、アイデア、価値
A：調和性	信頼、実直さ、利他性、応諾、慎み深さ、優しさ
C：誠実性	コンピテンス、秩序、良心性、達成追求、自己鍛錬、慎重さ

A425　✕　NEO-PI-Rの各人格次元には、それぞれ [6] つの下位
次元がある。

A426　✕　東大式エゴグラムは、[交流分析] 理論に基づき、被検
者の [自我状態] を [5] タイプの強弱のCP（Critical
Parent）、NP（NurturingParent）、A（Adult）、FC（Free
Child）、AC（Adapted Child）により性格傾向を知る検
査である。

A427　✕　TEG（Tokyo University Egogram）とは、「東大式エゴ
グラム」のことであり、質問法による性格検査である。
FC は [自由な子ども] の側面、つまり、自由奔放で明
るい、好奇心旺盛、感情をストレートに表現するなど、
活発で積極的という特徴と関係がある。責任感が強い
という特徴と関係があるのは、[CP（Critical Parent）]
である。

A428　✕　内田クレペリン精神作業検査は、[作業量] と [曲線]
を中心に解釈を行うため、作業量の水準は解釈の対象
である。

A429　〇　[P-Fスタディ] は、精神分析理論の防衛機制に関する
実験的研究の結果を基盤に発展した心理検査である。
MMPIは、[S.R. Hathaway] と [J.C. McKinley] によっ
て、1930年代後半から研究が始められ、1943年に刊
行された質問紙法検査である。当初は [精神医学的診断
の客観化] を目指して作成されていた。

A430　✕　ロールシャッハ・テストは、[多義的] に見える偶然に
できあがった左右対称の [インクのシミ] が印刷された
図版を用いて、それが何に見えるか、どこに、どのよう
に見えたのか、そのように見えた理由などを問う投影
法人格検査である。

A431　〇　バウムテストにおいて、枝は [人間関係の相互作用]、
[社会との精神的交流] の円滑さなどを示す。枝の先端
は社会との相互交流、[欲求] や [感情] の円滑さ、抑
圧などを示す。

Q432 ☑ ☑ P-Fスタディでは、攻撃性の方向が内外ともに向けられずに回避される反応を無責傾向と解釈する。

Q433 ☑ ☑ TATは、G.W. Allportが標準化した欲求－圧力分析による解釈法を基本に、被検者の対人関係の主題を読み取る。

Q434 ☑ ☑ 知能検査の実施において、検査者が十分に習熟していない検査を用いることを控えるのは適切である。

Q435 ☑ ☑ 被検査者に求められたため、知能検査の検査用紙をコピーして渡すのは適切である。

Q436 ☑ ☑ 知能検査を実施する際に、客観的情報を収集するために、被検査者とのラポール形成を避けた。

Q437 ☑ ☑ 被検査者が検査に対する先入観や恐怖心を抱かないように、事前に検査について説明することを控えた。

Q438 ☑ ☑ 知能検査の実施時間が2時間を超え、被検査者が疲れている様子であったが、そのまま続けて全ての検査項目を実施した。

A432 ○ P-Fスタディの解釈には、攻撃性が自分にも他者にも向かわない［無責］傾向、自分に向かう［自責］傾向、他者に向かう［他責］傾向がある。

A433 ✕ TATは、［H.A. Murray］が標準化した［欲求－圧力］分析による解釈法を基本に、被検者の対人関係の主題を読み取る。また、対人関係のみではなく、被検者の［パーソナリティ特性］や［病態水準］等をはかる。

A434 ○ 知能検査の実施において、検査者が十分に習熟していない検査を用いることを控えるのは［適切］である。検査者が十分に習熟していない検査を実施すると、検査者の習熟度の低さから結果に影響を及ぼす危険性がある。

A435 ✕ 被検査者に求められたため、知能検査の検査用紙をコピーして渡すのは［不適切］である。知能検査の検査用紙のコピーを渡すことで、［検査内容が流出］して、適切な検査結果が得られなくなることなどが生じる可能性がある。

A436 ✕ 知能検査を実施する際に、被検査者の緊張や不安が高い場合、本来のパフォーマンスを十分に発揮できない可能性があるため、被検査者との［ラポール形成］は必要である。

A437 ✕ 事前にどのような検査を実施するのか説明し、実施に対して同意を得ることは、［インフォームド・コンセント］の観点から重要である。

A438 ✕ 知能検査の実施が長時間にわたる際、そのまま続けて全ての検査項目を実施することは［不適切］である。検査が長時間にわたると、疲労などの影響で［注意力］や［集中力］の低下が生じ、検査結果に影響を与える可能性が高い。休憩を取ったり、2回に分けて実施したりするなどの対応を検討すべきである。

Q439 知能検査を含む集団式の能力テストは、学習障害や発達の遅れのスクリーニングとして使うことができる。

☐ ☐

Q440 日本版KABC-Ⅱは、流動性推理と結晶性能力からなる認知尺度と、習得尺度との2尺度から構成される。

☐ ☐

Q441 新版K式発達検査では、発達年齢と発達指数を算出する。

☐ ☐

Q442 新版K式発達検査は、運動、社会性及び言語の3領域で測定する。

☐ ☐

Q443 新版K式発達検査は、生後100日頃から成人まで適用可能である。

☐ ☐

Q444 田中ビネー知能検査Ⅴは、2歳から18歳11か月まで適用が可能である。

☐ ☐

Q445 田中ビネー知能検査Ⅴでは、13歳以下は、精神年齢〈MA〉から知能指数〈IQ〉を算出する。

☐ ☐

Q446 ADI-Rは自閉スペクトラム症／自閉症スペクトラム障害〈ASD〉の診断用評価尺度である。

☐ ☐

Q447 「姿勢・運動」、「認知・適応」及び「言語・社会」の3つの領域から構成されている心理検査は、WPPSI-Ⅲである。

☐ ☐

A439　○　集団式知能検査は個別式に比べ、比較的容易に複数の
データを一度で得ることができるため、[学習障害] や
[発達障害] のスクリーニングとして使用することも可
能である。

A440　✕　日本版KABC-Ⅱは、「継次」「同時」「学習」「計画」か
らなる [認知尺度] と、「語彙」「読み」「書き」「算数」
からなる [習得尺度] から構成される。認知尺度のう
ち、「計画」尺度は流動性推理にあたる。習得尺度のう
ち、「語彙」尺度は結晶性能力にあたる。

A441　○　新版K式発達検査では、[発達年齢 (DA)] と [発達指
数 (DQ)] を算出する。

A442　✕　新版K式発達検査は、「姿勢・運動 (P-M)」「認知・適
応 (C-A)」「言語・社会 (L-S)」の3領域で測定する。

A443　○　新版K式発達検査は、[生後100日頃 (0歳)] から [成
人] まで適用可能である。

A444　✕　田中ビネー知能検査Vは、[2歳0か月] ～ [成人 (14
歳以上)] を対象年齢としている。

A445　○　田中ビネー知能検査Vでは、13歳以下では、「精神年齢
÷生活年齢×100」という公式によって知能指数 〈IQ〉
を求める。

A446　○　ADI-R (Autism Diagnostic Interview-Revised) は、ASD
の診断用評価尺度である。[保護者] に対して [半構造
化] 面接を行うことによって、「相互的対人関係の質的
異常」、「意思伝達の質的異常」、「限定的・反復的・常同
的行動様式」に、「生後36か月までに顕在化した発達異
常」を加えた4領域についてスコアリングを行い、それ
ぞれの [カットオフ] 値をもとに診断評価を行う。

A447　✕　「姿勢・運動」、「認知・適応」及び「言語・社会」の3
つの領域から構成されている心理検査は、[新版K式発
達検査] である。

Q448 ☑ ☑ 認知及び言語の発達の遅れが疑われる3歳の幼児に用いるアセスメントツールとして、KABC-Ⅱを実施するのは適切である。

Q449 ☑ ☑ 手話をコミュニケーション手段とする被検査者にWAIS-Ⅳを実施する場合、「類似」は結果に影響が出ないように注意を必要とする下位検査である。

Q450 ☑ ☑ 検査内容の説明程度は日本語で理解できるが、日本語を母語としない成人の知能を測定する検査として、コース立方体組み合わせテストを実施するのは適切である。

Q451 ☑ ☑ 乳児院に一時保護された1歳半の幼児の認知・言語機能を評価する心理検査として、遠城寺式乳幼児分析的発達検査を実施するのは適切である。

ポイント　**各検査と対応年齢を覚えておこう！**

● **発達検査および知能検査の適応年齢対応一覧**

検査名	適応年齢
遠城寺式乳幼児分析的発達検査法	[0] 歳〜4 歳 8 か月
新版 K 式発達検査 2001	[0] 歳〜成人
S-M 生活機能検査	満 [1] 歳〜13 歳
田中ビネー知能検査 V	[2 歳 0 か月]〜成人
ITPA	[3 歳 0 か月]〜9 歳 11 か月
日本版 KABC-Ⅱ	[2 歳 6 か月]〜18 歳 11 か月
WPPSI - Ⅲ	[2 歳 6 か月]〜7 歳 3 か月
WISC-Ⅳ	[5] 歳〜16 歳 11 か月
WAIS-Ⅳ	[16] 歳〜90 歳 11 か月

A448 ⭕ KABC-Ⅱは、[2歳6か月]から[18歳11か月]までの年齢の[認知能力（認知尺度）]と[習得度（習得尺度）]が測定可能な発達検査である。

A449 ⭕ 「類似」は、[言語理解指標（VCI）]に含まれる下位検査である。この下位検査で要求される語彙およびいくつかの問題の手話への翻訳が、問題を著しく修正し、構成概念とはかなり無関係な変化を生じさせたり、手話の中には意図しない手がかりを与えたりするため、回答場面のやりとりにおいては注意が必要である。

A450 ⭕ コース立方体組み合わせテストは、積木を用いて模様を構成することで知能を測定する[動作性検査]であり、[言語]的な要因がほとんど介入しない検査である。

A451 ⭕ 遠城寺式乳幼児分析的発達検査とは、[0歳〜4歳8か月]を対象年齢とした乳幼児向けの発達検査である。[移動運動][手の運動][基本的習慣][対人関係][発語][言語理解]の6領域を測定し、心身の発達状況を総合的に評価する検査である。

Q452 HDS-Rは、主に高齢者を対象に認知機能の評価を行う心理検査である。

☑ ☑

. . . .

Q453 HDS-Rの成績が低下している場合、遂行機能障害が疑われる。

☑ ☑

. . . .

Q454 RBMTは、手続記憶の障害を検討するために用いられる。

☑ ☑

. . . .

Q455 SLTAには、非言語性の認知検査も含まれる。

☑ ☑

. . . .

Q456 WAIS-Ⅳの数唱の成績は、注意障害の程度を知る助けになる。

☑ ☑

. . . .

Q457 WISC-ⅣのPSIの基本検査は、符号及び絵の抹消である。

☑ ☑

. . . .

Q458 WCSTは、失認症を評価する検査である。

☑ ☑

. . . .

Q459 Clinical Dementia Rating〈CDR〉で、健常と認知症の境界は、1点である。

☑ ☑

A452 ○ HDS-R（Revised Hasegawa's dementia scale）とは、改訂長谷川式簡易知能評価スケールのことであり、主に高齢者を対象に［認知症］の疑い・［認知機能］の低下を早期に発見することが可能なスクリーニング検査である。

A453 × HDS-Rとは、［改訂長谷川式簡易知能評価スケール］のことであり、成績が低下している場合、［認知機能］の障害が疑われる。

A454 × RBMTとは、［リバーミード行動記憶検査］のことであり、［日常記憶］の障害を検討するために用いられる。

A455 × SLTAには、非言語性の認知検査は［含まれない］。SLTAとは［標準失語症検査］のことであり、「聴く」「話す」「読む」「書く」「計算」という5つの大項目からなる［言語］性の検査である。

A456 ○ WAIS-Ⅳの「数唱」は、［ワーキングメモリー］を測る基本検査であり、［聴覚的な情報］への注意力も関係があるため、注意障害のアセスメントをする上で、参考にすることも可能である。

A457 × WISC-ⅣのPSIの基本検査は、［符号］及び［記号探し］である。絵の抹消は［補助検査］である。

A458 × WCSTとは、［ウィスコンシンカードソーティングテスト］のことであり、［前頭葉機能］の障害についてアセスメントする検査である。

A459 × Clinical Dementia Rating〈CDR〉で、健常と認知症の境界は、［0.5］点である。CDRの重症度は、①健常（CDR：0）、②認知症の疑い（CDR：0.5）、③軽度認知症（CDR：1）、④中等度認知症（CDR：2）、⑤重度認知症（CDR：3）の［5］段階である。

Q460 H. Ebbinghaus が文章完成法を開発した際に測定しようとした対象は、知的統合能力である。

☑ ☑

Q461 BDI-Ⅱは最近1か月の状態を評価する。

☑ ☑

Q462 BDI-Ⅱには体重減少を問う評価項目がある。

☑ ☑

Q463 BDI-Ⅱには睡眠時間の増加を問う評価項目がある。

☑ ☑

4 心理検査の適応、実施及び結果の解釈

Q464 成人のクライエントに対して行う心理検査の目的の1つは、クライエントによる自己理解や洞察を深めることである。

☑ ☑

Q465 成人のクライエントに対して行う心理検査の目的の1つは、セラピストとクライエントの間で、コミュニケーションやセラピーを深める道具とすることである。

☑ ☑

Q466 強迫症が疑われる成人に用いる心理検査として、Y-BOCSは適切である。

☑ ☑

A460　○　H. Ebbinghausが文章完成法を開発した際に測定しよう
とした対象は、[知的統合能力] である。H. Ebbinghaus
は言語連想法に着想を得て、文章完成法を開発した。

A461　×　BDI-Ⅱは、[過去2週間] の状態を評価する。

A462　×　BDI-Ⅱでは、体重減少に関する質問項目が [削除] され
た。

A463　○　BDI-Ⅱは、[睡眠時間] の増加についても評価できるよ
うに修正されている。

A464　○　成人のクライエントに対して行う心理検査の目的の1
つは、クライエントによる [自己理解] や [洞察] を深
めることである。

A465　○　成人のクライエントに対して行う心理検査は、結果を
出す目的だけではなく、検査を1つの [コミュニケー
ションの手段] や関係性を深める道具として使用する
方法もある。

A466　○　Y-BOCS（Yale-Brown Obsessive Compulsive Scale）
とは、[Yale-Brown強迫観念・強迫行為尺度] のことで
あり、強迫症の [重症度] を評価することができる。

Q467 知的な遅れがなく、社会性やコミュニケーションを中心とした発達障害が疑われる児童に対してADOS-2を用いるのは不適切である。

☑ ☑

Q468 日常生活上の遂行機能を評価する心理検査として、BADSは適切である。

☑ ☑

Q469 10歳の子どもに対して、虐待によるトラウマの影響をアセスメントする際に用いる心理検査として、TSCCを用いるのは適切である。

☑ ☑

Q470 登校しぶりがある7歳（小1）の男児Aは、「クラスの子がみんな話を聞いてくれない」、「授業で何をやったら良いのか分からない」と述べている。市の教育センターでも公認心理師に対して、Aは自分の好きなアニメの解説を一方的に話した。Aに対する支援をするに当たり、Aの適応状況に関する情報収集や行動観察に加え、A自身を対象に実施するテストとしてWISC-Ⅳをバッテリーに含めるのは適切である。

☑ ☑

Q471 知的障害児の適応行動の評価にVineland-Ⅱを使用するのは適切である。

☑ ☑

5 　適切な記録、報告、振り返り等

Q472 心理検査結果を報告する際には、クライエントが得意とする分野は記載しない。

☑ ☑

A467 ✕ ADOS-2は［自閉スペクトラム症／自閉症スペクトラ
ム障害〈ASD〉］の疑いがある［幼児から成人］の幅広
い年齢を対象にした検査である。知的な遅れがなく、社
会性やコミュニケーションを中心とした［発達障害］が
疑われる児童に対して用いるのは不適切である。

- -

A468 ◯ BADS（Behavioural Assessment of the Dysexecutive
Syndrome）とは、遂行機能障害症候群の行動評価のこ
とであり、［日常生活上］の遂行機能（みずから［目標］
を設定し、［計画］を立て、実際の［行動］を［効果的］
に行う能力）を総合的に評価することが可能である。

- -

A469 ◯ TSCC（Trauma Symptom Checklist for Children）と
は、［8］歳〜［16］歳までの子どもを対象とした、［虐
待］などの［トラウマ性体験］の影響を評価できる質問
紙法検査である。

- -

A470 ◯ WISC-Ⅳとは、Wechsler Intelligence Scale for Children-
Fourth Editionのことであり、［5歳0か月］から［16歳
11か月］の年齢の［知的能力］水準を評価する知能検
査である。

- -

A471 ◯ 知的障害児の適応行動の評価にVineland-Ⅱを使用する
のは［適切］である。Vineland-Ⅱは、Vineland-Ⅱ適応
行動尺度（Vineland Adaptive Behavior Scale Second
Edition）のことであり、［0歳0か月］から［92歳11か
月］までの年齢の［適応行動］を評価することを目的と
した検査である。

A472 ✕ 心理検査結果を報告する際には、クライエントの苦手
な分野やネガティブな結果についての記載だけでなく、
［得意な分野］や［ポジティブな側面］も含めて記載す
る。

Q473 心理検査結果を報告する際には、報告する相手によって、伝え方を工夫する。

☐ ☐

Q474 心理検査結果を報告する際には、クライエントが検査を受ける態度から推察できることを記載する。

☐ ☐

Q475 病院において、公認心理師が医師から心理検査を含むアセスメントを依頼された場合、依頼された際の目的に応えられるように、情報を整理し報告する。

☐ ☐

Q476 病院において、公認心理師が医師から心理検査を含むアセスメントを依頼された場合、心理的側面のみでなく、生物学的側面や社会環境も統合して報告する。

☐ ☐

Q477 病院において、公認心理師が医師から心理検査を含むアセスメントを依頼された場合、心理検査の結果を他の情報と照合することはせず、心理検査からの客観的報告にとどめる。

☐ ☐

Q478 心理検査の結果を報告する際に、記録用紙をコピーしたものをそのままクライエントに渡す。

☐ ☐

Q479 心理検査の報告は、検査を依頼した職種にかかわらず専門用語を使って書く。

☐ ☐

A473 ○ 心理検査結果を報告する際には、報告を読む相手が内容を理解し、検査結果を活かせるように、相手によって［伝える内容や表現］を工夫する必要がある。

A474 ○ 心理検査結果を報告する際には、クライエントの［検査態度］が検査結果に影響を与えている可能性があるため、検査態度の記述やそこから推察できることを記載する必要がある。

A475 ○ 病院において医師から依頼されたアセスメントの結果を報告する際には、［依頼目的］に沿った形で情報を整理し、報告する必要がある。

A476 ○ 病院において、医師から心理検査を含むアセスメントを依頼された場合、［社会的要因］や［環境要因］、［生物学的要因］などが精神疾患や現在の心理状態に影響を与えている可能性があるため、総合的にアセスメントを行う必要がある。また、いかなる状況の上で得られたデータなのか［質的な分析］も含めて医師に伝える。

A477 ✕ 病院において医師から依頼されたアセスメントの結果を報告する際には、心理検査の結果を単独で判断するのではなく、［成育歴］や［服薬状況］、［身体的疾患］の有無などの情報と合わせて総合的にアセスメントを行う必要がある。

A478 ✕ 検査の記録用紙をコピーしたものをそのままクライエントに渡すことは、検査内容が［流出］して［適切な検査結果］が得られないことなどが生じる可能性がある。

A479 ✕ 心理検査の報告は、クライエントや他職種にもわかりやすい［平易な言葉］で書くことが適切である。

第15章 心理に関する支援（相談、助言、指導その他の援助）

1 代表的な心理療法並びにカウンセリングの歴史、概念、意義及び適応

Q480 心理療法における効果検証に用いられる方法としてランダム化比較試験がある。

Q481 修正版グラウンデッド・セオリー・アプローチとは、心理療法の効果検証に用いられる方法である。

Q482 社会構成主義を基盤とする心理的支援では、人間の活動が文化や価値観に根差しているという考えに基づいて支援を行う。

Q483 社会構成主義を基盤とする心理的支援では、言語が現実を作り出すという視点から新たな社会意識を形成するという考えに基づいて支援を行う。

A480 〇 ランダム化比較試験とは、治療法などのある操作を行うこと以外の条件が同じになるように、対象者を2つ以上のグループに［ランダムに分ける］ことで、治療法などの［効果］を検証するものである。心理療法の研究では治療群（治療を行う群）と対照群（治療をせず観察のみの群）の2つに分けて比較する。

- -

A481 ✕ 修正版グラウンデッド・セオリー・アプローチとは、複数の対象者のデータをまとめて概念化する［質的研究法］である。グラウンデッド・セオリー・アプローチでは、インタビューなどで得られた［記述データ］を、切片化し、概念化やカテゴリー化などを検討し、モデルを構築する。ただし、切片化されたデータからは文脈が失われることが多かった。修正版グラウンデッド・セオリー・アプローチでは、切片化などをせずに概念形成しカテゴリー化した上で結果図を示すという方法を用いることで、［文脈を損なわずに解釈する］ことを可能にした方法である。

- -

A482 〇 社会構成主義を基盤とする心理的支援では、人間の活動が［文化］や［価値観］に根差しているという考えに基づいて支援を行う。オープンダイアローグやナラティブアプローチがその例である。

- -

A483 ✕ 社会構成主義を基盤とする心理的支援では、「言語を通じた社会交流」によって新たな社会意識が形成されるとする。

Q484 社会構成主義では、例えば大学受験に失敗したクライエントが「もう自分は幸せになれない」と語った場合、カウンセラーは学歴主義やエリート主義の社会的背景について説明する。

☐ ☐

Q485 対象関係論では、生物学的要因よりも社会文化的要因を重視する。

☐ ☐

Q486 無知の姿勢は、H. Anderson と H. Goolishian が提唱した社会構成主義的なセラピーにおけるセラピストの基本姿勢である。

☐ ☐

Q487 ゲシュタルト療法では、今ここでの体験に注目させる。

☐ ☐

Q488 受け入れがたい感情や願望を意識しないで済むよう、逆の態度や行動をとる防衛機制を「反動形成」という。

☐ ☐

Q489 自律訓練法はリラクゼーションを主な目的としている。

☐ ☐

Q490 自分自身で一定の手順に従い、段階的に練習を進めることによって、心身の機能を調整する方法を、スモールステップという。

☐ ☐

 **ポイント** 自律訓練法

ドイツの J.H. Schultz は、自己暗示による催眠の健康面への有効性に着想を得て実験と研究を重ね、身体感覚を中心とした自己催眠訓練法の一種である自律訓練法を作りあげた。標準練習は７つの段階からなり、受動的注意集中の態度を保ちつつ、公式と呼ばれる言葉を繰り返す。

A484　✕　[社会構成主義] は、学歴主義やエリート主義について社会的に構成された1つの物語であると理解し、それらを唯一の現実（あるいは間違った現実）であるとは考えない。したがって、それらについて語り合うことはあっても一方的に説明することはしない。

A485　✕　対象関係論では、乳児期からの [母子関係] に注目する。

A486　○　[無知の姿勢] は社会構成主義的なセラピーにおけるセラピストが採用すべき基本姿勢である。クライエントの問題については [クライエント自身] こそが専門家であり、セラピストはそれについて何も知らないので教えてほしいとする姿勢である。

A487　○　ゲシュタルト療法は、[F.Perls] らによって創始され、「今ここ」を大事にし、個人の [全体性の統合] を目指す療法である。

A488　○　防衛機制の [反動形成] の具体例には「本当は嫌いだけれど慕っているように振舞う」「好かれたいのにわざと嫌われるような行動をとる」などがあげられる。

A489　○　[自律訓練法] は、最も代表的なリラクゼーション法である。J.H. Schultz によって開発された。

A490　✕　自分自身で一定の手順に従い、段階的に練習を進めることによって、心身の機能を調整する方法を [自律訓練法] という。[スモールステップ] とは、目標達成に向けて簡単なものから設定した課題のことで、シェイピングの際に用いられる。

Q491 嫌悪療法とは、行動療法におけるオペラント条件づけに基づく技法の1つである。

☑ ☑

Q492 認知再構成法は、うつ病に対する認知行動療法の主な技法の1つである。

☑ ☑

Q493 誘導による発見とは、認知行動療法で大切とされている「ソクラテス的質問法」のことを指す。

☑ ☑

Q494 問題解決技法は、認知行動療法における技法には含まれない。

☑ ☑

Q495 弁証法的行動療法（dialectical behavior therapy：DBT）は、M.M. Linehanによって開発された気分障害に対する認知行動療法であり、効果が実証されている。

☑ ☑

Q496 アクセプタンス＆コミットメント・セラピーの「アクセプタンス」とは、不快な私的事象を力ずくで制御するのではなく、その制御を手放すように促すことを意味する。

☑ ☑

Q497 アクセプタンス＆コミットメント・セラピー（ACT）は、心理的柔軟性を促進させることを目指す。

☑ ☑

 **ポイント** 嫌悪条件づけ法（嫌悪療法）

例えばアルコール依存症の場合、アルコールの摂取により、吐いたり、気分が悪くなったりするシアナマイドという薬物を服用し、アルコールを見ただけで吐き気がして飲みたくなくなるようにする。この他にも、喫煙、過食、性的逸脱などでも嫌悪条件づけ法が用いられることがある。

A491 ✕ 嫌悪療法とは、行動療法における［古典的］条件づけに基づく技法の１つである。標的とする不適切な行動が生じた直後に嫌悪刺激を随伴させることにより、問題行動が生じなくなることを目的とする。

A492 ◯ ［認知再構成法］とは、「認知の歪み」にアプローチすることで適応的思考に変化させようとするものであり、［うつ病］に有効とされている。

A493 ◯ 誘導による発見とは、認知行動療法で大切とされている［ソクラテス的質問法］のことを指す。この質問法は、クライエントが［自問］し、［自ら発見］（新しい見方や考え方に気づくこと）できるように問いかける質問を繰り返していく。

A494 ✕ 問題解決技法とは、［認知行動療法］における技法・介入方法である。①問題解決志向性、②問題の明確化と目標設定、③問題解決策の産出、④問題解決策の選択と決定、⑤問題解決策の実行と評価、の５つのステップを通して問題を解決していくことを特徴とする。

A495 ✕ 弁証法的行動療法（dialectical behavior therapy：DBT）は、M.M. Linehanによって開発された［境界性パーソナリティ障害］に対する認知行動療法であり、効果が実証されている。

A496 ◯ アクセプタンス＆コミットメント・セラピー（acceptance and commitment therapy：ACT）とは、マインドフルネスに基づく認知行動療法の第３世代とされている。不快な私的事象の制御を手放すことを促す［アクセプタンス］に加え、マインドフルネスの技法を導入し、価値に沿った行動を選択できるように促す［コミットメント］の技法を用いる。

A497 ◯ アクセプタンス＆コミットメント・セラピー（ACT）は、［心理的柔軟性］を促進させることを目指す。［心理的柔軟性］とは、気づきや開かれた心を持ち、自分にとって価値ある行動を取れる能力を意味する。

Q498 アクセプタンス＆コミットメント・セラピー（ACT）は、理論的背景として対人関係療法を基盤としている。

☑ ☑

Q499 スキーマ療法は、パーソナリティ障害に適用するため、認知行動療法を拡張し、そこにアタッチメント理論、ゲシュタルト療法、力動的アプローチなどを組み込んだ統合的な心理療法である。

☑ ☑

Q500 パニック発作に用いる認知行動療法では、イメージは用いず、現実的な状況を段階的に経験させる。

☑ ☑

Q501 パニック発作に用いる認知行動療法では、発作の前兆である身体症状を意図的に作り出し、経験させる。

☑ ☑

Q502 喘息に対する吸入治療に対して強い恐怖心を示し、治療が困難になったケースに関する行動療法的な支援技法として、エクスポージャーが適切である。

☑ ☑

Q503 強迫行動に対する行動療法では、触った後で手を洗いたくなるような不潔な物をクライエントに回避させることで、不安を弱くさせる。

☑ ☑

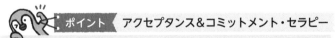 ポイント　アクセプタンス＆コミットメント・セラピー

S.C. Hayes、K.D. Strosahl、K. Wilson によって体系化された機能的文脈主義に基づく心理療法であり、認知行動療法の第三の潮流として位置づけられている。行動分析学の実証研究をもとに作られた臨床行動分析の枠組みに含まれる。

A498　✕　［対人関係療法］とは、精神看護の母H.E. Peplauに由来する。ACTの説明ではない。

A499　○　スキーマ療法とは［スキーマ（中核信念）］にアプローチする療法である。［パーソナリティ障害］に対しては、「幼少期に形成されたネガティブなスキーマ」が原因であると捉え、それを健康な方向に変化させていく統合的認知行動療法である。

A500　✕　パニック発作に用いる認知行動療法では、イメージを用いた方法、例えば恐怖の場面をイメージして徐々に慣らすなどの［系統的脱感作法］が用いられることがある。

A501　○　「発作の前兆である身体症状を意図的に作り出し、経験させる」ことは、［フラッディング］や［エクスポージャー］と呼ばれる方法であり、［パニック障害］の治療法として一般的に推奨される。

A502　○　［エクスポージャー（曝露法）］では、不安や恐怖を引き起こす刺激や場面について、イメージや実際の行動により［接近・接触する］ことで、少しずつその場面と不安・恐怖との結びつきを弱めていくことができる。非常に強い恐怖症状を呈していて、身体疾患の治療を妨げていたり生命の危険があったりするなど緊急性が高い場合、最終的に恐怖の対象と向き合う必要があるので、［エクスポージャー（曝露法）］が選択肢に入る。

A503　✕　強迫性障害に対する行動療法では、不安を感じるもの（この場合は不潔な物）を回避させるという手法は［ない］。［行動療法・認知行動療法］では、不安や強迫観念を［追体験］しながら、自らの意思で不安や恐怖を克服していく。

Q504 ☐ ☐　強迫行動に対する行動療法において、不潔だと感じる物に意図的に触れさせ、手洗い行動をしないように指示し、時間の経過とともに不安が弱まっていくことを確認させる療法を暴露反応妨害法という。

Q505 ☐ ☐　うつ病に対する認知行動療法の主な技法に持続エクスポージャー法があげられる。

Q506 ☐ ☐　活動スケジュールは、うつ病に対する認知行動療法の主な技法ではない。

Q507 ☐ ☐　睡眠スケジュール法は、リラクゼーションを主な目的としている。

Q508 ☐ ☐　不眠を訴える患者に対し、寝床を睡眠以外に使わないように指導する方法を「睡眠制限法」という。

Q509 ☐ ☐　D. Meichenbaum は学習性無力感理論を提唱した。

Q510 ☐ ☐　ストレス免疫訓練は、D.Meichenbaum が提唱した認知行動療法で、自己教示訓練を主要な技法とするものである。

Q511 ☐ ☐　H.J. Eysenck は自己教示訓練法を開発した。

Q512 ☐ ☐　精神力動療法では、クライエントの主観的世界を理解し受容する。

A504 ○ 強迫行動に対する行動療法において、不潔だと感じる物に意図的に触れさせ、手洗い行動をしないように指示し、時間の経過とともに不安が弱まっていくことを確認させる療法を［暴露反応妨害法］という。強迫性障害に対する心理療法として有効であることが明らかにされている。

- -

A505 ✕ ［PTSD］に対する認知行動療法の主な技法に持続エクスポージャー法があげられる。

- -

A506 ✕ 活動スケジュールは、認知行動療法の［行動活性化］で主に用いられるもので、うつ病にも使用される。

- -

A507 ✕ 睡眠スケジュール法とは、［不眠症］に対して用いられる認知行動療法の手法であり、リラクゼーションが目的ではない。

- -

A508 ✕ 寝床を睡眠以外に使わないように指導する方法は「刺激制御法」といい、不眠に対する認知行動療法の1つである。「睡眠制限法」も不眠に対する認知行動療法で、日々の睡眠時間を記録し、その平均を出し、起床時間から逆算して就寝時間を決め、睡眠の質を高める療法である。この2つの療法は同時に用いられることが多い。

- -

A509 ✕ D. Meichenbaumは、［自己教示訓練法］を提唱し、［ストレス免疫訓練］を体系化した心理学者である。学習性無力感理論を提唱したのは［M. Seligman］である。

- -

A510 ○ ストレス免疫訓練とは、ストレスへの対処法を学ぶことでストレスに対する［免疫力］を高めようとする技法である。自己教示訓練法はストレス免疫訓練の1つで、［自分の言葉］で［自分自身］に教示を与えることで行動変容につなげる方法である。

- -

A511 ✕ H.J. Eysenckは、［人格心理学］に関する研究や［行動療法］の体系化に貢献した心理学者である。

- -

A512 ✕ ［来談者中心療法］では、クライエントの主観的世界を理解し受容する。

Q513 C.R. Rogersによるクライエント中心療法における共感的理解とは、セラピストの内的照合枠に沿って、クライエントが感じている世界を理解することである。
☑ ☑

Q514 マイクロカウンセリングにおける「かかわり行動」の重要な4要素の1つに「自己開示」がある。
☑ ☑

Q515 フォーカシング指向心理療法では、問題や状況について、本人が既に分かっている気づきを更に深めるように質問を重ねていく。
☑ ☑

Q516 フォーカシング指向心理療法では、クライエントが自身の身体に起こる、まだ言葉にならない意味の感覚に注意を向けるよう援助する。
☑ ☑

Q517 E.T. Gendlinは、問題や状況についての、まだはっきりしない意味を含む、「からだ」で体験される感じに注目した。この「からだ」で体験される感じを「ドリームボディ」という。
☑ ☑

Q518 森田療法では、不安を「あるがままに」受けとめた上で、不安が引き起こす症状の意味や内容を探求していく。
☑ ☑

Q519 森田療法では、「精神交互作用」の過程を重視する。
☑ ☑

Q520 外来森田療法を行うセラピストの対応として、クライエントに不快な心身の症状が軽減するスキルを伝えることがある。
☑ ☑

Q521 内観療法では、「してもらったこと」、「して返したこと」、「迷惑をかけたこと」及び「して返したいこと」という4項目のテーマが設定されている。
☑ ☑

A513 ✕ 共感的理解とは、［クライエント］の内的照合枠に沿って、クライエントが感じている世界を理解することである。

A514 ✕ マイクロカウンセリングにおける「かかわり行動」の4要素は、「声の調子」、「言語的追従」、「視線の位置」、「身体的言語」である。

A515 ✕ ［フォーカシング指向心理療法］では、「何となく感じるもの」と向き合えるよう支援する。

A516 ○ クライエントが自身の身体に起こる、まだ言葉にならない意味の感覚を［フェルトセンス］といい、フォーカシング指向心理療法では、カウンセラーはクライエントが［フェルトセンス］を感じられるよう援助する。

A517 ✕ E.T. Gendlin は漠然とした身体感覚を「フェルトセンス」と名付けた。ドリームボディとは、［A. Mindell］が提唱した概念である。身体と夢は［共時性］があると唱え、身体と夢が一体となった状態（身体＝夢）を「ドリームボディ」と名づけた。

A518 ✕ 森田療法では、不安を［あるがまま］に受けとめるが、不安が引き起こす症状の意味や内容を探求したり解釈したりしない。

A519 ○ 森田療法では、「精神交互作用」の過程を重視する。精神交互作用とは、［注意］と［感覚］の悪循環（例えば、自己の心身の状態に注意が集中することで、かえって不快な状態になること）をいい、神経症の症状を引き起こす仕組みの1つと考えられている。

A520 ✕ 外来森田療法では、クライエントの不快な心身の症状を「あるがまま」にする。

A521 ✕ 内観療法では、内観［3］項目（してもらったこと、して返したこと、迷惑をかけたこと）が設定されており、これに従って回想する。

Q522 機能分析とは、非機能的な認知に気づき、それに代わる機能的な認知を見つけることである。

☑ ☑

Q523 構成的グループエンカウンターの特徴として、特定の課題設定などはなく、参加者は自由に振る舞える。

☑ ☑

Q524 構成的グループエンカウンターは、1回の実施時間を長くとらなくてはいけないため、時間的な制約のある状況には向かない。

☑ ☑

Q525 I.D. Yalom らの集団療法の治療要因として、集団との一体感を覚えることで、メンバー相互の援助能力を高める作用がある。

☑ ☑

2 訪問による支援や地域支援の意義

Q526 アウトリーチ支援とは、支援者が自ら支援対象者のもとに出向く形態の支援である。

☑ ☑

Q527 アウトリーチ支援では、多職種・多機関でのチーム対応が求められる。

☑ ☑

Q528 アウトリーチ（訪問支援）で行う家族へのケアにおいて、特に初期に活用できる概念として、ジョイニングがある。

☑ ☑

Q529 緩和ケアにおけるグリーフケアは、家族には行わない。

☑ ☑

A522　✕　機能分析とは、問題（標的）行動の［維持］要因と、行動が環境にもたらす効果を明らかにすることである。

・・

A523　✕　構成的グループエンカウンターの特徴として、［特定の課題設定］をした上で、集団内の心の交流を図る。

・・

A524　✕　構成的グループエンカウンターは、課題や人数により比較的［短時間］で実施できるため、時間的な制約のある状況に向いている。

・・

A525　○　I.D. Yalom らの集団療法において、集団内に一体感などを生み出す［集団凝集性］は、メンバーに強い影響を与えるとしている。

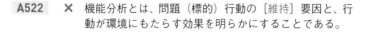

A526　○　支援者が特定の場所で待っているのではなく、支援対象者のもとへ支援者が出向いていくことを［アウトリーチ支援］という。

・・

A527　○　アウトリーチの支援では、公認心理師が1人で行うのではなく、多職種・多機関での［チーム対応］が求められる。［高齢者］や［引きこもり］に対する支援や［災害時］の支援などが代表としてあげられる。

・・

A528　○　ジョイニングは、家族療法の技法のひとつであり、治療対象の家族との［信頼関係］を前提とした家族に溶け込むための［関与観察的］な技法といえる。アウトリーチでは要心理支援者や関係者との信頼関係の構築が重要であるため、ジョイニングの概念は活用できる。

・・

A529　✕　緩和ケアにおけるグリーフケアは、［家族］にも行う。グリーフケアとは、大切な他者の死に代表される［喪失］に対する悲嘆への心理的支援のことである。

第15章　心理に関する支援（相談、助言、指導その他の援助）

165

Q530 リビングウィルの表明には家族の承諾が必要である。

☑ ☑

Q531 アドバンス・ケア・プランニングには、家族も参加することが望ましい。

☑ ☑

Q532 レスパイトは家族の看護疲れを緩和するために患者が入院することである。

☑ ☑

Q533 E. Kübler-Rossの死に対する心理的反応段階には「怒り」が含まれる。

☑ ☑

Q534 E. Kübler-Rossの心理的反応段階の中に「取り引き」が含まれる。

☑ ☑

Q535 理不尽な喪失体験に遭遇したときは、現実検討ではなく気分の転換を優先する。

☑ ☑

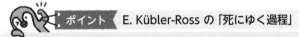

ポイント **E. Kübler-Ross の「死にゆく過程」**

死期が近いと知ったクライエントがどのような心理プロセスを経るかについて、[E. Kübler-Ross] は「死にゆく過程」として5段階を示した。

否認 ➡ 怒り ➡ 取り引き ➡ 抑うつ ➡ 受容

A530 ✕ リビングウィルの表明には家族の承諾は［必要ない］。リビングウィルとは、生前の意思表明であり、自分の人生が終末期に入った場合にどのように生きたいか、あるいはどのように死を迎えるかということに対して本人が意向を明示することをいう。家族と話し合うことが望まれるが、［本人の意思］が最優先である。

A531 〇 アドバンス・ケア・プランニング（ACP）とは、クライエントと［家族］、医療関係者などが皆で終末期を含めた今後の生活や治療について話し合うことをいう。

A532 〇 レスパイトとは、「中断」「小休止」を意味する。介護をする家族が疲弊している場合、介護を一時的に休むことができるサービスを［レスパイト・ケア］という。患者にデイサービスやショートステイを利用してもらう方法が代表例であり、［入院］も該当する。

A533 〇 E. Kübler-Rossの死に対する心理的反応段階には「怒り」が含まれる。「怒り」は「なぜ私だけがこんな目に」といった心情に代表されるものとして示されている。

A534 〇 E. Kübler-Rossの心理的反応段階の中に［取り引き］が含まれる。「取り引き」は「良い行いをするので助けてください」というような心理状態を示している。

A535 ✕ 「理不尽な喪失体験」とは、事件や事故、災害での喪失が推測される。遭遇直後には［PFA］が有効とされており、その後は［心理療法］などの専門的なケアを要する場合が少なくない。現実検討より気分転換を優先することが有効である根拠は示されていない。

Q536 グリーフケアでは、喪失した対象に対する悲嘆過程を共に体験し、その意味を共に探ることが目標である。

☑ ☑

Q537 グリーフケアでは、悲嘆が病的な反応へと陥らないように、健康な自我の働きを支えることが目標である。

☑ ☑

Q538 J.W. Worden は、喪失への適応に3つの課題を提起し、積極的に取り組むことが必要だとしている。

☑ ☑

Q539 複雑性悲嘆に対する J.W. Worden の悲嘆セラピーの手続きとして、大切な人がいない状況での新たな生活を設計することを援助する。

☑ ☑

Q540 45歳男性Aが公認心理師が勤務する精神科クリニックを受診した。Aは医師の診察で「職場の上司との関係が悪化して自尊心が低下している」「これ以上生きていても意味がないと思い、死ぬことばかり考えている」と話した。医師は心理師に対し認知療法に基づいた支援の導入の検討を依頼した。このときの心理師の初回の対応として、自殺について話し合うことは避けたほうが良い。

☑ ☑

Q541 地域包括ケアシステムでは、医療と介護の連携強化を図っている。

☑ ☑

Q542 地域包括支援センターには医師が常駐している。

☑ ☑

Q543 地域包括ケアシステムでは、要介護者が介護施設に入所して、集団的ケアを受けることを目的としている。

☑ ☑

A536　○　[グリーフケア] では、喪失した対象に対する悲嘆過程を共に体験し、その意味を共に探ることが目標である。また、そうした不安定な状態から再生に向かう道のりのことを [グリーフワーク] （喪の仕事）という。

A537　○　グリーフケアでは、[悲嘆の過程] を共に大事にしながら、現実検討能力などの健康な自我を同時に支えていくことが重要である。

A538　✕　J.W. Worden は、喪失への適応に [4] つの課題を提起し、積極的に取り組むことが必要だとしている。その課題は、①[喪失] の事実の受容、②[悲嘆] の苦痛を乗り越える、③故人のいない環境への適応、④故人を情緒的に再配置し生活を続ける、である。

A539　○　複雑性悲嘆に対するJ.W. Wordenの悲嘆セラピーの手続きとして、大切な人がいない状況での新たな [生活] を設計できるように援助していくことは重要なものの1つである。

A540　✕　自殺に関する思いは [回避せず] にしっかりと聴くことが求められる。どのような出来事や気持ちや思考によって「死にたい」気持ちに至ったのか検討することは重要である。

A541　○　高齢者が住み慣れた場所で生活し、自分らしい暮らしを続けるためには、地域における [医療と介護] の連携が必要不可欠である。そのため、多職種協働による連携強化が推進されている。

A542　✕　地域包括支援センターには医師が常駐 [していない]。保健師や社会福祉士、ケアマネジャーが配置されている。

A543　✕　これまでの介護施設では集団的ケアが一般的であったが、個人としての尊厳を重視するため [個別ケア] への移行が進んでいる。

3 要支援者の特性や状況に応じた支援方法の選択、調整

Q544 ソーシャルサポートのうち、励ましたり共感し合ったりするなどのサポートを情緒的サポートという。

☑ ☑

Q545 エビデンスベイスト・アプローチにおいて、事例研究はエビデンスとして採用しない。

☑ ☑

Q546 C.A.Rapp が提唱したストレングス・モデルでは、地域の資源を優先的に活用する。

☑ ☑

Q547 C.A.Rapp が提唱したストレングス・モデルでは、症状の消失をリカバリーの到達目標にする。

☑ ☑

Q548 「その罪悪感は、どのようにお母さんとの関係を邪魔しているのですか」という質問はナラティブ・セラピーに基づいている。

☑ ☑

Q549 慢性期の統合失調症に対する心理的支援では標準型精神分析療法を用いる。

☑ ☑

ポイント ストレングス・モデルの6原則 (C.A. Rapp ら)

原則1 精神障害者は回復し、彼らの生活を改善し質を高めることができる。
原則2 焦点は病理でなく個人の強みである。
原則3 地域は資源のオアシスとして捉える。
原則4 クライエントは支援プロセスの監督者である。
原則5 ケースマネジャーとクライエントの関係が根本であり本質である。
原則6 我々の仕事の場所は地域である。

A544 ◯ ソーシャルサポートのうち、励ましたり共感し合ったりする情緒面に対するサポートを［情緒的サポート］という。ソーシャルサポートは主に「情緒的サポート」「情報的サポート」「道具的サポート」「評価的サポート」の４種に大別される。

A545 ✕ エビデンスベイスト・アプローチにおいて、事例研究はエビデンスとして採用［する］。事例研究も少数のデータであり、収集するデータの内容を詳細に捉えることによって、質的な側面における重要なエビデンスとなる。

A546 ◯ C.A. Rappの［ストレングス・モデル］では「地域は資源のオアシス」と提唱され、「地域の資源」を優先的に活用する。

A547 ✕ ストレングス・モデルの特徴は「病理」に焦点づけるのではなく「強み」を重視する点である。病気を超えた［自分自身の人生を生きる］ことが到達目標であるため、症状の消失が到達目標ではない。

A548 ◯ 「その罪悪感は、どのようにお母さんとの関係を邪魔しているのですか」という質問により、罪悪感の作用を問うことで問題を客観視できるようになると考えられ、ナラティブ・セラピーの［問題の外在化］技法に該当する。

A549 ✕ 統合失調症に対する心理的支援では、侵襲性のある方法は［禁忌］となっている。そのため、精神分析的心理療法よりも生活支援や［ソーシャルスキルズ・トレーニング］などの実生活のQOLを高める方法が優先される。

Q550 アルコール依存症の支援において、最初から断酒を目指すのではなく、飲酒がもたらす心身や社会生活への悪影響の緩和を目的とする方法を、リスクコミュニケーションという。

☑ ☑

---

4 良好な人間関係構築のための コミュニケーション

Q551 作業同盟はカウンセラーとクライエント間の協働関係を指す用語である。

☑ ☑

··

Q552 作業同盟に問題があると考えられる場合には、できるだけ早く抵抗の解釈を行い、問題が恒久化しないようにする。

☑ ☑

··

Q553 作業同盟が強固であるほど、介入効果は良好である。

☑ ☑

··

Q554 作業同盟の概念には、課題に関する合意は含まれない。

☑ ☑

··

Q555 作業同盟の効果は、対人プロセス想起法によって測定される。

☑ ☑

A550 　✕　飲酒がもたらす心身や社会生活への悪影響の緩和を目的とする方法を［ハームリダクション］という。これは「危害削減」の意味で、アルコールや薬物による［ダメージを減らす］ことを目的とした対策をいう。［リスクコミュニケーション］とは、消費者、事業者、行政担当者などの関係者間で正確な情報を共有し、意思疎通を図ることを意味する。

A551 　○　［作業同盟］はカウンセラーとクライエント間の協働関係を指す用語である。3つの要素（①カウンセリングの目標に関する合意、②カウンセリングにおける課題についての合意、③両者の間に形成される情緒的絆）からなるとされている。

A552 　✕　作業同盟を築くにあたり、カウンセラーとクライエント間の［情緒的絆］が重要である。作業同盟に問題があると考えられる場合に抵抗の解釈を行うと、関係性にますます溝ができてしまう可能性がある。

A553 　○　作業同盟が強固であれば［介入効果］も期待できる。

A554 　✕　作業同盟の概念に、課題に関する合意は［含まれる］。「どういった課題に取り組むか」について合意することは作業同盟の主軸といえる。

A555 　✕　対人プロセス想起法とは、面接の録音あるいは録画を視聴することで、そのときに行われていた交流内容を振り返り、［対人プロセス］に対する気づきを高めることを目的とした［カウンセラーの訓練法］である。作業同盟の効果を測定するものではない。

Q556
☑ ☑
動機づけ面接の基本的スキルとして、クライエントが今までに話したことを整理し、まとめて聞き返すことがある。

Q557
☑ ☑
動機づけ面接では、クライエントに自身の抵抗への気づきを促すことが最も重要になる。

Q558
☑ ☑
動機づけ面接では、ラディカル・アクセプタンスを基本的姿勢とする。

Q559
☑ ☑
動機づけ面接では、クライエントの話の中からポジティブな部分を強調し、クライエントの価値を認める。

Q560
☑ ☑
多理論統合モデルにおける関心期（熟考期）とは、第2ステージで、「問題に気づき解決したいと思っているが踏み切れない状態」をいう。

Q561
☑ ☑
J.O. Prochaska らの多理論統合モデルにおける実行期とは、第3ステージで、「変化したい意志が明白かつ行動をすぐ起こせる状態」である。

A556　○　動機づけ面接の基本的スキルとして、クライエントが今までに話したことを整理し、まとめたことをクライエントに聞き返すことは［要約と整理］にあたり、クライエントの自己理解を助ける。

A557　✕　動機づけ面接では、クライエントに自身の抵抗への気づきを促すことが最も重要と［はいえない］。クライエントの気づきを促すことは重要であるが、「抵抗」については気づきを促しながらも［変化］していく方向へ力づける必要がある。

A558　✕　［ラディカル・アクセプタンス］とは、起きたことを受容して前に進む力のことで「受け入れる技術」と訳されることもある。事実を受容することを重視するもので、動機づけ面接の基本的姿勢では［ない］。

A559　○　動機づけ面接では、「変わることができる」という［自己効力感］を持ってもらい、クライエント自らが［前向きな気持ち］で「解決できる」と思えるよう支援することが大切である。「強制された」という気持ちで取り組ませようとするのではない。

A560　○　多理論統合モデルにおける［関心期（熟考期）］とは、第2ステージで、「問題に気づき解決したいと思っているが踏み切れない状態」をいう。

A561　✕　J.O. Prochaskaらの多理論統合モデルにおける［準備期］とは、第3ステージで「変化したい意志が明白かつ行動をすぐ起こせる状態」である。J.O. Prochaskaらは心理療法におけるクライエントの行動を変化させていく過程について、「無関心期」「関心期」「準備期」「実行期」「維持期」の5段階からなる行動変容ステージモデルを提唱した。

Q562 ☑ ☑ 飲酒に関して来談した男性Aは「妻に強く勧められたので仕方なく来た」「アルコールを飲み過ぎて失敗することはあるが大した問題ではない」と繰り返した。J.O. Prochaskaらの行動変容ステージに基づいたこの事例への初期対応は、飲酒行動をスモールステップで減らしていく計画を話し合うことである。

. . . .

Q563 ☑ ☑ 心理療法における「負の相補性」とは、セラピストの働きかけに対して、クライエントがその方針に無意識的に逆らおうとすることである。

. . . .

Q564 ☑ ☑ クライエントとカウンセラーが互いに怒りや敵意を増悪させてしまうことを「逆転移」という。

. . . .

Q565 ☑ ☑ 負の相補性とは、クライエントが敵意を含んだ攻撃的な発言をしてくるのに対して、セラピストが同じ敵意を含んだ発言で応じることである。

ポイント　Prochaskaの行動変容モデル

ステージ	状態	有効な支援例
前熟考期 （無関心期）	自分の問題に気づいていない。問題を近々解決しようとする意志がない	変化をもたらす有益な情報を提供する
熟考期 （関心期）	問題に気づき、近々解決したいと考えているが、行動には踏み切れない	**動機づけ**、取り組むことが可能な具体的な計画を立てる
準備期	変化したいという意志が明白で、いくつかの小さなことならばすぐに行える	実施可能な計画を作り、段階的な目標を立てる
実行期	行動が変化して［6か月］以内	変化に対するフィードバックや強化、問題解決技法等を用いる
維持期	行動変化から6か月以降の行動を維持する	**コーピング**や振り返りなどによって逆戻りを防止する

A562 ✕ 家族からアルコール依存症の可能性があると思われているが、本人は問題ないと思っている場合、行動変容モデルの第1段階「無関心期」に該当するため、具体的な行動変容を促すのは時期尚早と考えられる。まずは来室を肯定したり、飲酒がもつ利点や否定的影響などを話題にして［気づきを促す］ことが必要になる。

- -

A563 ✕ 精神分析における「抵抗」とは、セラピストの働きかけに対して、クライエントがその方針に無意識的に逆らおうとすることである。

- -

A564 ✕ クライエントとカウンセラーが互いに怒りや敵意を増悪させてしまうことを「負の相補性」という。カウンセリングが中断する原因の1つと指摘されている。

- -

A565 ○ ［負の相補性］とは、セラピストとクライエントが敵意や攻撃的な気持ちをお互いに示すことをいう。クライエントが敵意や怒りを含んだ発言をした場合にもセラピストは支持的に接し続けることが重要になる。

Q566 心理的支援にあたって収集する情報は、すべて要配慮個人情報に該当する。

☐ ☐

Q567 どのような場合でも、要支援者本人の同意を得ることなく第三者に個人情報を提供してはならない。

☐ ☐

Q568 病院からの紹介状への返事は、クライエントには見せない。

☐ ☐

Q569 面接内容の上司への報告は守秘義務違反に該当する。

☐ ☐

Q570 個人情報の保護に関する法律〈個人情報保護法〉の目的は、個人の権利利益を保護することである。

☐ ☐

Q571 個人情報保護法では、個人情報取扱事業者は、個人データを利用する必要がなくなった後も、当該個人データを保管する義務があると定めている。

☐ ☐

A566　✕　心理的支援にあたって収集する情報に［要配慮個人］情報が含まれる可能性もあるが、すべて該当するわけではない。要配慮個人情報とは「本人の人種、信条、社会的身分、病歴、犯罪の経歴、犯罪により害を被った事実その他本人に対する不当な差別、偏見その他の不利益が生じないようにその取扱いに特に配慮を要するものとして［政令］で定める記述等が含まれる個人情報」のことである（個人情報保護法第2条3項）。

A567　✕　正当な理由がある場合、例えば［秘密保持義務の例外状況］では第三者に個人情報を提供することがある。公認心理師法第41条において「公認心理師は、正当な理由がなく、その業務に関して知り得た人の秘密を漏らしてはならない。公認心理師でなくなった後においても、同様とする」と定められている。

A568　✕　病院からの紹介状への返事について、クライエントが開示を求めた場合は、きちんとした［説明］と共に見せる。

A569　✕　面接内容の上司への報告は［チーム内守秘義務］として適切であり、守秘義務違反には該当［しない］。

A570　○　個人情報の保護に関する法律〈個人情報保護法〉第1条に「個人の権利利益を保護することを目的とする」とある。

A571　✕　個人情報保護法第22条に、「個人情報取扱事業者は、利用目的の達成に必要な範囲内において、個人データを正確かつ最新の内容に保つとともに、利用する必要がなくなったときは、当該個人データを遅滞なく消去するよう努めなければならない。」と定められている。

第16章 健康・医療に関する心理学

1 ストレスと心身の疾病との関係

Q572
生活習慣病に対する心理的支援は、準備期以降の行動変容ステージで行われる。

Q573
メタボリック症候群の段階で行動変容を進めることが、予後の改善のために重要である。

Q574
産後うつ病は産後1週間以内に発症しやすい。

Q575
エジンバラ産後うつ病質問票〈EPDS〉の得点が低いほどうつ病の可能性が高い。

Q576
産後うつ病のスクリーニングにはM-CHATが用いられる。

Q577
Lewy小体型認知症ではパーキンソン症状がみられることが多い。

Q578
ストレスに長期間暴露され、疲弊状態になると免疫系が低下する。

A572 ✕ ［行動変容ステージ］は人が行動を変える際のステップ
をモデル化したものであり、無関心期→関心期→準備
期→実行期→維持期に分けられるが、心理的支援は、ど
の段階においても相手の心理的状態に応じて行われる
ものであり、準備期以降とは限らない。

A573 ◯ メタボリック症候群になってしまったとしても、行動
変容により［予後］を改善することができる。

A574 ✕ 産後うつ病は産後［2週間前後］から数か月間に発症し
やすい。

A575 ✕ エジンバラ産後うつ病質問票〈EPDS〉は、産後のうつ
状態を評価する質問紙法であり、得点が［高い］ほどう
つ病の可能性が高くなる。

A576 ✕ 産後うつ病のスクリーニングには［エジンバラ産後うつ
病質問票］が用いられる。M-CHAT（Modified Checklist
for Autism in Toddlers）は2歳前後の幼児に対して、
［自閉症スペクトラム］のスクリーニング目的で使用さ
れる。

A577 ◯ Lewy小体型認知症では、はっきりとした［幻視］が出
現し、［パーキンソン症状］を合併して、1日のうちで
症状が変動する。随伴症状として、①レム睡眠行動障
害、②抗精神病薬に過敏、③PETで基底核でのドパミ
ントランスポーターの減少がある。

A578 ◯ ストレスが長期間続くと疲労を引き起こし、免疫系が
［低下］する。

Q579 身体的ストレス反応には、交感神経系と副交感神経系の両方が関わる。

☑ ☑

Q580 ストレッサーの種類によって、心身に生じるストレス反応の内容も決まる。

☑ ☑

Q581 T. Holmes らの社会的再適応評価尺度において、LCU得点が最も高く設定されているライフイベントは、配偶者の死である。

☑ ☑

Q582 ストレッサーに対してコーピングを続けているうちに疲労が蓄積することを、コーピングのコストという。

☑ ☑

Q583 コーピングの結果は、二次的評価というプロセスによって、それ以降の状況の評価に影響を与える。

☑ ☑

Q584 ストレスフルな事態そのものに焦点を当てたコーピングを問題焦点型コーピングという。

☑ ☑

Q585 解決が困難な事態では、問題焦点型コーピングが情動焦点型コーピングよりもストレス反応の低減効果が大きい。

☑ ☑

Q586 ストレス反応は、ストレッサーに対する認知的評価とコーピングによって決定される。

☑ ☑

Q587 心身症に対するアプローチとして、リラクセーション法の有効性は高い。

☑ ☑

A579 ○ 身体的ストレスに応答する視床下部は［自律神経］の中枢である。自律神経は［交感神経］と［副交感神経］からなり、両者のバランスによって作用する。

A580 ✕ ストレッサーの種類によって、どのようなストレス反応が生じるかは個人差が大きく［特定できない］。

A581 ○ T. Holmes らの社会的再適応評価尺度において、LCU得点が最も高く設定されているライフイベントは、［配偶者の死］であり、LCU得点は「100」である。

A582 ○ ストレッサーに対して何度もコーピングを続けているうちに疲労が蓄積することを、［コーピングのコスト］という。［S. Cohen］によって提唱された。

A583 ✕ 二次的評価はコーピングを行う［前］の段階である。

A584 ○ ストレスフルな事態、問題の解決に焦点づけるコーピングを［問題焦点型］コーピングという。

A585 ✕ 解決が困難な事態では、［情動焦点型］コーピングが［問題焦点型］コーピングよりもストレス反応の低減効果が大きい。問題焦点型コーピングは、問題の解決を試みるコーピングである。「解決が困難」であるならば、問題焦点型コーピングでは疲労が蓄積される等のストレスの増幅の危険性がある。

A586 ○ トランスアクショナルモデルでは、ストレッサーに対する［認知的評価］（一次的認知評価と二次的認知評価）がなされ、選択されたコーピングが実行されることで、ストレス反応が決定される。

A587 ○ 精神的ストレスによる身体症状が認められるため、心身両方にアプローチできる［リラクセーション法］は効果的なアプローチ方法である。

Q588 心身症の発症の契機が明らかになると、改善の方法も明らかになることが多い。

☑ ☑

Q589 タイプＡ型行動パターンは、消化性潰瘍のリスク要因である。

☑ ☑

Q590 がん患者に多いとされるタイプＣパーソナリティは、協力的であるといった特徴をもつ。

☑ ☑

Q591 タイプＣパーソナリティは、不安を感じやすい。

☑ ☑

Q592 アレキシサイミア〈失感情症〉とは、以前楽しめていた活動に対して楽しめない状態を意味する。

☑ ☑

Q593 緊張型頭痛は心身症に含まれる。

☑ ☑

Q594 バーンアウトした人は他者に対して無関心になりやすい。

☑ ☑

Q595 タイプＡ型行動パターンは、M. Friedman らが提唱した性格傾向である。

☑ ☑

Q596 タイプＡ型行動パターンの人は心筋梗塞などの虚血性心疾患を発症するリスクが高いが、行動パターンを変容させる介入研究により、心筋梗塞の再発を抑える効果が示されている。

☑ ☑

A588　✕　心身症には本人の性格傾向やストレスへの［対処法］が
関わっている場合がある。その場合、契機が明らかに
なったとしても、症状が持続することがある。よって、
本人の対処法を変えていく必要がある場合には改善の
方法を模索する。

A589　✕　タイプA型行動パターンは、［虚血性心疾患］のリスク
要因である。

A590　〇　がん患者に多いとされる［タイプC］パーソナリティ
は、協力的であるといった特徴をもつ。そのほか、ネガ
ティブな感情表出をしない、忍耐強く控えめ、権威に対
して従順などといった特徴を持つ。

A591　✕　［タイプD］パーソナリティは、不安を感じやすい。

A592　✕　アレキシサイミア〈失感情症〉は、自分の感情の認識や
感情の言語化、そして空想や内省に困難さを持つパー
ソナリティ特性のことをいう。以前楽しめていた活動
に対して楽しめない状態は［うつ］や［アパシー］と考
えられる。

A593　〇　緊張型頭痛は［心身症］に含まれる。［心身症］とは、
身体疾患の中で発症や経過に［心理社会的因子］が密接
に関与するものをいう。緊張型頭痛は慢性頭痛の一種
である。

A594　〇　バーンアウトの中核的症状とされる「脱人格化」では、
他者や支援対象者に［無関心］になったり、非情なふる
まいをしたり、マニュアル的な対応に終始したりと
いった特徴がみられる。

A595　〇　タイプA型行動パターンは、［M. Friedman］と［R.H.
Rosenman］が提唱した性格傾向である。

A596　〇　［リラクセーション法］や［認知行動療法］等によって、
タイプA型行動パターンの人の［心筋梗塞］の発症が約
1/2に抑えられることが研究結果として示されている。

第16章　健康・医療に関する心理学

Q597 アレキシサイミア傾向の高い心身症患者は、身体症状を言葉で表現することが難しい。

☑ ☑

- -

Q598 二次予防の取り組みのひとつにがん検診がある。

☑ ☑

- -

Q599 過敏性腸症候群が疑われる大学生（21歳男性A）が学生相談室に来室した。その際、公認心理師はAに最初の助言として心身の安定を実現するために、筋弛緩法を毎日実施するようにすすめた。

☑ ☑

- -

Q600 65歳の女性Aが、夫Bと一緒に総合病院を受診し、医師から認知症の診断を受けた。Aの症状から判断すると、Lewy小体型認知症が疑われたため、今後、Aには歩行障害が生じる可能性がある。

☑ ☑

- -

Q601 大学生（20歳男性A）が学生相談室に来室した。Aは、夜遅くまでスマホを使用して動画を視聴したりして午前の授業を欠席することが増えている。必ず出席しなければならない授業がある場合は、早起きするために寝酒を使うこともある。公認心理師はAに対して、昼休みなどに軽い運動をしてみるよう助言した。

☑ ☑

---

2 医療現場における心理社会的課題と必要な支援

Q602 がん患者に合併する精神医学的問題は不安障害が最も多い。

☑ ☑

- -

Q603 包括的アセスメントの対象には、がんそのものに起因する症状と、社会経済的、心理的及び実存的問題とがある。

☑ ☑

| A597 | ✕ | アレキシサイミア傾向の人は、自分の［感情］や［気分］の変化を言葉にすることは苦手であるが、身体に現れた［身体症状］を訴えることは多い。 |

| A598 | ◯ | ［二次］予防の取り組みにはがん検診や人間ドックがある。 |

| A599 | ✕ | 過敏性腸症候群に［筋弛緩法］が有効かどうか、初回で判断することは早計である。 |

| A600 | ◯ | 歩行障害もパーキンソン症状のひとつであり、［Lewy小体型］認知症で認められる。 |

| A601 | ◯ | より良い睡眠のためには、適度な運動を行うと、［入眠］が促進される。 |

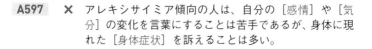

| A602 | ✕ | がん患者に合併する精神医学的問題は［抑うつ］が最も多い。 |

| A603 | ◯ | 包括的アセスメントの対象には、がんそのものに起因する症状の他に、［社会経済的問題］、［心理的問題］、［実存（スピリチュアル）的問題］がある。 |

Q604 チーム医療は医療機関内で提供されるものをいう。

Q605 チームを構成する専門職個々のテクニカルスキルが高ければ、チーム医療は効果的に遂行される。

Q606 精神保健福祉法に基づく入院形態には4種類がある。

Q607 自傷他害のおそれはないが、幻覚妄想があり、入院を必要とする精神障害者で、本人も入院を希望している場合は応急入院が適用される。

Q608 3年前にうつ病と診断され、自殺未遂歴がある33歳の女性Aが、1か月前から再びうつ状態に陥り、入水しようとしているところを両親に発見された。任意入院に同意し、入院当日に公認心理師が面接を開始したが、Aはすぐに退院したいと言ったため、公認心理師は退院には家族の許可が必要であることを伝えた。

Q609 21歳の女性Aは、1か月前から不眠と閉じこもりの症状があり、19歳の妹Bに連れられて総合病院精神科を受診した。Aは盗聴器が仕掛けられていることと異常な味覚を主張した。診療した精神保健指定医は入院治療の必要性をAに伝えたが、Aは拒否して激しく興奮した。両親は遠方におり、この時点で連絡がついていない。このことから、措置入院となった。

Q610 境界性パーソナリティ障害の治療では、患者への支援だけではなく、必要に応じてスタッフへの支援も行う。

Q611 統合失調症の症状が増悪した時は、心理的支援を行わない。

A604　✕　チーム医療は医療機関内だけでなく地域の［保健・福祉・行政担当者］も巻き込んでなされるものである。

A605　✕　チーム医療において、個々の専門職の高い［テクニカルスキル］は重要であるが、チーム全体の効果的な遂行を保証するものではない。

A606　✕　精神保健福祉法に基づく入院形態には［5］種類があり、［任意］入院・［医療保護］入院・［応急］入院・［措置］入院・［緊急措置］入院がある。

A607　✕　自傷他害のおそれはないが、幻覚妄想があり、入院を必要とする精神障害者で、本人も入院を希望している場合は［任意］入院が適用される。［応急］入院とは、入院の必要があると判断されたものの任意入院を行う状態になく、家族等の同意を得ることができない場合に行われる。

A608　✕　［任意］入院の場合、退院の際に家族の許可は必要ない。

A609　✕　措置入院ではなく、［医療保護］入院が適切である。措置入院は、［自傷他害のおそれ］がある場合などに行われる。［医療保護］入院は、自傷他害のおそれはないが、本人からの同意が得られない場合に行われる。その際、精神保健指定医の診察、家族等の同意が要件となる。家族等には成人した兄弟姉妹も含まれる。

A610　○　境界性パーソナリティ障害は、強い不安感と衝動的な行動が特徴であり、［理想化とこき下ろし］や［行動化］などといった他者を巻き込もうとする症状がある。そのため、支援者であっても強い揺さぶりにストレスを抱えてしまうことがまれではない。そうしたスタッフへのサポートも公認心理師の役目である。

A611　✕　統合失調症の憎悪期における心理支援は、［侵襲的なアプローチ］は禁忌である。しかし、増悪期においても傍で寄り添ったり、家族へ説明するなど提供すべき心理支援は行う。

第16章　健康・医療に関する心理学

Q612 統合失調症の症状が増悪したクライエントが服薬を拒否した場合、薬は無理に服薬しなくてよいと伝える。

☑ ☑

Q613 仕事の繁忙期に寝つきが悪くなり、内科で2か月前から睡眠薬を処方されていた58歳男性A。中途覚醒が増え、日中の疲労感も強くなってきたため心療内科を受診した。不眠以外の症状は認められず、主治医から公認心理師に心理的支援の指示があった。そこで公認心理師は筋弛緩法を実践するように勧めた。

☑ ☑

Q614 遺伝カウンセリングにおいて、経験的再発危険率が重要な疾患として統合失調症がある。

☑ ☑

Q615 入院患者が車椅子で面接室に入室し、看護師と公認心理師が介助したが、車椅子からの転落事故が起きた。なお、健康被害はなかった。この場合、診断した主治医以外に看護師と病棟看護師長がインシデントレポートを作成する必要がある。

☑ ☑

Q616 T.L. BeauchampとJ.F. Childressが提唱した医療倫理の4原則に「正義」は含まれない。

☑ ☑

Q617 A.R. Jonsenが提唱する臨床倫理の四分割表の検討項目のひとつに個人情報の保護は含まれる。

☑ ☑

Q618 感染症の標準予防策は、全ての患者との接触において適用される。

☑ ☑

A612 ✕ 統合失調症に［服薬］は必須である。そのため、症状が増悪したクライエントが服薬を拒否した場合、医師の指導のもと服薬に対する丁寧な［心理教育］が必要になる。

A613 ○ 心身が緊張し続けているために眠れないという症状が出ている場合は、心身ともにリラックスでき、質のよい睡眠につながる［筋弛緩法］が有効である可能性が高い。

A614 ○ 遺伝カウンセリングにおいて、［経験的再発危険率］が重要な疾患として統合失調症がある。統合失調症は、遺伝要因と環境要因の相互作用により発症する多因子遺伝病と考えられる。

A615 ✕ インシデントが発生した場合、インシデントの報告書を作成し提出する必要がある。時系列に沿って事実を正確に書く必要があるため、インシデントの［現場にいた者］が作成する。設問の場合は、看護師と公認心理師が作成する。

A616 ✕ 1979年にT.L. BeauchampとJ.F. Childressが提唱した医療倫理の4原則は①［自律尊重］、②［無危害］、③［善行］、④［正義］となっている。

A617 ✕ A.R. Jonsenが提唱する臨床倫理の四分割表の検討項目のひとつに個人情報の保護は［含まれない］。臨床倫理の四分割表は、治療やケア方針を検討する際、四分割表にある各テーマ（［医学的適応］・［患者の意向］・［QOL］・［周囲の状況］）について情報を収集し、話し合いを行う。

A618 ○ 標準予防策は、感染症の有無に関係なく［全ての患者］のケアに際して適用される予防策である。

Q619
☑ ☑

感染症の標準予防策として、個人防護具は、ナースステーション内の清潔な場所で着脱する。

Q620
☑ ☑

精神病床は一般病床に比べて、人口あたりの病床数が多い。

3 保健活動における心理的支援

Q621
☑ ☑

自殺のリスクがある場合、自殺の危機が緩和されるまで、心理の深層を扱うような心理療法を継続することが望ましい。

Q622
☑ ☑

ゲートキーパーは、専門家に紹介した後も地域で見守る。

Q623
☑ ☑

ゲートキーパーは、専門的な解釈を加えながら診断を行い、必要に応じて医療機関を受診させる。

Q624
☑ ☑

自殺念慮に具体的な計画があると、自殺のリスクが高い。

A619 ✕　個人防護具を着ける際は［入室前］に着用する。脱ぐ際は病室から［退室する前］に外す。汚染された防護具によって周囲の環境を汚染しないようにしなければならないため、ナースステーション内で着脱することはしない。

A620 ✕　精神病床は一般病床に比べて、人口あたりの病床数が［少ない］。厚生労働省の報告（令和3（2021）年 医療施設（動態）調査・病院報告の概況）によると、一般病床は88万6,056床、精神病床は32万3,502床であった。人口10万あたりの病床数でみると一般病床は706.0床、精神病床は257.8床となっている。

A621 ✕　自殺のリスクがある場合、自殺の危機が緩和されるまで、深層に入り込むような形の心理療法は［避けるべき］である。この他にも、WHOによる「自殺予防 カウンセラーのための手引き（日本語版初版）」には自殺の危機に際して、カウンセラーがすべき重要なことがまとめられている。

A622 ◯　［ゲートキーパー］とは、自殺の危険を示すサインに気づき、適切な対応を図ることができる人のことである。要心理支援者の［孤立・孤独］を防ぐことが重要な役割であるため、長期的な見守りが求められる。

A623 ✕　ゲートキーパーは専門家でなくてもできる。専門的な診断や解釈を行うのではなく、寄り添い、話を聴き、［孤立・孤独］を防ぐことが役目である。

A624 ◯　自殺の計画が具体的であるほど自殺のリスクが［高く］なる。そのため、自殺の危険性を察知したときには、具体的な計画があるのかを問うことが重要である。

Q625 家族や身近な人に自殺者がいても、自殺のリスクが高いとはいえない。

Q626 医療機関の病棟で入院患者が自殺し、その3日後に別の患者が自殺した。当該病棟の入院患者や医療スタッフには、自殺について話し合い、感情を表現する機会が設けられた。これを「自殺のポストベンション」と呼ぶ。

Q627 かかりつけの内科医に通院し、うつ病の薬物療法を受けている患者がいる場合、自殺念慮がある場合には、精神科医への紹介が適切である。

Q628 糖尿病の増悪で公認心理師に紹介された55歳の自営業者A。お酒を飲むことが生きる楽しみだと主張し、主治医には暴飲暴食をやめるように言われていたが、生活習慣の改善が見られなかった。公認心理師の初期対応として、断酒を目的としたグループを紹介することが適切である。

Q629 心の健康問題により休業した労働者が職場復帰を行う際に、職場の公認心理師は主治医との連携において、事前に当該労働者から同意を得ておく必要がある。

Q630 職場の公認心理師が主治医に情報提供を依頼する場合の費用負担については、事前に主治医と取り決めておくことが適切である。

Q631 84歳女性Aは大腿骨骨折後、リハビリを拒否し、歩行や入浴が困難で、夫に暴言を浴びせている。長女からの相談で認知症を疑われた。認知症初期集中支援チームは初回訪問で、Aと夫に専門の医療機関への受診に向けた動機づけを行うことが適切である。

Q632 ひきこもり地域支援センターは、市町村が行う相談支援業務を援助する機関である。

A625 　✕　家族や身近な人が自殺をしている場合、自殺を解決方法のひとつとして選択しやすくなるため、自殺のリスクは［高く］なる。

A626 　〇　［自殺のポストベンション］とは、自殺が起きてしまった後の対応策であり、その目的のひとつは、自殺に関係した人が自分の感情を率直に表現できる機会を与えることである。

A627 　〇　［自殺念慮］は、うつ病の重篤な症状のひとつであり、専門医への紹介が必要となる。

A628 　✕　まず本人が問題意識を持つことが必要であるため、そのための［動機づけ］を行うことが最も適切である。自助グループに参加できるほどのモチベーションはないと見受けられる。

A629 　〇　「心の健康問題により休業した労働者の職場復帰支援の手引き」には、「主治医との連携にあたっては、事前に当該労働者への説明と同意を得ておく必要がある」と明記されている。

A630 　〇　「心の健康問題により休業した労働者の職場復帰支援の手引き」には、「主治医に情報提供を依頼する場合や、直接主治医との連絡や面会を行う場合、その費用負担についても、事前に主治医との間で取り決めておく必要がある」と明記されている。

A631 　〇　認知症が疑われる人の初回訪問では専門の医療機関にかからせる状態かどうかアセスメントするべきであり、その必要があれば本人、家族に受診に向けた［動機づけ］を行う。

A632 　✕　ひきこもり地域支援センターは、［都道府県］と［指定都市］が行う相談支援業務を援助する機関である。

Q633
☑ ☑

地域障害者職業センターでは、障害者手帳の所有者でなくても専門的な職業評価と職業指導が受けられる。

Q634
☑ ☑

ギャンブル依存症は、虐待や自殺、犯罪などの問題と密接に関連している。

Q635
☑ ☑

睡眠時無呼吸症候群を疑わせる症状のひとつとして、血圧の低下がある。

Q636
☑ ☑

睡眠時無呼吸症候群を疑わせる症状のひとつとして、日中の眠気がある。

Q637
☑ ☑

45歳の男性Aは、2型糖尿病治療中で内科を受診し、不眠に悩まされていることを相談した。体重増加や興味関心の減退、抑うつ症状なども認められ、心理的支援が必要として公認心理師Bに紹介された。公認心理師は抑うつ状態の評価を優先的に行うこととした。

Q638
☑ ☑

32歳女性A、視神経炎悪化でステロイドパルス治療中の入院患者。治療5日目から食欲低下と不眠。10日目の夜、病棟内を落ち着きなく歩き回り、不安やいらだちを訴えた。リエゾンチーム対応中、「どうせ分かってもらえません」と言ったり、「私が悪かったんです」とつぶやいたりして、涙ぐんだ。Aには抑うつ気分が疑われる。

Q639
☑ ☑

22歳男性Aは、半年以上前から奇異な言動をし始め、受診時にはまとまりのない内容の独り言を言っていた。Aは、精神科クリニックの駐車場に停まっていた赤いスポーツカーを見て、自分に向けられた啓示だと主治医に訴えた。Aは全般不安症／全般性不安障害が疑われる。

A633 ⭕ 地域障害者職業センターは、全国の都道府県に設置されている障害者に対する［職業リハビリテーション］や、［障害者雇用］に関する相談や援助を事業主に行う機関である。障害者手帳所有者でなくてもサービスを受けることは［可能］である。

A634 ⭕ ギャンブル依存症は、［虐待］や［自殺］、犯罪などの問題と密接に関連している。依存症そのものの診断基準のひとつに社会的な機能障害があることが含まれており、深刻な社会的問題への関連があることは確実である。

A635 ❌ 睡眠時無呼吸症候群を疑わせる症状のひとつとして、血圧の［上昇］がある。無呼吸になり睡眠が一時的に中断されることで交感神経の働きが強くなり、その結果、血圧が［上昇］する。睡眠時無呼吸症候群では［高血圧］の合併が多い。

A636 ⭕ 睡眠時無呼吸症候群は十分な睡眠がとれないため、［日中の眠気］が強くなる。

A637 ⭕ ［抑うつ］状態が関係している可能性がある不眠や活動性の低下が認められる場合は、早急に評価を行う必要がある。

A638 ⭕ 落ち着きなく病棟を歩き回る、不安やいらだちなどはうつ状態に伴う焦燥と解釈される。「どうせ分かってもらえません」「私が悪かったんです」という発言は［自責感情］や［微小妄想］と考えられるので、抑うつ気分にあるとするのが妥当である。

A639 ❌ 全般不安症／全般性不安障害は、過剰な［不安］や［心配］（予期憂慮）によって日常生活に支障を来す。本事例は奇異な行動や独語、連合弛緩、思考吹入などの症状がみられるため［統合失調症］が疑われる。

Q640 ☑ ☐ 60歳男性Aは、物忘れが増えたため息子Bに連れられ精神科クリニックを受診。歩行不安定、尿失禁、興味関心低下がみられる。睡眠や食欲は問題ないが、地域の句会に参加できず、日中はぼんやりしている。Aは正常圧水頭症の可能性がある。

Q641 ☑ ☐ Q640の60歳男性Aは、前頭側頭型認知症の可能性もある。

Q642 ☑ ☐ 小児科領域において公認心理師として勤務する場合、治療すべき身体疾患を見逃さないよう連携を図る。

Q643 ☑ ☐ 小児科領域において公認心理師として勤務する場合、虐待に関わる証拠の発見収集はもっぱら医師に任せる。

Q644 ☑ ☐ 低出生体重児は、高体温症になりやすい。

Q645 ☑ ☐ 低出生体重児は、単胎児よりも多胎児により多い傾向がある。

Q646 ☑ ☐ 日本における低出生体重児の出生比率は、2005年以降9〜10%である。

4 災害時等の心理的支援

Q647 ☑ ☐ サイコロジカル・ファーストエイドを活用できる場面として、事故現場での被害者の救援があげられる。

A640 ○ 正常圧水頭症では、[認知障害]・[歩行障害]・[尿失禁]
の3つの徴候が特徴的である。本例はその全てを示して
いる。

A641 × 前頭側頭型認知症は[人格変化]と社会的な[行動異
常]が主な特徴であり、健忘の程度は[軽い]ことが多
い。

A642 ○ 治療すべき身体疾患のみならず、要心理支援者が抱え
る問題を見逃さないようにするためには、医療従事者
間の[連携]が必要不可欠である。

A643 × 小児科領域で勤務する場合、[児童虐待]の早期発見や
虐待状況の把握、回復の支援などは公認心理師に求め
られる役割のひとつである。医師に任せっきりという
ことはない。

A644 × 低出生体重児は、[低体温症]に陥りやすい。

A645 ○ 低出生体重児は、[単胎児]よりも[多胎児]により多
い傾向がある。そのため、低出生体重児特有の支援に加
え、多胎児ならではの困難さも生じやすい。

A646 ○ 日本における低出生体重児の出生比率は、2005年以降
[9～10]%である。出生数に占める低出生体重児の割
合は1980年代から増加傾向にあったが、2005年以降
は横ばいである。

A647 ○ [サイコロジカル・ファーストエイド（PFA）]は災害や
事故直後の支援に関するものであり、専門家でなくて
もできる。

Q648 自然災害直後のサイコロジカル・ファーストエイドには、食糧、水、情報など生きていく上での基本的ニーズを支援することが適切である。

☑ ☑

Q649 心理的デブリーフィングは、被災者に対する支援として有効な方法である。

☑ ☑

Q650 危機的な状況で子どもは成人よりリスクが高く、特別な支援を必要とする。

☑ ☑

Q651 災害発生後、支援者のストレス反応に対しては、役割分担と業務ローテーションの明確化や業務の価値づけが有効である。

☑ ☑

Q652 災害発生後に被災者に対してこころのケアを行う際、避難所などにおけるコミュニティ形成について経験のあるNPOへの研修を迅速に行い、協力体制を整備する。

☑ ☑

Q653 災害発生後、被災者の健康状態を早期に把握するためにGHQ-28を利用した調査を行うことは適切である。

☑ ☑

ポイント　サイコロジカル・ファーストエイド

サイコロジカル・ファーストエイド (PFA：Psychological First Aid) は［心理的応急処置］とされ、災害や事故直後の支援者の基本的姿勢をマニュアル化したものである。詳しくは、PFA フィールドガイドを一読しておくとよい。PFA のポイントは、「専門家しかできないものではない」「専門家が行うカウンセリングではない」「心理的デブリーフィングではない」という点である。心理師が普段行っている心理療法や心理検査とは主旨が異なる。

PFA の活動原則は［見る・聞く・つなぐ］であり、専門的な対処ではなく、被災者の安全の確保と食糧等の基本的ニーズを満たす活動をし、被災者の状態によっては専門機関につなぐことが求められる。

A648　○　自然災害直後のサイコロジカル・ファーストエイドで
　　　　は、食糧、水、情報など生きていく上での［基本的ニー
　　　　ズ］をまず満たすことで、被災者の安全を確保する。

A649　✕　［心理的デブリーフィング］とは、災害の直後に行われ
　　　　る被災者支援のことである。無理に話を聞き出すこと
　　　　でさらに［苦痛］を与える可能性がある。PTSDの予防
　　　　効果も実証されておらず、現在では心理的デブリー
　　　　フィングは国際的に［否定］されている。

A650　○　子どもは大人に比べて［言語表現］やストレスへの［自
　　　　己対処能力］が未熟なため、危機的な状況では成人より
　　　　もリスクが高く、特別な支援を必要とする。

A651　○　災害直後の支援にあたる支援者も心理的ストレスがか
　　　　かるため、［役割分担］や［業務の明確化］、［価値づけ］
　　　　が、支援者の精神的負担の軽減につながる。

A652　✕　避難所などにおけるコミュニティ形成について経験の
　　　　あるNPOへの研修を迅速に行い、協力体制を整備する
　　　　ような連携は［災害前］に行っておくべきである。

A653　✕　災害後、被災者の健康状態を早期に把握するために
　　　　GHQ-28を利用した調査を行うことは［不適切］であ
　　　　る。GHQ-28は［質問紙］による精神健康調査だが、災
　　　　害直後に質問紙調査を行うことはむしろ負担になる。

Q654 災害後、避難生活の不満を互いに話し、カタルシスが得られるようにするために被災者のグループ面接を行うことは適切である。

Q655 小学校で爆発事故が発生し、所轄警察署に勤務する公認心理師は他の署員とともに直ちに被害者支援を行った。公認心理師は、保護者が希望しない限り、情報提供を控える。

Q656 災害派遣精神医療チーム〈DPAT〉は、都道府県医師会によって組織される。

Q657 災害派遣精神医療チーム〈DPAT〉は、各都道府県で実施する養成研修の修了者によって構成される。

Q658 女性Aは地震の際に隣家が土砂に巻き込まれ、住人が行方不明になった様子を目撃。3週間後に公認心理師Bに「眠れない」と相談。公認心理師は、リラックスするために腹式呼吸法の指導を優先する。

Q659 災害支援者を対象とするストレス対策として、住民の心理的反応に関する研修を行う。

Q660 災害支援者を対象とするストレス対策として、ストレスのチェックリストによる心身不調の確認を行う。

Q661 C.R. Rogersのクライエント中心療法における共感的理解は、進行中のプロセスとして保持すべき姿勢である。

A654 ✕ 災害後、避難生活の不満を互いに話し、カタルシスが得られるようにするために被災者のグループ面接を行うことは［不適切］である。被災者のグループ面接は、場合によっては悪化することも指摘されている。

A655 ✕ サイコロジカル・ファーストエイド（PFA）の活動中の活動原則は、「見る」・「聞く」・「つなぐ」である。「つなぐ」には情報を提供することも含まれる。

A656 ✕ 災害派遣精神医療チーム〈DPAT〉は、［都道府県および政令指定都市］によって組織される、専門的な研修・訓練を受けた組織である。

A657 ✕ 災害派遣精神医療チーム〈DPAT〉は、［厚生労働省］等が実施する「日本DMAT隊員養成研修」を修了するか、またはそれと同等の学識・技能を有する者として［厚生労働省］から認められ、登録された者によって構成される。

A658 ✕ 隣家が土砂災害に巻き込まれ、住人が行方不明になった様子を目撃し、眠れない症状が続いていると訴える相談者に対し、対処法として本人がリラックスできることをするよう促すことはあるが、［急性期］に行うべきものではない。

A659 ○ 被災地の精神保健福祉活動として、住民に直接対応する［災害支援者］を対象に平時もしくは災害後に［メンタルヘルス］に関する研修を実施することが有効といわれている。

A660 ○ 災害支援者を対象とするストレス対策として、心身の疲労状態を把握するために［チェックリスト］による心身不調の確認を行う。災害支援者は、活動義務を背景とした疲労が生じやすくなっており、ストレスも生じやすいことが知られている。

A661 ○ C.R. Rogersのクライエント中心療法では、クライエントの「今ここ」での気持ちや気づきを大切にし、それに対して傾聴し、共感的理解を示す。

第17章 福祉に関する心理学

1 福祉現場において生じる問題とその背景

Q662
☐ ☐
児童虐待は、身体的虐待、心理的虐待及び性的虐待の３種類に大別される。

Q663
☐ ☐
児童虐待防止法における児童とは、０歳から12歳までの者である。（注）「児童虐待防止法」とは、「児童虐待の防止等に関する法律」である

Q664
☐ ☐
児童の目の前で父親が母親に暴力をふるうことは、児童虐待にあたる。

Q665
☐ ☐
児童虐待防止法が制定されて以降、児童虐待の相談対応件数は減少傾向にある。

Q666
☐ ☐
子ども虐待対応の手引き（平成25年８月改正版、厚生労働省）によると、養育環境が単身家庭であることは、児童虐待のリスク要因とされる。

A662 ✕ 児童虐待防止法第2条において、児童虐待は［身体的虐待］、［性的虐待］、［ネグレクト］、［心理的虐待］の4つが挙げられている。「令和3年度児童相談所での児童虐待相談対応件数」によると、虐待の内容別の件数は［心理的虐待］が最も多く、身体的虐待、ネグレクト、性的虐待と続く。

A663 ✕ 児童虐待防止法第2条において、児童とは、［18歳に満たない者（0歳から17歳）］とされている。

A664 ○ 2004（平成16）年に児童虐待防止法が改正され、第2条第4号において、子どもの面前での配偶者に対する暴力（面前DV）も［心理的］虐待であるとされた。

A665 ✕ 「令和3年度児童相談所での児童虐待相談対応件数（速報値）」によると、全国の児童相談所における児童虐待相談対応件数は、20万7,659件であり、前年度から1.3%（2,615件）［増加］している。

A666 ○ 子ども虐待対応の手引きに「養育環境のリスク要因としては、家庭の経済的困窮と社会的な孤立が大きく影響している。また、未婚を含む［ひとり親家庭］、内縁者や同居人がいて安定した人間関係が保てていない家庭、離婚や再婚が繰り返されて［人間関係が不安定な家庭］、親族などの身近なサポートを得られない家庭、転居を繰り返す家庭、生計者の失業や転職が繰り返される家庭、夫婦の不和、配偶者からの暴力（DV）等がリスク要因となる」と記載がある。その他には「子どもが障害児であること」や「保護者に被虐待経験の既往がある」「養育環境が子ども連れの再婚家庭である」などが挙げられている。

Q667 我が国における児童虐待による死亡事例の近年の傾向として、死因となった虐待種別はネグレクトが多い。

☑ ☑

Q668 我が国における児童虐待による死亡事例の近年の傾向として、虐待の加害者は実父が最も多い。

☑ ☑

Q669 要保護児童対策地域協議会における保護や支援の対象は、被虐待児童に限られる。

☑ ☑

Q670 中学受験に不合格であった子どもに対して、両親が「お前は出来そこないだ。これからは死ぬ気で勉強しろ」と繰り返しなじり「お前は合格した兄とは違って負け犬だ。負け犬の顔など見たくない」と言い、別室で一人で食事をさせたり、小遣いを与えなかったりする行為は経済的虐待である。

☑ ☑

Q671 ネグレクトで児童相談所に保護されたAは、非嫡出子として出生した。母親はAの情緒的要求に応じることが乏しく、Aを家に放置することが多かったため、一時保護に至った。保護後1か月ほどすると、Aは職員とはコミュニケーションはとれるものの、怪我をするなど困ったときには助けを求めることがない。Aには反応性愛着障害が考えられる。

☑ ☑

Q672 日本の全世帯のうち児童のいる世帯は約4分の1である。

☑ ☑

A667 ✕ 出題時の第14次報告（平成30年8月）においては、死因となった虐待種別は［身体的虐待］が最も多く、次いで［ネグレクト］となっている。この傾向は第1次報告から変わらなかったが、第18次報告（令和4年9月）では逆転して「ネグレクト」が最も多くなっているため、出題時期における報告書の確認が肝要である。

・・・

A668 ✕ 我が国における児童虐待による死亡事例の近年の傾向として、虐待の加害者は［実母］が最も多い。第1次報告から第18次報告までをみると、加害者が［実母］である例が全体の半数を占める。出題時期における報告書の確認が肝要である。

・・・

A669 ✕ 要保護児童対策地域協議会における保護や支援の対象は、①［要保護児童］、②［要支援児童］、③［特定妊婦］である。要保護児童とは、「保護者のない児童又は保護者に監護させることが不適当であると認められる児童」のことであり、被虐待児童に限らず、非行児童なども含む。

・・・

A670 ✕ 受験を失敗した子どもに対して、罵倒したり罰を与えたりすることは、［心理的］虐待にあたると考えられる。［心理的］虐待は、著しい暴言や著しく拒絶的な対応を行うことである。なお、経済的虐待は児童虐待防止法第2条の児童虐待の定義に含まれて［いない］。「高齢者虐待」「障害者虐待」には経済的虐待が含まれるので注意。

・・・

A671 ◯ 「母親はAの情緒的要求に応じることが乏しく」「怪我をするなど困ったときには助けを求めることがない」などから［反応性愛着障害］の特徴が合致する。

・・・

A672 ✕ 日本の全世帯のうち児童のいる世帯は約［5］分の1以下である。厚生労働省「令和4年国民生活基礎調査」によると、［18歳未満の児童］がいる世帯は991万7,000世帯と、全世帯の18.3%を占める。

Q673 ☑ ☑ 「平成28年度国民生活基礎調査」によると、要介護者と同居している主な介護者の約3分の1が悩みやストレスを感じている。

Q674 ☑ ☑ 貧困と児童虐待の発生には、関連がみられない。

Q675 ☑ ☑ 生活保護を受給する家庭で育った子どもは、出身世帯から独立した後も生活保護を受給する割合が高いとされる。

Q676 ☑ ☑ 貧困状態にある母子世帯の8割以上が、生活保護を受給している。

Q677 ☑ ☑ 学校生活全般において無気力が目立ち、学業不振が継続している中学2年生Aが「私の家は生活保護を受けている。経済状況を考えると希望の進路を選べない」「皆みたいに塾に行くことができないし、将来就きたい仕事にもどうせ就けない。だから勉強しても無駄」と話した。AやAを取り巻く状況は相対的剥奪である。

A673 ✗ 要介護者と同居している主な介護者の［約3分の2以上］が悩みやストレスを感じている。出題時の「平成28年国民生活基礎調査」によると、同居している主な介護者で悩みやストレスがあると答えたのは、［68.9］％であった。

- -

A674 ✗ 貧困と児童虐待の発生には、関連が［みられる］。厚生労働省の「子ども虐待対応の手引き」によると、虐待のリスク要因として、［養育環境］が挙げられており、生計者の失業や転職の繰り返し等で経済不安のある家庭もリスク要因とされている。

- -

A675 ○ 生活保護を受給する家庭で育った子どもは、出身世帯から独立した後も生活保護を受給する［割合が高い］とされる。厚生労働省「生活困窮者等の自立を促進するための生活困窮者自立支援法等の一部を改正する法律案（平成30年2月9日提出）」においても、生活保護世帯の子どもの貧困の連鎖を断ち切るため、大学等への進学を支援することが検討されている。

- -

A676 ✗ 厚生労働省「令和3年度全国ひとり親世帯等調査結果報告」によると、母子世帯において生活保護を受給しているのは［1］割未満（9.3%）である。なお、この調査は5年ごとに行われるが、次回調査は「こども家庭庁」により実施されると思われる。

- -

A677 ○ ［相対的剥奪］とは「人々が社会で通常手にいれることのできる栄養、衣服、住宅、居住設備、就労、環境面や地理的な条件についての物的な標準にこと欠いていたり、一般に経験されているか享受されている雇用、職業、教育、レクリエーション、家族での活動、社会活動や社会関係に参加できない、ないしはアクセスできない」（Townsend, 1993）状態である。

Q678 物忘れを心配した妻の勧めで医療機関を受診したAは、インテーク面接を担当した公認心理師Bから「今日は何日ですか」と聞かれると「この年になったら日にちなんか気にしないからね」と答えた。また、「物忘れはしますか」と聞かれると、「多少しますが、別に困っていません。メモをしますから大丈夫です」と答えた。Aには取り繕い反応が認められる。

☑ ☐

Q679 振り返り徴候は、Alzheimer型認知症の患者においてはみられない症状である。

☑ ☐

2	福祉現場における心理社会的課題と 必要な支援方法

Q680 DSM-5の心的外傷後ストレス障害〈PTSD〉では、診断の条件として症状が1か月以上続いている必要がある。

☑ ☐

Q681 DSM-5の心的外傷後ストレス障害〈PTSD〉において、眼球運動における脱感作と再処理法〈EMDR〉の治療効果はないとされる。

☑ ☐

Q682 DSM-5の心的外傷後ストレス障害〈PTSD〉について、心的外傷の原因となる出来事は文化的背景によって異なることはないとされる。

☑ ☐

Q683 二次的外傷性ストレス［Secondary Traumatic Stress〈STS〉］による反応は、被害者の支援活動をしている人にも生じる。

☑ ☐

A678 ○ [取り繕い反応]とは、Alzheimer型認知症の患者においてよくみられるコミュニケーションパターンである。生活に影響が出ているにもかかわらず、自分をよく見せようとしたり、周囲に合わせようとしたりする反応のことをいう。Aの「この年になったら日にちなんか気にしない」「(物忘れについて聞かれ)多少しますが、別に困っていません」という反応は、[取り繕い反応]と推察される。

- -

A679 ✕ [振り返り徴候]は、Alzheimer型認知症の患者においてみられる反応である。診察時などに後ろにいる家族の方を振り向いて確認を求める行動のことをいう。その他に「ものとられ妄想」などもAlzheimer型認知症の特徴的な症状とされる。

A680 ○ 症状が[1か月以上]続くことがDSM-5の心的外傷後ストレス障害〈PTSD〉の診断の条件である。1か月未満の場合は[急性ストレス障害]に分類される。

- -

A681 ✕ 眼球運動による[脱感作]と[再処理法]は、DSM-5の心的外傷後ストレス障害〈PTSD〉に対しての治療効果があることが研究によって支持されている。

- -

A682 ✕ 心的外傷後ストレス障害〈PTSD〉について、ある出来事が心的外傷を来すような強いストレスとして個人によって意味づけられるかどうかは、[文化的背景]に影響を受ける。PTSDの診断と治療には文化的背景に対する十分な配慮が必要である。

- -

A683 ○ [二次的外傷性ストレス(STS)]とは、外傷性ストレス(トラウマ)によって傷害を受けた人への支援活動を行う人が、クライエントのトラウマ経験を詳細に聴取したり、PTSDの症状のケアをしたりすることによって、自身も二次的な外傷性ストレスを負うとする概念である。

Q684 マルトリートメント（不適切な養育）について、貧困との関連は乏しいとされる。

☐ ☐

Q685 マルトリートメント（不適切な養育）について、子どもの脳の器質的問題は発生しないとされる。

☐ ☐

Q686 マルトリートメントを受けた子どもは共感性が高い。

☐ ☐

Q687 子どもは保護を求めていないが、すでに重大な結果がある場合は、緊急一時保護を検討すべきである。

☐ ☐

Q688 児童福祉施設は、家族再統合には積極的に関与しない。

☐ ☐

Q689 児童の社会的養護における家族再統合について、家庭裁判所は、申立てがあった場合、直接保護者に適切な治療や支援を受けることを命令できる。

☐ ☐

 **ポイント** 児童福祉施設

児童福祉法による児童福祉施設には次のようなものがある。
①助産施設、②乳児院、③母子生活支援施設、④保育所、⑤幼保連携型認定こども園、⑥児童厚生施設、⑦児童養護施設、⑧障害児入所施設、⑨児童発達支援センター、⑩児童心理治療施設、⑪児童自立支援施設、⑫児童家庭支援センター

A684 ✕ マルトリートメント（不適切な養育）については、貧困との関連が［みられる］。児童虐待の背景には［貧困］などの経済的事情や、夫婦関係などの家族関係の問題、養育者自身の孤立、適切なサポートの欠如などのリスク要因が挙げられる。

A685 ✕ マルトリートメント（不適切な養育）について、子どもの脳の器質的問題は発生［することがある］。器質的問題とは、身体の臓器などに解剖学的に損傷等が認められていることを示す。虐待は、子どもの［脳の萎縮］や［脳神経の発達］の阻害要因として影響を及ぼすともされ、うつ病や意欲低下、青年期以降にも心理的な影響を及ぼすことがある。

A686 ✕ マルトリートメントを受けた子どもは共感性が［低］い。安定した愛着関係を経験できないことによる［対人関係障害］（緊張、乱暴、ひきこもり等）が起こる中で、共感性の低下が考えられる。

A687 ○ 子ども自身が保護を求めていなくても、すでに重大な結果がある場合は、［緊急一時保護］の検討をすべきである。厚生労働省の「子ども虐待対応の手引き」第5章によると、一時保護の目的は子どもの生命の安全確保であり、単に生命の危険にとどまらず、現在の環境に置くことが子どものウェルビーイング（子どもの権利の尊重・自己実現）にとって明らかに看過できないとされるときは、まず一時保護を行うべきとされる。

A688 ✕ 児童福祉施設は、［家族再統合］には積極的に関与する。児童福祉施設においては「親子関係の再構築等が図られるように家庭環境調整を行う」ことが定められている（児童福祉施設の設備及び運営に関する基準第23条3項、第29条、第45条4項、第75条2項）。

A689 ✕ ［家庭裁判所］は、子どもの里親委託または児童福祉施設等への入所の承認、親権停止・喪失審判を行うが、直接保護者に治療や支援を命令することは［できない］。

Q690 社会的養護における永続性（パーマネンシー）は、国際連合の「児童の代替的養護に関する指針」における目標である。

☐ ☐

Q691 社会的養護における永続性（パーマネンシー）は、里親委託によって最も有効に保障される。

☐ ☐

Q692 養子縁組里親は、家庭裁判所の審判により決定される。

☐ ☐

Q693 全ての里親は、子どもの日常生活にかかる費用を支給される。

☐ ☐

Q694 養育里親は、法律上の親子関係を成立させることを目的とする。

☐ ☐

Q695 中途障害者の障害受容において、他責を示すことはない。

☐ ☐

ポイント　里親の種類

種類	説明
養育里親	養子縁組を前提とせず、一定期間子どもを養育する
専門里親	専門的なケアを要する被虐待児、非行等の問題を有する子ども、障害児を養育する
養子縁組里親	戸籍上も自分の子どもとして、育てることを前提として養育する
親族里親	養育者の死亡などにより、民法に定められた扶養義務者と、その配偶者である親族が養育する

A690　○　社会的養護における永続性（パーマネンシー）とは、子どもの成長のために［継続的で安定した］養育者との関係を築き、［養育環境］を整えることであり、国際連合の「児童の代替的養護に関する指針」における目標としてあげられている。

A691　✕　社会的養護における永続性（パーマネンシー）は、［特別養子縁組］によって最も有効に保障される。それにより子どもは同じ家庭で成長することが可能になる。

A692　✕　養子縁組里親は、家庭裁判所ではなく［都道府県知事］により決定される。児童福祉法によれば、養子縁組里親は「要保護児童を養育すること及び養子縁組によつて養親となることを希望する者（都道府県知事が内閣府令で定めるところにより行う研修を修了した者に限る。）のうち、第三十四条の十九に規定する養子縁組里親名簿に登録されたもの」と定義がされている。

A693　○　全ての里親は、子どもの日常生活にかかる費用を［一般生活費］として支給される。「児童を里親に委託したときは、都道府県は、里親手当及び児童の養育に要する一般生活費、教育費等の費用（養子縁組里親及び親族里親については里親手当を除く）を、里親に対する措置費として支払い、国はその2分の1を負担する」とされている。

A694　✕　［養子縁組里親］は、法律上の親子関係を成立させることを目的とする。［養育里親］は養子縁組を目的としない里親である。

A695　✕　中途障害者の障害受容において、ショックや衝撃など危機の初期段階で、現実を受容することができず、怒りとして［自責］や［他責］がみられることがある。危機に直面した人の心理的過程や援助者の対応を示唆する理論を危機モデルという。G. Caplan や S.L. Fink、N. Cohn、E. Kübler-Ross、F.C Shontz などの各理論の段階をおさえておくことが重要である。

第17章　福祉に関する心理学

Q696 中途障害者の障害受容においては、他者や一般的な価値と比較して自分を評価することが必要である。

☑ ☑

Q697 中途障害者の障害受容において、ショック期の次の期では、障害を認めつつも、一方で回復を期待した言動がしばしばみられる。

☑ ☑

Q698 T. Dembo と B. Wright らが提唱した障害受容の理論において、障害に起因する波及効果を抑制するとされる。

☑ ☑

Q699 ケース・アドボカシーとは、患者が、医療側の説明を理解し、同意し、選択することである。

☑ ☑

Q700 障害のある子どもと障害のない子どもを分けずに、特別な教育的ニーズをもつ子どもを支援することをノーマライゼーションという。

☑ ☑

A696 ✕ 中途障害者の障害受容においては、他者や一般的な価値ではなく、[新しい価値観] において自己を評価することが望ましいと考えられる。S.L Fink は「適応」の段階においては、新しい自己像や価値観を築くことの重要性を挙げている。

. . . .

A697 ⭕ 中途障害者の障害受容において、N. Cohn は「ショック」の時期の次には [回復への期待] の時期があるとし、S.L Fink は「衝撃」「防御的退行」の後に「承認」「適応」の時期があるとしている。

. . . .

A698 ⭕ 障害受容研究は、第二次世界大戦での戦傷者へのリハビリテーション医療をもとに概念化された理論を始めとして、1950 年代から 60 年代の米国を中心に研究が盛んに行われるようになった。T. Dembo らの理論が日本に紹介された当時、高く評価されており、障害における [波及効果] を抑制させることが述べられている。

. . . .

A699 ✕ [インフォームド・コンセント] とは、患者が、医療側の説明を理解し、同意し、選択することである。[ケース・アドボカシー] とは、クライエントの権利を守る活動のことをいう。アドボカシーとは、権利擁護活動のことで、主に福祉における障害者の権利擁護の際に使用されることが多い。

. . . .

A700 ✕ 障害のある子どもと障害のない子どもを分けずに、特別な教育的ニーズをもつ子どもを支援することを [インクルーシブ教育] という。[ノーマライゼーション] は、障害者が差別を受けることなく、社会の中に正当に受け入れられていくことである。障害者権利条約や障害者差別解消法においてもノーマライゼーションの理念が基盤となっている。

第 17 章　福祉に関する心理学

Q701

☑ ☑ できる限りその父母を知り、かつその父母によって養育される権利は、児童の権利に関する条約〈子どもの権利条約〉に含まれている。

Q702

☑ ☑ 児童虐待の支援において、裁判所は一時保護を行う。

Q703

☑ ☑ 児童虐待が疑われる事例の支援にあたって、児童相談所は心理的支援を行う。

Q704

☑ ☑ ひきこもり当事者への訪問支援(アウトリーチ型支援)について、相談意欲が極めて低い当事者には、対等な関係づくりから始める。

Q705

☑ ☑ ジョイニングとは、地域支援における課題中心の間接的支援を表す用語である。

Q706

☑ ☑ 親権者の同意を得て特別養子縁組を成立させることは、児童相談所の業務である。

A701 ○ できる限りその父母を知り、かつその父母によって養育される権利は、[児童の権利に関する条約〈子どもの権利条約〉] 第7条に定められている。この条約は、子どもの [基本的人権] を国際的に保障するために定められた。[18歳未満] の児童（子ども）を、権利を持つ主体と位置づけ、おとなと同様ひとりの人間としての人権を認めるとともに、成長の過程で特別な保護や配慮が必要な子どもならではの権利を定めている。

. . . .

A702 ✕ 児童虐待の支援において、[児童相談所] は一時保護を行う。[家庭裁判所] は親権停止の審判（民法第834条の2）を行う。

. . . .

A703 ○ 児童虐待が疑われる事例の支援にあたって、[児童相談所] は被虐待児童に対して心理的支援を行う（児童福祉法第11条1項2号・第12条）。

. . . .

A704 ✕ 「ユースアドバイザー養成プログラム」第5章第11節には、自発的に相談に訪れる「イーブン（対等）」の関係に比べ、相談意欲が極めて低い訪問現場の関係性は、対等な関係ではなく、援助者の「ワン・ダウンポジション（一段下がった立場）」で始まるとある。

. . . .

A705 ✕ 地域支援における課題中心の間接的支援を表す用語は [コンサルテーション] である。[ジョイニング] は、対象の家族と積極的に関係を築いて輪の中に参加していく方法のことを指す。

. . . .

A706 ✕ 親権者の同意を得て特別養子縁組を成立させることは、[家庭裁判所] の業務である。特別養子縁組とは、子どもの福祉の増進を図るために、子ども（出題時は原則6歳未満、現在は原則15歳未満）とその実親側との法律上の親子関係を解消し、実親子関係に準じる安定した養親子関係を成立させる制度である。

Q707 児童相談所の業務として、親権者の同意を得て児童福祉施設に子どもを入所させることがある。
☑ ☑

Q708 子どもが里親や児童福祉施設などに措置される際、その前後に児童福祉司と、里親や施設職員が連携しながら、子どもへの特別の配慮を行うことが求められることを、新エンゼルプランという。
☑ ☑

Q709 児童相談所における援助方針会議は、子どもや保護者等に対する最も効果的な援助指針を作成、確認する。
☑ ☑

Q710 児童養護施設入所児童の家庭復帰が直近に見込まれる場合に、児童相談所の対応として、家庭裁判所に児童福祉施設入所措置解除を申請することは適切である。
☑ ☑

Q711 2019年（令和元年）以降、児童相談所における虐待相談対応について、被虐待者の年齢は、12歳以下が過半数である。
☑ ☑

 ポイント　新エンゼルプラン

1994年に子育てを夫婦や家庭だけの問題ととらえるのではなく、国や地方公共団体をはじめ、企業・職場や地域社会も含めた社会全体で子育てを支援していくことをねらいとし、政府部内において、今後10年間に取り組むべき基本的方向と重点施策を定めた計画がエンゼルプランである。その後「少子化対策推進基本方針」に基づく重点施策の具体的実施計画として策定されたのが新エンゼルプランである。

ポイント　家庭復帰に関する判断基準例

・家庭復帰が見込まれる入所児童の意思を確認する。
・家庭復帰する家庭の状態を具体的に直接確認する。
・要保護児童対策地域協議会と支援指針に関する協議を行う。
・家庭復帰計画は、必要に応じて中止や修正があることを、入所児童や保護者に事前に伝える。

A707 ○ 児童福祉施設への入所には［親権者］や［未成年後見人］からできる限り承諾が得られるように努める必要がある。しかし、承諾を得ない限り入所措置の決定ができないという意味ではない。なお、児童福祉施設には、乳児院、母子生活支援施設、保育所、児童厚生施設、児童養護施設、障害児入所施設、児童自立支援施設などが定められている（児童福祉法第7条）。

A708 ✕ 子どもが里親や児童福祉施設などに措置される際、その前後に児童福祉司と、里親や施設職員が連携しながら、子どもへの特別の配慮を行うことが求められることを、［アドミッション・ケア］という。

A709 ○ 児童相談所における［援助方針会議］は調査、診断、判定等の結果に基づき子どもや保護者等に対する最も効果的な援助指針を作成、確認するために行う。緊急対応が必要か、カウンセリングが必要か等の援助の内容の検討及び児童相談所、施設、機関等の援助能力も考慮に入れ検討を行い、援助の決定に当たっては、特別な場合を除き、子どもや保護者の意向を尊重するとともに、子どもの最善の利益の確保に努める。

A710 ✕ ［児童虐待防止法］によれば、施設入所等の措置の解除等において家庭裁判所の判断については述べられていない。［社会的養護関係施設における親子関係再構築支援ガイドライン］によれば、退所前の支援においては、支援の効果についてのアセスメントが重要とされている。

A711 ○ 2019年（令和元年）以降、児童相談所における虐待相談対応について、被虐待者の年齢は、［12］歳以下が過半数である。厚生労働省「令和3年度福祉行政報告例の概況」によれば、0歳～2歳：38,762件（18.7%）、3歳～6歳：52,615件（25.3%）、7歳～12歳：70,935件（34.2%）であり、0歳から12歳の間で全体の78.2%を占めている。出題時期における最新の数値の確認が肝要である。

Q712 ☑ ☑ 2019年（令和元年）以降、児童相談所における虐待相談対応について、相談内容における虐待種別のうち、最も多いのはネグレクトである。

Q713 ☑ ☑ 2018年（平成30年）時点において、児童養護施設における入所児童の特徴や傾向として、家族との交流がある入所児童は半数を超える。

Q714 ☑ ☑ 児童心理治療施設は、日常生活における基本的動作の指導、自活に必要な知識や技能の付与または集団生活への適応のための訓練を行う施設である。

Q715 ☑ ☑ 医療におけるアドバンス・ケア・プランニング〈ACP〉について、話し合いの構成員の中に、親しい友人が含まれることがある。

Q716 ☑ ☑ 医療におけるアドバンス・ケア・プランニング〈ACP〉において、患者の意思が確認できない場合は、担当医療従事者が本人にとって最善の方針を決定する。

A712 ✕ 厚生労働省「令和3年度 児童相談所での児童虐待相談対応件数（速報値）」によれば、身体的虐待：49,238件（23.7%）、ネグレクト：31,452件（15.1%）、性的虐待：2,247件（1.1%）、心理的虐待：124,722件（60.1%）となっており、[心理的] 虐待が最も多い。出題時期における最新の数値の確認が肝要である。

A713 ◯ 2018年（平成30年）時点において、児童養護施設における入所児童の特徴や傾向として、家族との交流がある入所児童は[半数]を超える。厚生労働省子ども家庭局「児童養護施設入所児童等調査の概要」の2018（平成30）年版によると、家族との交流関係については「交流なし」の割合は19.9%であり、「交流あり」は「電話・メール・手紙」9.0%、「面会」28.8%、「一時帰宅」33.8%であった。受験時は最新版の傾向を確認しよう。

A714 ✕ [児童発達支援センター] は、日常生活における基本的動作の指導、自活に必要な知識や技能の付与または集団生活への適応のための訓練を行う施設である。[児童心理治療施設] は、心理的問題を抱えた児童に総合的な心理治療や支援を行う施設で、対象は、満18歳に満たない[児童]である。[児童相談所長] が適当と認めた場合に入所となる。

A715 ◯ 医療におけるアドバンス・ケア・プランニング〈ACP〉は、2018（平成30）年の改訂の際、今後、単身世帯が増えることを踏まえ、家族等の信頼できる者の対象が「家族」から「家族等（親しい友人等）」に拡大された。

A716 ✕ 医療におけるアドバンス・ケア・プランニング〈ACP〉において、患者の意思が確認できない場合は、①家族等が本人の意思を推定できる場合には[推定意思]を尊重し、②推定できない場合は本人に代わる者として家族等と十分に話し合い、③家族等がいない場合および家族等が判断を[医療・ケアチーム]に委ねる場合には、本人にとっての最善の方針をとることを基本とする。厚生労働省「人生の最終段階における医療・ケアの決定プロセスに関するガイドライン」に本人の意思が確認できない場合の手順が示されている。

Q717 地域包括支援センターの対応のひとつに、定期巡回や随時対応型訪問サービスがある。

☑ ☑

3 虐待、認知症に関する必要な支援

Q718 改訂長谷川式簡易知能評価スケール〈HDS-R〉は、認知症の重症度評価を主な目的とした検査である。

☑ ☑

Q719 改訂長谷川式簡易知能評価スケール〈HDS-R〉は、図形模写などの動作性検査を含むテストである。

☑ ☑

Q720 MMSE（ミニメンタルステート検査）には、非言語性課題が3問ある。

☑ ☑

Q721 MMSE（ミニメンタルステート検査）では、シリアル7課題（100から7を順に引く）は4回まで行う。

☑ ☑

Q722 医師から依頼を受け、MMSEを実施・解釈し報告する際に、カットオフ値を上回った場合は、認知症ではないと所見を書く。

☑ ☑

A717 ○ [地域包括支援センター] は、介護・医療・保健・福祉などの側面から高齢者を支え、高齢者が自分の住み慣れている地域の中で生活できるようにサポートする機関であり、対応のひとつに、[定期巡回] や [随時対応型訪問サービス] がある。これは、中重度の要介護状態で医療ニーズの高い人に対応するための、日中・夜間を通して訪問介護、訪問看護を提供し、定期的に巡回し随時対応を行うサービスである。

A718 ✕ 改訂長谷川式簡易知能評価スケール〈HDS-R〉は、原則として、認知症高齢者の [スクリーニング] を目的とした検査である。

. . . .

A719 ✕ [MMSE] は図形模写などの動作性検査を含むテストである。

. . . .

A720 ✕ MMSE（ミニメンタルステート検査）には、非言語性課題が [4] 問ある。認知症臨床研究・治験ネットワークによると、MMSE は [時間の見当識]、[場所の見当識]、[3単語の即時再生] と [遅延再生]、[計算]、[物品呼称]、[文章復唱] の7項目の言語性課題と、[3段階の口頭命令]、[書字命令]、[文章書字]、[図形模写] の4項目の動作性課題としている。動作性課題を非言語性課題と考える。

. . . .

A721 ✕ MMSE（ミニメンタルステート検査）では、シリアル7課題（100から7を順に引く）は [5] 回まで行う。

. . . .

A722 ✕ 医師から依頼を受け、MMSE を実施・解釈し報告する際に、カットオフ値を上回った場合でも、認知症の可能性を完全に否定できるものではない。[カットオフ値] はあくまでもスクリーニングのための数値である。最終的な診断（判断）は [医師] が行うものである。

Q723 ☑ ☑ 医師から依頼を受け、MMSE を実施・解釈し報告する際に、被検査者が難聴で口頭による実施ができない場合は、筆談による実施を試みる。

Q724 ☑ ☑ 認知症の症状を呈する病態で、治療が可能で病前の正常な状態に回復する可能性があるものとして正常圧水頭症がある。

Q725 ☑ ☑ Lewy 小体型認知症は幻聴を特徴とする。

Q726 ☑ ☑ 血管性認知症は抑うつやせん妄が生じやすい。

Q727 ☑ ☑ 病初期の Alzheimer 型認知症の所見として、徘徊があげられる。

Q728 ☑ ☑ 病初期の Alzheimer 型認知症の所見として、同じ話の繰り返しがあげられる。

Q729 ☑ ☑ 認知症のケアに用いる技法として、回想法がある。

Q730 ☑ ☑ Alzheimer 型認知症の患者に対して公認心理師が実施するものとして、COGNISTAT がある。

A723 ○ 被検査者が難聴などで口頭による実施ができない場合には、［筆談］などによって実施を試みる場合がある。

A724 ○ 認知症の症状を呈する病態で、治療が可能で病前の正常な状態に回復する可能性があるものとして［正常圧水頭症］がある。［正常圧水頭症］は、脳室内の過剰な脳脊髄液貯留をシャント手術することで改善するとされる。

A725 ✕ Lewy小体型認知症は［鮮明な幻視］を特徴とする。幻聴はほとんど起こらない。

A726 ○ 血管性認知症は［抑うつ］や［せん妄］が生じやすい。血管性認知症は、脳の血管障害（脳卒中や脳梗塞）が原因で起こる認知症である。

A727 ✕ ［中期以降］のAlzheimer型認知症の所見として、徘徊があげられる。

A728 ○ 病初期のAlzheimer型認知症の所見として、まず［遅延再生］などの［近時記憶］が障害されるのが特徴のため、同じ話の繰り返しが多くなる。

A729 ○ 認知症のケアに用いる技法として、［回想法］があり、［R. Butler］によって提唱された。支援者が受容的に過去の思い出を共感しながら聴くことで、自己を再認識したりコミュニケーションを深めたり、不安を軽減したりするような効果が認められる。写真などを用いることもあるが、原則は道具を使わずに実施が可能である。

A730 ○ Alzheimer型認知症の患者に対して公認心理師が実施する［COGNISTAT］は、3領域の［一般因子］（覚醒水準・見当識・注意）と5領域の［認知機能］（言語・構成能力・記憶・計算・推理）を評価できる神経心理学的検査である。

Q731 Alzheimer型認知症では、うつ症状があげられる。

☐ ☐

Q732 軽度認知障害 [mild cognitive impairment 〈MCI〉] において、記憶障害は診断の必須条件である。

☐ ☐

Q733 T. Kitwoodの提唱した認知症に関するパーソンセンタード・ケアの考え方によると、ケアは、安全な環境を提供し、基本的ニーズを満たし、身体的ケアを与えることが中心となる。

☐ ☐

Q734 認知症の高齢者への回想法については、昔の物品を手がかりにする。

☐ ☐

Q735 認知症の高齢者への回想法は、認知に焦点を当てたアプローチである。

☐ ☐

Q736 認知症の人の日常生活・社会生活における意思決定支援において、本人が最初に示した意思を尊重し、その実現を支援することが求められる。

☐ ☐

Q737 若年妊娠は、特定妊婦のリスク要因としてあげられる。

☐ ☐

A731 ○ Alzheimer型認知症では、[うつ症状] は呈するが、うつ病とは区別されるべきである。Alzheimer型認知症は軽度のときに [抑うつ] または [アパシー] がみられるとされる。

A732 ✕ 軽度認知障害はその記憶障害の有無によって、[健忘型] MCIと [非健忘型] MCIに分かれるが、記憶障害が診断の必須条件というわけではない。

A733 ✕ 安全な環境を提供し、基本的ニーズを満たし、身体的ケアを与えることは従来の [医学モデル] に基づいたケアである。T. Kitwoodの提唱した認知症に関するパーソンセンタード・ケアにおいては、心理的ニーズを理解する上で「共にあること」「くつろぎ」「自分らしさ」「結びつき」「たずさわること」の5つが重要である。

A734 ○ 認知症の高齢者への [回想法] については、原則としては道具を必ずしも必要としないが、物品を使うこともある。回想の際には、個人のテーマ、材料や道具、生活史などテーマを決めて行うことが一般的である。

A735 ✕ 認知症の高齢者への回想法は、[過去の回想] に焦点を当てたアプローチである。参加者のそのときの聴力や視力などは丁寧に把握しておくことが重要であるが、認知に焦点を当てているわけでない。

A736 ✕ 認知症の人が最初に示した意思が、その過程において [変化] していくことは十分考えられることであるため、そのときの意思や過程に寄り添うことを重要視する。

A737 ○ [若年妊娠] は、妊娠・出産の受容が難しく、養育困難となる [特定妊婦] のリスク要因である。

Q738 保護者に被虐待歴があることは、緊急一時保護が必要であると児童相談所が判断する基準のひとつである。

Q739 子どもに重度の栄養失調が認められる場合に、緊急一時保護が必要であると児童相談所が判断する。

Q740 独身の息子と二人暮らしの75歳女性Aの顔に時々あざが見られるようになった。また、息子の怒鳴り声も最近聞こえているため、近所の人が心配して市の相談センターに相談をした。市は虐待担当部署に通報を行ったが、これは適切であるか。

Q741 Q740の75歳女性Aは、2年くらい前からスーパーで連日同じ食材を重ねて買うようになり、スーパーからの帰り道で道に迷うなどの行動が見られ始めた。午前中から散歩に出たまま夕方まで帰らないこともあったため、居室に施錠をすることを検討することは適切であるか。

Q742 Q740の75歳女性Aへの対応として、市が民生委員への情報提供と支援の依頼を行うことは適切であるか。

Q743 70歳の男性Aは、もともと穏やかな性格であったが、2年くらい前から非常に短気になり、気に入らないことがあると怒鳴り散らすようになった。天気が悪くても日課の散歩は毎日欠かさず、いつも同じコースを歩くようになった。Aに認められる症状は、常同行動である。

Q744 Q743の男性Aには、見当識障害が見られる。

A738 ✕ 保護者に被虐待歴があるとしても、それが即児童虐待につながるわけではないので、この場合は［緊急一時保護］の基準には該当しない。一時保護に向けてのフローチャートによれば、①当事者が保護を求めている、②当事者の訴える状況が差し迫っている、③すでに虐待により重大な結果が生じている、のいずれかに該当する場合は、一時保護の必要性を検討する。

A739 ◯ 子どもに重度の栄養失調が認められた場合は、［ネグレクト］が疑われ緊急一時保護の対象となる。

A740 ◯ 高齢者虐待防止法では、養護者または養介護施設従事者等による高齢者虐待を受けたと思われる高齢者を発見した人に、速やかに市町村に通報するよう［努力義務］が課されている（第7条2項、第21条3項）。

A741 ✕ 居室への施錠は一時的な安全対策になり得るように見えるが、Aの自由を損なう［身体拘束］、つまりは施錠自体が［虐待］になる可能性があるため、適切とはいえない。

A742 ◯ ［民生委員］は厚生労働大臣から委嘱され、各地域において、常に住民の立場に立って相談・必要な援助を行い、社会福祉の増進に努める役割を担っている（民生委員法第1条）。近隣の民生委員に情報を共有し、支援を依頼することは適切である。

A743 ◯ 「天気が悪くても日課の散歩は毎日欠かさず、いつも同じコースを歩く」というのは［常同行動］の一種と考えられる。

A744 ✕ ［見当識］は人・場所・時間に対する認知のこと。本事例では見当識障害の記載はない。

Q745 前頭側頭型認知症（frontotemporal dementia）の特徴として物忘れが挙げられる。

☑ ☑

Q746 常同行動は、Lewy小体型認知症の症状や特徴として適切である。

☑ ☑

Q747 軽度認知障害［mild cognitive impairment〈MCI〉］は、DSM-5では、神経認知障害群に含まれる。

☑ ☑

Q748 ５年前にAlzheimer型認知症と診断された84歳Aは、MMSE〈ミニメンタルステート検査〉が５点で、介護老人保健施設に入所中である。夜中に自室からスタッフルームにやってきて、「息子が待っているので自宅に帰りたい」と言い、廊下を歩きはじめたので、職員がしばらく一緒に廊下を歩き、「夜遅いのでここに泊まりましょう」と提案した。これは一般的に勧められる対応である。

☑ ☑

Q749 認知症初期集中支援チームの活動のひとつに、家族に対する支援がある。

☑ ☑

Q750 地域ケア会議では、会議のメンバーは固定しない。

☑ ☑

A745 ✕ 前頭側頭型認知症の特徴的な症状には［常同行動］、［脱抑制］、反社会的行動、無関心、自発性の低下、意欲減退などが挙げられる。一方で、物忘れは［Alzheimer型］認知症の特徴である。

- -

A746 ✕ ［Lewy小体型］認知症では、初期には物忘れや判断力の低下といった認知機能障害は目立たないが、幻視、Parkinson（パーキンソン）症状、睡眠時の異常行動などの特徴的な症状がみられる。常同行動とは、目的や意味のない行動を何度も繰り返して行うもので、［前頭葉型］の認知症によくみられる。

- -

A747 〇 軽度認知障害（Mild Neurocognitive Disorder）は、DSM-5では、［神経認知障害群］に含まれる。

- -

A748 〇 認知症の人の世界に寄り添い、［尊重］する気持ちを持って関わる様子が「しばらく一緒に廊下を歩く」ことに表れており、「夜遅いのでここに泊まりましょう」という提案も現実に即した提案であるため、適切であると考えられる。

- -

A749 〇 ［認知症初期集中支援チーム］は、複数の専門職が家族の訴え等により認知症が疑われる人や認知症の人及びその家族を訪問し、アセスメント、家族支援などの初期の支援を包括的、集中的（おおむね6か月）に行い、自立生活のサポートを行うチームのことを指す。

- -

A750 〇 ［地域ケア会議］は、高齢者個人に対する支援の充実と、それを支える社会基盤の整備とを同時に進めていく、地域包括ケアシステムの実現に向けた手法である。会議の構成員は会議の目的に応じ、行政職員、センター職員、介護支援専門員、介護サービス事業者、保健医療関係者、民生委員、住民組織等の中から、個別のケースの必要に応じて出席者を調整する。

Q751 高齢者虐待には、身体的虐待、ネグレクト、心理的虐待、経済的虐待の4つの虐待がある。

☐ ☐

Q752 虐待や暴力には一定のサイクルがあるといわれている。ハネムーン期は、暴力の後に二度と暴力を振るわないと約束し謝罪をするなど、うってかわったように優しくなる時期のことをいう。

☐ ☐

Q753 暴力を受けた被害者が、被害を受ける関係の中に留まり続ける現象をトラウマティック・ボンディングという。

☐ ☐

Q754 子育て支援や児童虐待防止を目的に据えたポピュレーションアプローチの具体例として一時保護が挙げられる。

☐ ☐

 **ポイント** 5つの高齢者虐待（高齢者虐待防止法第2条4項）

［身体的虐待］：高齢者の身体に［外傷］が生じ、又は生じるおそれのある暴行を加えること

［ネグレクト］：高齢者を衰弱させるような著しい［減食］又は長時間の［放置］、養護者以外の同居人による虐待の放置等養護を著しく怠ること

［心理的虐待］：高齢者に対する著しい［暴言］又は著しく［拒絶的な対応］その他の高齢者に著しい心理的外傷を与える言動を行うこと

［性的虐待］：高齢者にわいせつな行為をすること又は高齢者をしてわいせつな行為をさせること

［経済的虐待］：養護者又は高齢者の親族が当該高齢者の［財産を不当に処分］することその他当該高齢者から不当に財産上の［利益］を得ること

A751 ✕ 高齢者虐待には、［身体的虐待］、ネグレクト、［心理的虐待］、［性的虐待］、経済的虐待の５つの虐待がある（高齢者虐待防止法第２条４項）。

A752 ◯ 虐待や暴力のサイクルには次の３つの時期があるといわれる。①［緊張期］（ささいな出来事で加害者が苛々して、緊張が高まる時期）、②［爆発期］（高まった緊張を被害者への暴力という形で爆発させる時期）③［ハネムーン期］（暴力の後に二度と暴力を振るわないと約束し謝罪をするなど、うってかわったように優しくなる時期）。このため、被害者は加害者が悪い人ではないと感じて関係を維持し、再び緊張期が来ることが繰り返されやすいとされる。

A753 ◯ 暴力を受けた被害者が、被害を受ける関係の中に留まり続ける現象を［トラウマティック・ボンディング］という。トラウマが起きている関係性の中で構築されるつながりを意味する概念であり、トラウマのある関係性において相手と離れたくない、加害者を慕うなどと感じてしまう心理状態を指す。

A754 ✕ 子育て支援や児童虐待防止を目的に据えたポピュレーションアプローチの具体例として、［乳児家庭全戸訪問事業］が挙げられる。［ポピュレーションアプローチ］とは集団に対して健康障害へのリスク因子の低下を図る方法である。集団全体への早い段階からのアプローチにより影響量も大きくなり、多くの人々の健康増進や疾病予防に寄与しうる［一次予防］としての利点があるとされる。一方で、様々な疾患や問題行動に関して、高いリスクを持った人のリスクを減らすように支援していくことを［ハイリスクアプローチ］と呼ぶ。一時保護はハイリスクアプローチである。

第17章 福祉に関する心理学

第18章 教育に関する心理学

1 教育現場において生じる問題とその背景

Q755
☑ ☑
自分自身に対して、成功裏に遂行できるという感覚や信念のことを自己効力という。

Q756
☑ ☑
A. Banduraの理論によれば、モデリングによる代理体験では、自己効力感〈self-efficacy〉を高めることはできない。

Q757
☑ ☑
自己効力感が低い人ほど失敗したときに努力の不十分さに帰属することが多い。

Q758
☑ ☑
学習性無力感は他者から非難される体験が繰り返されることで生じる。

Q759
☑ ☑
知的能力と比べて学業成績が落ち込んでいる子どものことをオーバーアチーバーと呼ぶ。

Q760
☑ ☑
学習者が、自分が理解している状態を把握し、それに基づいて自分の学習行動を調整する学習方略をメタ認知方略という。

ポイント　自己効力感を高める4つのもの

A. Banduraの自己効力感 (self-efficacy) を高める4つのものを覚えておこう。
① モデリング (代理体験)　③社会的な説得 (褒められること)
② 達成体験 (熟達の経験)　④生理的な解釈を変える (生理的要因)

A755 ○ 自分自身に対して、成功裏に遂行できるという感覚や信念のことを［自己効力］（self-efficacy）という。A. Banduraが提唱したものである。自分自身を価値ある存在だと思う［自尊感情］（self-esteem）との違いに注意する。

A756 ✕ 社会的学習の中の代理体験の学習を通じ、自分がその行動をこの程度うまく行うことができるということを学ぶことから、［モデリング］による代理体験は、自己効力感をもたらす。

A757 ✕ 自己効力感が低い人は、失敗の原因を［自分の能力の低さ］などに帰属させる傾向がある。

A758 ✕ 学習性無力感は［努力が成果に結びつかない］体験が繰り返されることで生じる。他者から非難される体験は心理的なストレスが高まる状況であるが、適切な［反論］を行うことで学習性無力感に陥るリスクを避けることができる。

A759 ✕ 知的能力と比べて学業成績が落ち込んでいる子どものことを［アンダーアチーバー］と呼ぶ。学業不振の原因として、学習習慣や学習方略などの学び方、教師の指導方法、教師の人格特性、学校や家庭の教育環境など様々な要因が考えられる。［オーバーアチーバー］は、知的能力から期待されるよりも学力が高いことをいう。

A760 ○ ［メタ認知］（自分の思考や行動を客観的に把握し認識すること）を通じて、自己調整によって学習の効率化を図る学習を自律的に進める際に欠かせない方略のことを［メタ認知方略］という。

Q761 ☑ ☑ 自分は短期記憶でどのくらいの量が記憶可能か、覚えているか否かという自分の記憶状態、効率的な記憶方法を考案するなど、記憶のモニタリングと制御を含んだ自分の記憶についての知識や行動をメタ記憶という。

. . . .

Q762 ☑ ☑ はっきりとした外的な報酬がなくても、「面白いから勉強する」など好奇心や関心に基づいて行動が生起する場合は外発的動機づけに分類できる。

. . . .

Q763 ☑ ☑ 好成績を取る目的、罰を回避する目的、他者からの称賛を得る目的で行動が生起する場合は、内発的動機づけに分類できる。

. . . .

Q764 ☑ ☑ 試験の点数が悪かった際、学習方法に問題があったからだという解釈に原因を帰属させることは、今後の学習成果を高める解釈である。

. . . .

Q765 ☑ ☑ 鎌倉幕府がつくられた1192年を「いいくにつくろう」と語呂合わせして憶えるなど、記憶すべき項目に別の情報をつけくわえる方略を体制化という。

. . . .

Q766 ☑ ☑ たくさんある買物のリストを憶えるときに野菜は野菜、乾物は乾物でまとめるなど、複数の学習内容を分類・整理しながら関係を持つようにまとまりを作る方略を精緻化という。

. . . .

Q767 ☑ ☑ 認知的方略のうち、学習内容と既有知識を関連づけたり、学習内容どうしをまとめて関連づけたりして覚える方略を深い処理方略といい、学業成績に促進的に影響することが示されている。

A761 ○ 自分は短期記憶でどのくらいの量が記憶可能か、覚えているか否かという自分の記憶状態、効率的な記憶方法を考案するなど、記憶のモニタリングと制御を含んだ自分の記憶についての知識や行動を［メタ記憶］という。これは［メタ認知］機能の一部である。

A762 ✕ はっきりとした外的な報酬がなくても、「面白いから勉強する」など好奇心や関心に基づいて行動が生起する場合は［内発的］動機づけに分類できる。自分自身の内的な要因によって誘発される。

A763 ✕ 好成績を取る目的、罰を回避する目的、他者からの称賛を得る目的で行動が生起する場合は、［外発的］動機づけに分類できる。報酬や賞賛など他者評価が絡む要因によって誘発される。

A764 ○ B. Weinerの原因帰属理論は、行動の成功と失敗の原因を①［統制の所在］（内的・外的）、②［安定性］（安定・不安定）、③［統制可能性］（統制可能・統制不可能）の3次元の帰属で考えるものである。学習者が、［内的－不安定－統制可能］という解釈を行うことは、学習効果を高めると考えられる。

A765 ✕ 記銘材料に関連する別の情報を付加することにより、記憶しやすくする方略のことを［精緻化］という。語呂合わせによる有意味化は一例である。

A766 ✕ 記憶材料の概念同士のつながりを考えて情報を分類・整理しながらまとめ、構造を明らかにする方略を［体制化］という。

A767 ○ 自分自身の記憶や思考などの認知的プロセスを調整することで効果的な学習を促す方略を［認知的方略］という。学習内容を繰り返し暗唱したり反復して書いたりする［リハーサル方略］、図や表を活用して理解や思考を深める［外的リソース活用方略］などがある。深い処理方略とは、新規知識を単に知識の丸暗記ではなく、知識体系全体の中に位置づけて理解するなど深い認知的処理を行う学習方略のことである。

Q768 ☑ ☑ 1960年代のR. Rosenthalの実験で、ある検査の結果、学業成績が大きく向上すると予測される児童の氏名が教師に伝えられた。実際には、児童の氏名は無作為に選ばれていた。8か月後、選ばれた児童の学業成績が実際に向上していた。この現象をホーソン効果という。

Q769 ☑ ☑ 適性処遇交互作用（Aptitude Treatment Interaction：ATI）とは、学習者の特徴によって教授法の効果が異なることを指す。

Q770 ☑ ☑ L.J. Cronbachが提唱した適性処遇交互作用における適性とは、指導方法や学習環境のことを意味している。

Q771 ☑ ☑ 適性処遇交互作用は、統計学的には交互作用効果によって検証される。

Q772 ☑ ☑ 適性処遇交互作用における処遇とは、学びの成立に影響を与える個人差要因を意味している。

Q773 ☑ ☑ 不登校支援では、スクールカウンセラー、スクールソーシャルワーカー、担任、養護教諭、管理職などとともに支援策を策定し、チーム学校として行っていくことが望ましい。

Q774 ☑ ☑ 不登校児童生徒への支援において、不登校は教育上の重大な問題行動であるという認識を持つことが必要である。

Q775 ☑ ☑ 不登校は、病気や経済的理由を除き、年度間に連続して30日以上欠席したものをいう。

Q776 ☑ ☑ 不登校は、学業不振が要因の1つであることから、学習指導方法を工夫改善し、個に応じた指導の充実を図る。

A768 ✕ 教師からの期待により学業成績が上がることを［ピグマリオン］効果という。教師期待効果とも呼ばれる。［ホーソン］効果は、他者からの注目を意識することにより、生産性が向上することである。

A769 ○ さまざまな適性の学習者が環境から異なる処遇を与えられたとき、その処遇による結果は適性のみや処遇のみから説明することはできず、処遇と適性の組み合わせによる効果を示す。これを［適性処遇交互作用］と呼ぶ。

A770 ✕ L.J. Cronbachは、指導方法と学習環境の両方を適性処遇交互作用における［処遇］であると想定している。

A771 ○ 適性と処遇という2つの要因の影響は、それぞれの単一の要因の効果だけでなく、組み合わせによる［統計的プロセス］の交互作用効果によって検証される。

A772 ✕ 適性処遇交互作用における［適性］とは、学びの成立に影響を与える個人差要因を意味している。新しい語学を学ぶ際に言語性知能の高さが利点になるのはその一例である。

A773 ○ 不登校の支援策は、多職種連携のもとに展開される［チーム学校］として行っていくことが望ましい。

A774 ✕ 不登校児童生徒への支援において、学校に登校できないという表面的な行動だけをみるのではなく、本人が抱える［心理的な悩み］を明らかにするための契機として捉えるほうがよい。

A775 ✕ 不登校は、病気や経済的理由を除き、［年間を通じて30日］以上欠席した場合に該当する。

A776 ○ 不登校の要因は学業不振のほか、最も多いのが［友人関係］であるが、家庭の［貧困問題］、児童虐待における［育児放棄（ネグレクト）］も少なくない。

Q777 ☑ ☑ 「不登校児童生徒への支援の在り方について」(令和元年、文部科学省)に基づいて、不登校児童生徒に対して、学校に登校するという結果を最終的な目標として支援する。

. . . .

Q778 ☑ ☑ 「不登校児童生徒への支援の在り方について」(令和元年、文部科学省)に基づいて、不登校児童生徒の学習内容の確実な定着のために、個別の指導計画を必ず作成する。

. . . .

Q779 ☑ ☑ 「不登校児童生徒への支援の在り方について」(令和元年、文部科学省)では、不登校における重点方策として、組織的・計画的な支援に向けて、児童生徒理解・支援シートを活用することが提言されている。

. . . .

Q780 ☑ ☑ フリースクールとは、不登校の子どもに対し、学習活動、教育相談、体験活動などの活動を行っている文部科学省が設置する施設である。

. . . .

Q781 ☑ ☑ 不登校児童生徒に対して、学校はフリースクールなどの民間施設やNPO等との積極的な連携は、原則として控える。

. . . .

Q782 ☑ ☑ 不登校に対する学校の基本姿勢として、校長のリーダーシップの下、スクールカウンセラー等の専門スタッフも含めた組織的な支援体制を整える。

A777 ✕ 不登校児童生徒の支援の最終目標は、学校に登校すること［ではない］。不登校児童生徒が登校を無理強いさせられることなく、［教育機会］の確保を進めながら、本人の現在の思いや将来の希望を尊重した支援を行うことが重要である。

A778 ✕ 「個別の指導計画」、「個別の教育支援計画」は、［特別支援学級］に在籍している児童生徒や［通級］による指導を受けている児童生徒に対して作成・活用しなくてはならない。不登校児童生徒については、必ず作成するものではない。

A779 ◯ 文部科学省は2019（令和元）年の通知内で、不登校における重点方策として「児童生徒理解・支援シート」を作成するなど個々の児童生徒に合った組織的な支援の必要性を提言している。

A780 ✕ フリースクールの規模や活動内容は多種多様であり、［民間］の自主性・主体性の下に設置・運営されている。

A781 ✕ 学校内部の教職員や専門家だけでなく、地域にある［フリースクール］や［NPO］等の民間施設と連携・協力することで不登校児童生徒の支援にあたることが有効である。教育機会確保法が公布・施行後、不登校の子どもたちの「休養の必要性」や社会的自立のための多様な居場所として民間施設を含む「学校以外の教育の場の重要性」が認められた。

A782 ◯ 「不登校児童生徒への支援の在り方について」（令和元年、文部科学省）では、不登校に対する学校の基本姿勢として、［校長］のリーダーシップのもと、教員だけでなく、スクールカウンセラー等の様々な専門スタッフと［連携・協力］し、組織的な支援体制を整えることを挙げている。

Q783 ☑ ☑ 教育支援センター（適応指導教室）とは、不登校児童生徒の集団生活への適応、基礎学力の補充、学校生活への復帰等を通じて、社会的な自立を支援することを主な目的とした教育委員会が設置する機関である。

Q784 ☑ ☑ 現在、不登校の子どもを対象とする特別の教育課程を編成することができる。

Q785 ☑ ☑ いじめの情報が学校にもたらされた場合には、当該校に設置されている学校いじめ対策組織を中心に情報収集や対応に当たる。

Q786 ☑ ☑ スクールカウンセラーが児童生徒理解を進める上で、児童生徒の課題を深く理解するために、関係する教師が参加する事例検討会を開催することは意義がある。

Q787 ☑ ☑ 2006年（平成18年）に改正された教育基本法で、新たに社会教育と教育の機会均等が事項として規定された。

Q788 ☑ ☑ 1960年代に、ニューカマー家庭の不就学が問題となった。

Q789 ☑ ☑ 1980年代の詰め込み教育の時代に、学校恐怖症が発見された。

A783　○　教育支援センター（適応指導教室）は、［教育委員会］が運営している。不登校の小中学生を対象に学籍のある学校とは別に市町村の公的な施設に部屋を用意し、そこで学習の援助をしながら児童生徒の［学校復帰］を支え、［社会的自立］につなげるように運営している教室である。

A784　○　2005（平成17）年7月から文部科学大臣の指定により、不登校児童生徒等の実態に配慮し、必要があると認められた場合に、特定の学校において教育課程の基準によらずに［特別の教育課程］を編成することが可能となった。

A785　○　いじめの発見・通報を受けた教職員は一人で抱え込まず、［学校いじめ対策組織］に直ちに情報を共有する。その後は当該組織が中心となり、速やかに関係児童生徒から事情を聴き取るなどして、いじめの事実の有無について確認を行う。

A786　○　スクールカウンセラーが児童生徒理解を進める上で、［事例検討会］では、児童生徒の周りにいる様々な立場の援助者が集まり、それぞれの視点や専門性を活かして、子どもの情報を集約し、仮説や意見を出し合う。その結果、児童生徒の理解の深化や問題解決に導くためのより良い具体的な援助サービスの提供につながる。

A787　✕　2006年（平成18年）に改正された教育基本法で、新たに「生涯学習の理念」、「学校、家庭及び地域住民等の相互の連携協力」が規定された。

A788　✕　［ニューカマー］とは、［1980］年代以降に日本に渡りそこから定住した外国人のことを指す。［ニューカマー］家庭の不就学については、この頃以降、現代においても課題とされる。

A789　✕　［学校恐怖症］は、学校に対して恐怖や不安を抱く神経症的症状を意味する言葉であり、怠学や精神病と区別することを意図して、1940年代に米国のJohnsonらが提唱した。

Q790
☑ ☑
1990年前後のバブル経済の時代に、登校拒否という言葉が生まれた。

Q791
☑ ☑
2000年代の児童虐待防止法改正以降、居所不明児が注目された。(注：「児童虐待防止法」とは、「児童虐待の防止等に関する法律」である。)

Q792
☑ ☑
中学生が親を殴った。これは、文部科学省が実施する「児童生徒の問題行動・不登校等生徒指導上の諸課題に関する調査」における暴力行為に当てはまる。

Q793
☑ ☑
学区内の公園で、中学生が故意に遊具を壊した。これは文部科学省が実施する同調査における暴力行為に当てはまる。

Q794
☑ ☑
高校生が後輩の中学生に対し、金品を持ってくるように命令した。これは、文部科学省が実施する同調査における暴力行為に当てはまる。

Q795
☑ ☑
小学生がバットの素振りをしていたところ、通りかかった教師に当たった。これは、文部科学省が実施する同調査における暴力行為に当てはまる。

Q796
☑ ☑
中学校内で、同じクラスの生徒同士が殴り合いになったが、双方に怪我はなかった。これは、文部科学省が実施する同調査における暴力行為に当てはまる。

Q797
☑ ☑
いじめの重大事態への対応として、被害児童生徒・保護者が詳細な調査を望まない場合であっても、調査を行う。

Q798
☑ ☑
いじめの重大事態の調査を行った場合は、調査を実施したことや調査結果を社会に公表する。

A790　✕　登校拒否という言葉は、1990年代以前から用いられている。1960年代から使われていたが、1992（平成4）年からは［不登校］という言葉が使われるようになった。

A791　○　［居所不明児］は、居住実態が把握できていない児童のことを指しており、2000年代の［児童虐待防止法］改正以降に注目された。

A792　✕　文部科学省「児童生徒の問題行動・不登校等生徒指導上の諸課題に関する調査」での暴力行為において、［家族・同居人］に対する暴力は調査対象外としている。

A793　✕　暴力行為にあてはまるものに、［学校］の施設・設備等の「器物損壊」があるが、公園の遊具を壊すことは暴力行為には該当しない。

A794　✕　暴力行為とは、殴る、蹴るなどといった「故意に有形力（目に見える物理的な力）を加える行為」であり、金品を持ってくるようにという命令は暴力行為には該当しない。

A795　✕　［故意］ではない行為の場合、暴力行為に該当しない。

A796　○　怪我の有無は［無関係］に暴力行為があれば、文部科学省の定義の「暴力行為」となる。

A797　○　「いじめの重大事態の調査に関するガイドライン」のうち「学校の設置者及び学校の基本的姿勢」には、「被害児童生徒・保護者が詳細な調査や事案の公表を望まない場合であっても、学校の設置者及び学校が、可能な限り自らの対応を振り返り、検証する」とある。

A798　✕　いじめの重大事態の調査結果を公表するか否かは、事案の内容の重大性、被害児童生徒・保護者の意向、公表した場合の児童生徒への影響等を総合的に勘案して、［適切に判断］する。特段の支障がなければ公表することが［望ましい］（「いじめの重大事態の調査に関するガイドライン」の第7「調査結果の説明・公表」）。

Q799 いじめの重大事態の「疑い」が生じた段階ではなく、事実関係が確定した段階で重大事態としての対応を開始する。

☑ ☑

Q800 児童等の生命、心身又は財産に重大な被害が生じた疑いがあると認めるときに限り、いじめの重大事態として対応する。

☑ ☑

Q801 保護者から、いじめという表現ではなく人間関係で心身に変調を来したという訴えがあった場合であっても、重大事態が発生したものとして対応する。

☑ ☑

Q802 「今後の学校におけるキャリア教育・職業教育の在り方について」（平成23年、中央教育審議会）の「社会的・職業的自立、学校から社会・職業への円滑な移行に必要な力」に示されている「基礎的・汎用的能力」には、「連携・協働能力」「自己理解・自己管理能力」「課題対応能力」「キャリアプランニング能力」の4つが含まれる。

☑ ☑

Q803 ユニバーサルデザインの考え方に基づく授業実施において、同化、熟達化、焦点化、体制化、符号化が重要な視点である。

☑ ☑

Q804 学校の構成員によって共有され、伝達される行動様式や生活の様式のことを学校文化という。

☑ ☑

ポイント いじめの重大事態の定義（いじめ防止対策推進法第28条1項）

生命心身財産重大事態	：いじめにより当該学校に在籍する児童等の生命、心身又は財産に重大な被害が生じた疑いがあると認めるとき
不登校重大事態	：いじめにより当該学校に在籍する児童等が相当の期間学校を欠席することを余儀なくされている疑いがあると認めるとき

A799　✕　「いじめの重大事態の調査に関するガイドライン」の第2「重大事態を把握する端緒」に、事実関係が確定した段階ではなく、［疑い］が生じた時点で調査を開始しなければならないとある。

A800　✕　いじめの重大事態には「生命心身財産重大事態」と「不登校重大事態」の2つがある（いじめ防止対策推進法第28条1項）。

A801　○　「いじめの重大事態の調査に関するガイドライン」の第2「重大事態を把握する端緒」において、［人間関係］が原因で心身の異常や変化を訴える申立て等の「いじめ」という言葉を使わない場合に、その時点で学校が「いじめの結果ではない」と考えたとしても、重大事態が発生したものとして［報告・調査］にあたることとある。

A802　✕　平成23年中央教育審議会「今後の学校におけるキャリア教育・職業教育の在り方について（答申）」でキャリア教育で育成すべき力として「基礎的・汎用的能力」が示された。具体的には、「人間関係形成・社会形成能力」「自己理解・自己管理能力」「課題対応能力」「キャリアプランニング能力」の4つの能力によって構成されている。

A803　✕　［ユニバーサルデザイン］7原則には、①公平な使用への配慮、②利用における柔軟性確保、③単純かつ直感的利用、④わかりやすい情報、⑤間違いに対する寛大さ、⑥身体負担の少なさ、⑦使用しやすい空間性があげられている。［焦点化］のみ、④の原則に該当するが、それ以外は原則に一致しない。

A804　○　学校の構成員が共有し伝達する行動様式や生活の様式の総体を［学校文化］という。具体的には、学校内の備品・展示物・掲示物などの人造物や、構成員のパターン化した行動、また、教育内容・集団規範や価値観などがある。

2 教育現場における心理社会的課題と必要な支援

Q805 児童虐待が疑わしい状況において、事実確認を優先させる。

☑ ☑

Q806 スクールカウンセラーは、チーム学校において統括の役割が求められている。

☑ ☑

Q807 スクールカウンセラーは、チーム学校において児童生徒への学習指導が求められている。

☑ ☑

Q808 スクールカウンセラーは、チーム学校において教職員へのスーパービジョンが求められている。

☑ ☑

Q809 スクールカウンセラーは、チーム学校において心理的問題などへの予防的対応が求められている。

☑ ☑

Q810 スクールカウンセラー等活用事業におけるスクールカウンセラー配置方式としては、現在は全国で通常配置（単独校方式）で統一されている。

☑ ☑

Q811 公立高等学校へのスクールカウンセラー配置については、各自治体で事業の実施に係る配置校総数の10％以内を目安とする。

☑ ☑

A805 ✕ 児童虐待防止法第6条に基づき、児童虐待が疑わしい状況では、事実確認よりも、[児童相談所]や福祉事務所などへの[通告]が優先される。それとともに担任教師だけではなく、管理職をはじめスクールカウンセラー、スクールソーシャルワーカー、養護教諭による[チーム学校]としての対応を行う。

A806 ✕ チーム学校は、[校長]の監督の下で専門スタッフ等の位置づけや役割分担を検討するよう求められている。

A807 ✕ 児童生徒への学習指導は基本的に[教諭]が中心となる。スクールカウンセラーは児童生徒の発達上の課題に対する理解の仕方や、対応の仕方などのコンサルテーションとしての関わりが重要である。

A808 ✕ スーパービジョンには専門的スキルを向上させる目的があるが、教職員とスクールカウンセラーは異なる職種であり、スーパービジョンを行うというよりは、[児童生徒]に関する相談に応じ、助言、指導、その他の援助やコンサルテーションを提供することが求められる。

A809 ○ スクールカウンセラーは[心理的問題]について、一次予防、二次予防、三次予防それぞれの観点からの対応が求められる。

A810 ✕ スクールカウンセラーの配置方式は、①[単独校]方式、②[拠点校]方式（小中連携：1つの中学校に配置され、その中学校区内の小学校も担当）、③拠点校方式（小小連携：1つの小学校に配置され、同一中学校区内の他の小学校も担当）、④[巡回]方式の4種類がある。

A811 ○ 文部科学省「スクールカウンセラー等活用事業実施要領」（平成30年4月1日一部改正）によると「公立高等学校へのスクールカウンセラー等の配置については、事業の実施に係る配置校の総数の[10]％以内を目安とする」とある。

Q812 スクールカウンセラー等活用事業には、被災した児童生徒等の心のケア等を行うため、学校等にスクールカウンセラー等を緊急配置する事業は含まれていない。

Q813 平成7年度にスクールカウンセラー活用調査研究（委託事業）が創設された当初は、国費100%の事業であったが、現在は、実施主体である都道府県・指定都市が予算額の3分の2を出し、国は3分の1の補助金を出すことでスクールカウンセラー等活用事業を継続している。

Q814 児童生徒の行動を理解するため、スクールカウンセラーの初期対応として、児童生徒の作文や絵など掲示物を観察する。

Q815 児童生徒の行動を理解するため、スクールカウンセラーの初期対応として、児童生徒の個別知能検査を実施する。

Q816 児童生徒の行動を理解するため、スクールカウンセラーの初期対応として、児童生徒の前年度の担任教師から様子を聞く。

Q817 児童生徒の行動を理解するため、スクールカウンセラーの初期対応として、担任教師や友人の児童生徒への関わりを観察する。

Q818 児童生徒の行動を理解するため、スクールカウンセラーの初期対応として、児童生徒の家庭での様子を聞くために、保護者との面接を担任教師に提案する。

A812 ✕ 「スクールカウンセラー等活用事業実施要領」には、「被災した児童生徒等の心のケア、教職員・保護者等への助言・援助等を行うため、学校等（公立幼稚園を含む。）にスクールカウンセラー等を緊急配置する」とある。

A813 ○ 1995（平成7）年度に創設されたスクールカウンセラー活用調査研究（委託事業）は、2000（平成12）年度まで国の全額委託事業だった。2001（平成13）年度からは「スクールカウンセラー活用事業補助」として、実施主体を都道府県・指定都市に移し、国は補助金を出すことで事業が推進された。2023年度のスクールカウンセラー等活用事業については、現在は都道府県・指定都市に対する補助金は［補助率3分の1］となっている（文部科学省「スクールカウンセラー等活用事業 令和5年度予算額」）。

A814 ○ 児童生徒を理解する際、行動観察に加え、児童が書いた［作文］や［絵］は、有用な情報源となる。

A815 ✕ 児童生徒を理解する際、初期対応で知能検査の実施することは［不適切］である。まず［行動観察］を行い、担任教師や保護者から現在の様子をうかがい、その上で知的能力の把握が必要であれば、本人、保護者などの許可を得て知能検査を実施することも検討する。

A816 ○ 前年度の児童生徒の様子を知ることは、現在の児童生徒の様子と比較することができ、［環境］や［個人］の要因を検討する際の理解が深まり、有益な情報といえる。

A817 ○ 児童生徒の問題行動のきっかけとなる要因は何か、問題行動が起こらない場合はどんな状況であるかという［アセスメント］を行うため、周囲の人から児童生徒への関わりを観察することは有効である。

A818 ○ 児童生徒を理解する際、学校での様子に加えて［家庭］での様子を聞くことで、より深く適切に本児をアセスメントでき、適切な支援につながりやすくなる。

Q819

☑ ☑

ソーシャル・スキルズ・トレーニング（SST）とは、自己主張の方法を学ぶ教育現場における開発的カウンセリングの一手法であり、相手の主張も踏まえつつ自分の主張を行うことをトレーニングすることで個々の人間関係が改善することをねらいとする。

. . . .

Q820

☑ ☑

チームティーチングとは、社会生活で必要となる社会的スキルや感情コントロールを習得するために行われる教育現場における開発的カウンセリングの一技法であり、練習、ロールプレイ、フィードバック等が行われる。

. . . .

Q821

☑ ☑

学校における教職員へのコンサルテーションには、児童生徒への個別及び集団対応に関する助言や援助、児童生徒への心理教育的活動の実施に関する助言や援助、ケース会議などの教育相談に関する会議における助言や援助を行うことなどが含まれる。

. . . .

Q822

☑ ☑

学校における教職員へのコンサルテーションには、困難な問題に直面している教職員に代わって、スクールカウンセラーが保護者と直接面談することを含んでいる。

. . . .

Q823

☑ ☑

場面緘黙の児童に対応する教師へのコンサルテーションとして、児童への発言を促す指導は、焦る必要がないことを伝える。

. . . .

Q824

☑ ☑

場面緘黙の児童に対応する教師へのコンサルテーションとして、できるだけ児童を叱責したり非難したりしないように伝える。

. . . .

Q825

☑ ☑

場面緘黙の児童に対応する教師へのコンサルテーションとして、児童が少しでも発声できる状況について、誰といるときか、何の時間か、その結果どのように周囲が関わったかということを記録してもらう。

. . . .

Q826

☑ ☑

場面緘黙の児童に対応する教師へのコンサルテーションとして、保護者と連絡を密にし、協力して対応していくように伝える。

A819 ✕ ［アサーショントレーニング］とは、自己主張の方法を学ぶ教育現場における開発的カウンセリングの一手法であり、相手の主張も踏まえつつ自分の主張を行うことをトレーニングすることで個々の人間関係が改善することをねらいとする。

A820 ✕ ［ソーシャル・スキルズ・トレーニング（SST)］とは、社会生活で必要となる社会的スキルや感情コントロールを習得するために行われる教育現場における開発的カウンセリングの一技法であり、練習、ロールプレイ、フィードバック等が行われる。

A821 ○ ［コンサルテーション］とは、異なった専門職の間での助言や援助である。また、学校においては、コンサルタントが公認心理師でコンサルティが教職員であることを理解しておきたい。

A822 ✕ スクールカウンセラーが、困難な問題に直面している教職員に代わって保護者などとの面談を実施することは、コンサルティの業務を行うことになる。［コンサルテーション］は代わりにその専門職の業務を行うことではない。

A823 ○ 場面緘黙の児童への対応として、無理に話をさせようとする対応は［逆効果］であることを教師にも理解してもらう必要がある。

A824 ○ 場面緘黙の児童への対応として、［叱責］や［非難］は、児童に恐怖心を与えてしまい、ますます発言できなくなる可能性がある。

A825 ○ 場面緘黙の児童への対応として、学校の中で、児童が少しでも［声を出すこと］ができる状況を把握することで、話す手がかりが見えてくることがある。

A826 ○ 場面緘黙の児童への対応には［保護者］の協力が重要であり、教師と［保護者］が一緒になって児童をサポートできることが大切である。

Q827 ☑ ☑ 場面緘黙の児童に対応する教師へのコンサルテーションとして、交流機会を増やすため、幼なじみとは別の班にするように伝える。

Q828 ☑ ☑ 「特別支援教育の推進について」（平成19年4月、文部科学省）が示す特別支援教育コーディネーターの役割には、保護者に対する学校の窓口として機能することが期待されている。

Q829 ☑ ☑ 「特別支援教育の推進について」（平成19年4月、文部科学省）が示す特別支援教育コーディネーターの役割として、特別支援教育の対象となる児童生徒に対して、直接指導を行うことが期待されている。

Q830 ☑ ☑ 「特別支援教育の推進について」（平成19年4月、文部科学省）が示す特別支援教育コーディネーターの役割として、外部の専門機関が作成した「個別の教育支援計画」に従い、校内の支援体制を整備することが期待されている。

Q831 ☑ ☑ 特別な教育的支援を必要とする子どもについて、就学相談を経て決定した就学先は、就学後も固定される。

Q832 ☑ ☑ 特別な教育的支援を必要とする子どもの就学相談は、心理検査が必須であり、検査結果を踏まえて就学基準に照らして進める。

Q833 ☑ ☑ 特別な教育的支援を必要とする子どもの就学相談のために、都道府県教育委員会は就学時健康診断を実施する。

Q834 ☑ ☑ 特別な教育的支援を必要とする子どもの就学相談では、保護者、本人等との合意形成を行うことを原則とし、市町村教育委員会が最終的に就学先を決定する。

A827 ✗ 場面緘黙の児童にとっては交流機会を増やすよりも、少しでも［安心］できる場を作ることが大切である。

A828 ○ 特別支援教育コーディネーターの具体的な役割について、小・中学校では、①学校内の関係者や関係機関との［連絡・調整］、および②［保護者］に対する学校の窓口として機能することが期待される。一方、盲・聾・養護学校では、これらに地域支援の機能として、③小・中学校等への支援が加わることを踏まえ④地域内の［特別支援教育の核］として関係機関とのより密接な連絡調整が期待される。

A829 ✗ 特別支援教育コーディネーターは、校内における特別支援教育に関するコーディネーター的な役割を担うが、直接指導は［行わない］。

A830 ✗ リーダーシップを発揮して特別支援教育を視野に入れた学校経営を行い、全校的な支援体制を確立していくことは、［学校長］に求められる。

A831 ✗ 就学時に決定した学びの場は固定したものではない。それぞれの児童生徒の発達の程度、適応の状況等を勘案しながら柔軟に［転学］ができる。特別支援教育に関する方針については、文部科学省の「資料1　特別支援教育の在り方に関する委員会報告1」に目を通すこと。

A832 ✗ 子どもの就学先の決定については「障害の状態、本人の教育的ニーズ、［本人・保護者］の意見、教育学、医学、心理学等専門的見地からの意見、学校や地域の状況等を踏まえた総合的な観点から就学先を決定することが適当である」とされており、就学相談において心理検査は必ずしも必要ではない。

A833 ✗ 特別な教育的支援を必要とする子どもの就学相談のために、［市町村教育委員会］は就学時健康診断を実施する（学校保健安全法施行令第1条2）。

A834 ○ 本人・保護者と市町村教育委員会、学校等が教育的ニーズと必要な支援について合意形成を行うことを原則とし、最終的には［市町村教育委員会］が決定することが適当である。

Q835 特別な教育的支援を必要とする子どもの就学先が決定した後、保護者への情報提供として、就学と当該学校や学級に関するガイダンスを行う。

☐ ☐

Q836 学級経営において、学級集団をアセスメントする際に、Q-Uを用いることがある。

☐ ☐

Q837 学習指導の途中で、学習者がどの程度学習内容を理解したかを確認するための評価法を総括的評価という。

☐ ☐

Q838 学校の管理下における暴力行為の発生率は、中学校より小学校の方が高い。

☐ ☐

Q839 教育場面におけるパフォーマンス評価のための評価指標を示すものとして、ポートフォリオがある。

☐ ☐

Q840 もともと積極的で自主的に様々な活動を行っていた児童に対して、点数をつけるという外発的要因が与えられたため、内発的動機づけが低下し、点数によって評価してもらえない活動については取り組まなくなるという現象を、ピグマリオン効果という。

☐ ☐

A835 ✕ 就学に関するガイダンスは、「就学後に学校で適切な対応ができなかったことによる二次的な障害の発生を防止する観点からも」就学相談の［初期］の段階で行う必要があるとされている（文部科学省「資料1 特別支援教育の在り方に関する特別委員会報告1」の「2.就学相談・就学先決定の在り方について」）。

A836 ◯ 学級経営において、学級集団をアセスメントする際に、［Q-U］を用いることがある。子どもたちの学校生活における満足度と意欲、さらに学級集団の状態を調べることができる質問紙である。

A837 ✕ 学習指導の途中で、学習者がどの程度学習内容を理解したかを確認するための評価法を［形成的評価］という。B. Bloomは、完全な習得を目指す学習（マスタリー・ラーニング）を理想的な学習と考え、それを達成するために必要な3つの評価法として診断的評価、形成的評価、総括的評価を示した。

A838 ✕ 学校の管理下における暴力行為の発生率は、中学校より小学校の方が［低い］。なお、問題行動を示す児童生徒への対応は、当該児童生徒のみを対象とするだけではなく、周囲の人を含む教室内にいる児童生徒や、環境調整や授業内容への工夫など総合的なアプローチが必要である。

A839 ✕ 教育場面におけるパフォーマンス評価のための評価指標を示すものとして、［ルーブリック］がある。評価水準を示す尺度と、各段階の尺度を満たした場合の特徴の記録（文章と表）で構成される。［ポートフォリオ］とは、学習のためのツールであり、学習活動の成果物や記録（レポート、作文、写真、作品）などをファイルに蓄積・整理するものである。

A840 ✕ 内発的に行っていた行動に対し、報酬などの外発的要因を与えると、内発的動機づけが低下することを［アンダーマイニング効果］という。［ピグマリオン効果］とは、他者から期待されると成績が向上する現象のことである。

Q841 学校心理学における心理教育的援助サービスには、予防的な援助から問題対応まで2段階のサービスがあるとされている。

Q842 教育現場における心理教育的援助サービスのうち一次的援助サービスは、すべての子どもを対象として、わかる授業づくり、安心・安全に過ごせる学級づくり、SST、ストレスマネジメント、自殺予防プログラムなどの心の健康教育を行い、予防を目的としている。

Q843 教育現場における一次的援助サービスには発達障害の子どもへの支援を含む。

Q844 学校心理学における心理教育的援助サービスの一次的援助サービスには、入学前オリエンテーションが含まれる。

Q845 教育現場における二次的援助サービスの対象者は、登校渋りや意欲の低下がみられるなど困難を抱え始めている一部の子どもであり、早期発見・早期対応を目的としている。

Q846 教育現場における三次的援助サービスは、特別支援教育を意味している。

Q847 学校における一次的、二次的及び三次的援助サービスは、それぞれが独立して行われる。

Q848 学校に勤務するスクールカウンセラーは、教員から教員自身の個人的な問題について相談を受けた場合、定期的に面談を続けることが推奨されている。

A841 ✕ ［心理教育的援助サービス］は、一人ひとりの子どもの発達の過程や学校生活で出会う問題状況・危機状況を援助する活動のことである。「心理・社会面」「学習面」「進路面」「健康面」などに焦点を当てながら、多角的に実施されるものである。これには、予防的な援助から問題解決に応じた［3］段階のサービスがある。

A842 ◯ 教育現場において、一次的援助サービスを主に行うのは教師であり、目的は［予防］である。SCはコンサルテーションを通して教師を援助する役割をとる。

A843 ◯ 一次的援助サービスは、［すべての子ども］を対象に行われる発達促進的、予防的援助サービスである。そのため、発達障害の子どもを含めた学級全体への支援が該当する。もちろん二次的及び三次的援助サービスにおいても発達障害の子どもへの支援を行うことがある。

A844 ◯ 入学前オリエンテーションは［一次的］援助サービスに該当する。そのほかには、ストレス教育、自殺予防プログラム、ソーシャル・スキルズ・トレーニング（SST）などがある。

A845 ◯ 二次的援助サービスは、［登校渋り］や［意欲］の低下がみられる子どもを対象に［早期発見・早期対応］を目的として行われる。

A846 ✕ 三次的援助サービスは、［不登校］、いじめ、［非行］、虐待などの問題を持つ特別な援助ニーズを有する特定の子どもを対象として行われる。

A847 ✕ 一次的援助サービスを基盤として、その上に二次的、三次的援助サービスが［同時に］行われる。また、様々な側面で必要とされる援助サービスも変化する。

A848 ✕ 学校に勤務するスクールカウンセラーは、教師の個人的な問題について定期的に面談を継続することは［ない］。教師へのコンサルテーションを行ったり、授業の悩みやメンタルヘルスの不調について話を聞く対応を行うことはある。

Q849 ☑ ☑ 学校では、「学校安全計画及び危険等発生時対処要領」（「危機管理マニュアル」）が策定されており、事件・事故、自然災害等が発生した際には、教職員が組織的に対応できる体制の整備が進められている。

Q850 ☑ ☑ 学校における緊急支援では、その役割を管理職に集中させる。

Q851 ☑ ☑ 小学校には生徒指導主事を置かなければならない。

Q852 ☑ ☑ 生徒指導は、問題や課題のある特定の児童生徒のみを対象として行われるものである。

Q853 ☑ ☑ 学習指導要領には、生徒指導に関する規定がおかれており、生徒指導の課題などが示されている。

Q854 ☑ ☑ 生徒指導は、非行や暴力、犯行などの反社会的行動を修正することを中心的な目標としている。

Q855 ☑ ☑ 生徒の自殺に対する緊急支援として、スクールカウンセラーは教師に対して、予想される生徒のストレス反応とその対処や教師自身の心身のケアについての心理教育を行う。

A849 ○ 学校における危機管理として、教職員が組織的に対応できる「危機管理マニュアル」の策定とともに、平常時から、[一次的援助サービス]として、学級の人間関係づくり、コミュニケーションスキル向上、ストレス対処能力の育成、心の健康保持増進のための心理教育などを体系的に行っておくことが重要である。

A850 ✕ 学校における緊急支援では、教育委員会指導主事や都道府県の心理の専門家など校外メンバーと当該校の校長、教頭、生徒指導、教務、保健主事、スクールカウンセラーなど校内メンバーが協力、連携して、[多職種]による危機対応チームを組織して対応する。

A851 ✕ 小学校に生徒指導主事を置く規定は[ない]。生徒指導主事は、校長の監督を受け、生徒指導に関する事項をつかさどり、連絡調整および指導、助言にあたる職である。原則として、[義務教育学校]、[中学校]、[高等学校]、[中等教育学校]、[特別支援学校の中学部・高等部]におくものとされる。

A852 ✕ 生徒指導は、[すべての児童生徒]を対象として行われる。それぞれの人格の、よりよき発達を目指すとともに、学校生活がすべての児童生徒にとって有意義で興味深く、充実したものになることを目指して行われるものである。

A853 ○ 学習指導要領には、[生徒指導]に関する規定がおかれており、[生徒指導]の課題などが示されている。

A854 ✕ 生徒指導は、[反社会的行動]を抑制することに重きがおかれていた時期もあるが、問題行動をおさえるだけではなく、その背景にある[要因]を解消し、その[要因]に対処できる子どもをはぐくむことが現代においては求められている。

A855 ○ 生徒の自殺に対する緊急支援として、[教職員]の心理教育などのサポートもスクールカウンセラーとしての重要な役割である。

Q856 生徒の自殺に対する緊急支援として、スクールカウンセラーは、配慮を要する生徒や動揺している生徒および保護者に対して、個別面接を行う。

☑ ☑

Q857 生徒の自殺に対する緊急支援として、スクールカウンセラーは、自殺をした生徒に対するいじめの有無について、周囲の生徒から聞き取りを行う。

☑ ☑

Q858 児童生徒の自殺が発生した学校への緊急支援に関わる公認心理師の活動として、学校全体への対応と児童生徒への個別的対応の両側面から支援に携わる。

☑ ☑

Q859 児童生徒の自殺が発生した学校への緊急支援に関わる公認心理師の活動として、児童生徒の混乱を防ぐため、事実に基づく正確な情報を早い段階で伝えることは控える。

☑ ☑

Q860 児童生徒の自殺が発生した学校への緊急支援に関わる公認心理師の活動として、トラウマ反応の予防のため、最初の職員研修において心理的デブリーフィングを実施する。

☑ ☑

Q861 児童生徒の自殺が発生した学校への緊急支援に関わる公認心理師の活動として、いらいらや食欲不振といった心身の反応については、特殊な事態における一般的な反応であると児童生徒や関係者に伝える。

☑ ☑

Q862 ゲートキーパーになるための年齢制限などはなく、高校生であっても、誰もが自殺の危機にある人のそばに寄り添ってゲートキーパーの役割を果たすことができる。

☑ ☑

Q863 自殺予防教育では、「死にたい」という人は死なない、というのは誤解であり、助けを求めている声を受け止めることが自殺予防の第一歩であることを伝える。

☑ ☑

Q864 自傷行為が見受けられる生徒への初期対応として、希死念慮の有無について本人に問うことは控える。

☑ ☑

A856 ◯ 生徒の自殺に対する緊急支援として、スクールカウンセラーは、配慮を要する生徒や動揺している生徒および保護者に対して、[個別面接] を行う。学校の取り組みに関しては文部科学省「子どもの自殺が起きたときの緊急対応の手引き」も参照のこと。

A857 ✕ いじめの有無の聞き取りは、生徒の自殺に対する緊急支援におけるスクールカウンセラーの役割 [ではない]。

A858 ◯ 公認心理師による緊急支援は、児童 [個々] への対応と [学校全体] を対象とした対応の両側面からアプローチする必要がある。

A859 ✕ 公認心理師は児童生徒の自殺が発生した際は、誤った情報や噂などによる混乱を避けるため、児童生徒の [人権] や [プライバシー] に留意しつつ、正確な情報を適宜伝える。

A860 ✕ 緊急支援の初期の段階で大切なことは安全と安心感であり、トラウマとなった体験の詳細やそのときの感情を語らせる [心理的デブリーフィング] は心身の状態をかえって悪化させることもあるので控える。

A861 ◯ 緊急事態においては、心身ともに [ストレス反応] が起こることは一般的であることを公認心理師が児童生徒や関係者に伝えるのは重要である。

A862 ◯ ゲートキーパー養成に年齢制限はなく、[生徒] もその対象者である。

A863 ◯ 自殺予防教育は問題の [早期認識] と適切な援助希求の大切さを伝えるために行うものであって、そのためにも、自殺について教師と生徒が率直に話し合う機会を設けることが重要である。

A864 ✕ 自傷行為が見受けられる生徒への初期対応として、[希死念慮] を尋ねることはリスクアセスメントとして重要である。

Q865 自傷行為が見受けられる生徒への初期対応として、生徒がリストカットをしないように頼み込む。

☑ ☑

Q866 自傷行為が見受けられる生徒への初期対応として、自傷行為の習慣性についてアセスメントを行う。

☑ ☑

Q867 学生相談では、カウンセラー、教職員、学生支援組織および教育組織の連携と協働が重要である。

☑ ☑

Q868 学生相談では、個別面接のほか、合宿などを含めたグループカウンセリングやメンタルヘルス関係の講演会などが開催されている。

☑ ☑

Q869 入学してくる多様な学生に対応するために、現在は、医学モデルでの対応が重要視されている。

☑ ☑

Q870 大学において何らかの支援を受けている発達障害のある学生は、我が国の大学生総数の約6%である。

☑ ☑

Q871 発達障害のある学生が試験時間の延長を申し出た場合には、理由を問わず延長することは、大学における合理的配慮として適切である。

☑ ☑

Q872 弱視のある学生による試験時の文字拡大器具の使用を許可することは、合理的配慮に含まれる。

☑ ☑

Q873 大学においてピアサポーター学生が、視覚障害のある学生の授業付き添いをする場合、謝金支払いは一般的に禁止されている。

☑ ☑

A865 ✕ 生徒はなんとか生き延びるために［自傷行為］をしている場合もあり、単に行為をやめさせようとすることはかえって関係性を閉ざしてしまうこともあるので、本人の苦しい気持ちを［認める］ような姿勢で関わることが重要である。

A866 ○ 自傷行為が見受けられる生徒への初期対応として、自傷行為の詳細や背景などから［アセスメント］を行い、その後の対応を検討する。

A867 ○ 学生相談は独立単体で行うのではなく、教職員、学生支援組織および教育組織と［連携・協働］をする必要がある。

A868 ○ 学生相談では一対一の個別面接に限定せず、多様な問題への対応や心理教育及び環境へ学生が適応するための合宿、［グループカウンセリング］および［メンタルヘルス関係の講演会］を行う必要がある。

A869 ✕ 学生相談において、医学モデルという障害を個人の中にある問題とする考え方を重要視すると、在籍するすべての学生に対応［できない］。

A870 ✕ 大学において何らかの支援を受けている発達障害のある学生は、2021年では約7000人強であり、我が国の大学生総数の約［0.2］％である。

A871 ✕ 合理的配慮については、理由となるその配慮が妥当かを判断する材料として［根拠資料］の提出が必要となる場合がある。

A872 ○ 本人より［申出］があり、配慮が妥当か否かの根拠資料の提出があれば弱視による文字拡大器具を使用許可することは合理的配慮である。

A873 ✕ 日本私立学校振興・共済事業団の補助金として「障害のある学生に対する具体的配慮の取組の授業等の支援の実施」というものがあり、それをピアサポーター学生への［謝金］に使うこともできる。

第19章 司法・犯罪に関する心理学

1 犯罪、非行、犯罪被害及び家事事件に関する基本的事項

Q874 少年院では、在院中の少年に対して、高等学校卒業程度認定試験を受験する機会を与えることはできない。

Q875 少年院では、公共職業安定所と連携し、出院後の就労先の確保のため就労支援を行う。

Q876 少年鑑別所は、非行に関する親や学校からの相談や非行防止への援助の業務を担う。

Q877 少年鑑別所では、地域社会における非行及び犯罪の防止に対する援助を行う。

Q878 2019年（令和元年）から2021年（令和3年）までの少年による刑法犯罪の検挙人員は減少している。

Q879 触法少年は、少年院に送致されることはない。

A874 ✕ 少年院では、義務教育や高等学校への進学等を希望する者に対して教科指導が行われており、希望する者には、[高等学校卒業程度認定試験] を受験する機会が与えられている。

. . . .

A875 ◯ [少年院] における処遇では、キャリアカウンセリング等を通じて、在院者の就労への意欲喚起を行うとともに、将来的に就きたい仕事についてイメージを持たせる教育・支援が行われている。

. . . .

A876 ◯ [少年鑑別所] は、児童福祉機関や学校教育機関等と連携をとりながら地域における非行・犯罪防止活動を行ったり、青少年が抱える悩みについて、本人や家族からの相談に応じたりしている。

. . . .

A877 ◯ 少年鑑別所では、地域社会における非行及び犯罪の防止に対する援助を行う。それ以外の業務として、家庭裁判所の求めに応じて [鑑別] を行うこと、[観護措置] が執られて収容された非行少年に、健全な育成のための支援を含む観護処遇を行うこと、の2点がある。

. . . .

A878 ◯ 2019年（令和元年）から2021年（令和3年）までの少年による [刑法犯] 犯罪の検挙人員は年々減少している。また「令和4年版犯罪白書」によると、平成24年以降、毎年戦後最少を記録し続けているとある。

. . . .

A879 ✕ 14歳未満の触法少年であっても少年院に送致されることが [ある]。[少年院法] 第4条によれば、少年院に収容されるのは [12歳以上] とある。

Q880 虞犯少年とは14歳以上の者をいう。

☑ ☑

Q881 触法少年とは、14歳未満で刑罰法令に触れる行為をした少年をいう。

☑ ☑

Q882 虞犯少年とは、将来罪を犯すおそれのある少年のことをいう。

☑ ☑

Q883 更生保護の内容には、特別改善指導が含まれる。

☑ ☑

Q884 家庭裁判所が行う非行少年の保護処分として、児童自立支援施設に入所することはない。

☑ ☑

Q885 児童相談所は親権者又は未成年後見人の意に反して児童自立支援施設への入所措置はできない。

☑ ☑

Q886 14歳未満の触法少年であっても重大事件である場合は検察官送致となることがある。

☑ ☑

Q887 14歳以上で16歳未満の犯罪少年は検察官送致とならない。

☑ ☑

A880 ✕ 2022（令和4）年4月1日より施行された少年法等の一部を改正する法律で、[18〜19] 歳を特定少年とし、虞犯少年の適用は [17] 歳までとなった。

A881 ○ 触法少年とは、[14] 歳未満で刑罰法令に触れる行為をした少年をいう。[刑法] で [14] 歳未満の少年には責任能力がないとされており、人を傷つけたり、物をとったり壊したりしても犯罪にはならない。

A882 ○ [虞犯少年] とは、将来罪を犯す [虞れ] のある少年のことをいう。罪を犯すおそれには、例えば保護者や家に寄りつかない、犯罪性のある人や不道徳な人と交際し、いかがわしい場所に出入りする、自他の徳性を害する行動の性癖などが該当する。

A883 ✕ [特別改善指導] は、刑事施設における改善指導のうちの一つであり、更生保護の内容には含まれない。更生保護の内容に含まれるものには、[保護観察]、[生活環境調整]、[仮釈放・仮退院]、[更生緊急保護]、[恩赦]、[犯罪予防活動] の6つがある。

A884 ✕ 家庭裁判所が行う非行少年の保護処分には、[保護観察]、[少年院送致]、[児童自立支援施設等送致] の3つがある。また、家庭裁判所が少年に対して行う処分には、保護処分のほかに、検察官送致、都道府県知事または児童相談所長送致、不処分などがある。

A885 ○ 児童相談所の入所措置に関しては、児童福祉法第27条4項に「その親権を行う者又は未成年後見人の意に反して、これを採ることができない」とある。

A886 ✕ 14歳未満の [触法少年] には刑事責任を問わないため検察官送致となることはない。

A887 ✕ 14歳以上で16歳未満の [犯罪少年] のうち、刑事処分相当と認められる場合は検察官への [逆送]（少年法で、家庭裁判所に送致された少年事件を再び検察官に戻すこと）となる。

Q888 16歳以上で故意に人を死亡させた事件の場合は、原則的に検察官送致となる。

☑ ☑

Q889 少年鑑別所は法務少年支援センターという名称を用いて地域援助を行っており、必要に応じて心理検査や知能検査を実施する。

☑ ☑

Q890 少年鑑別所が法務少年支援センターという名称を用いて行っている地域援助では、相談対象は、未成年、その保護者及び関係者に限られる。

☑ ☑

Q891 14歳未満の者でも少年院に送致されることがある。

☑ ☑

Q892 少年院は20歳を超える前に少年を出院させなければならない。

☑ ☑

Q893 保護観察所では、仮釈放者に対する保護観察を実施する。

☑ ☑

Q894 保護観察所では、遵守事項違反による仮釈放の取消しを行う。

☑ ☑

Q895 保護観察所において生活環境の調整が開始されるのは、家庭裁判所の審判が開始される時点である。

☑ ☑

A888 ○ 16歳以上で［故意］の犯罪行為により被害者を死亡させた事件は検察官送致に該当する。

A889 ○ ［少年鑑別所］は法務少年支援センターという名称を用いて地域援助を行っており、関係機関、団体、本人、本人の家族からの依頼を受けて、［心理検査］や［知能検査］、［職業適性検査］等を実施し、本人や保護者に結果をわかりやすく説明する。

A890 ✕ ［法務少年支援センター］では、未成年、保護者、その他の関係者の相談に加え、未成年に限らず［成人自身］の相談も受け付けている。

A891 ○ 14歳未満の者は少年院に送致されることが［ある］。第1種少年院は、「心身に著しい障害がないおおむね12歳以上23歳未満」、第3種少年院は、「心身に著しい障害があるおおむね12歳以上26歳未満」が対象となる（少年院法第4条）。

A892 ✕ 少年院長は、原則少年が［20］歳に達したときは、出院させねばならないが、心身に著しい障害があるなどの理由があれば［26］歳まで収容できる（少年院法第139条）。

A893 ○ 保護観察所では、仮釈放者に対する［保護観察］を実施する。保護観察の対象者は、少年で［保護観察処分少年］と［少年院仮退院者］、成人で［仮釈放者］と［保護観察付執行猶予者］の4種類である。

A894 ✕ 遵守事項違反による仮釈放の取消しは、［保護観察所の長］が申し出ることにより、［地方委員会］が決定する（更生保護法第53条2項）。

A895 ✕ 保護観察所において生活環境の調整が開始されるのは、［矯正施設］から［身上調査書］を受理した時点である。家庭裁判所の裁判官が判断し決定を下す（審判を下す）時期には、生活環境調整に必要な［身上調査書］が保護観察所へ送られていない。

Q896 司法場面における認知面接では、面接者が被面接者に対して文脈の心的再現を求める。

☐ ☐

Q897 司法場面における認知面接では、面接者が被面接者に対して視点を変えての想起を求める。

☐ ☐

Q898 司法場面における認知面接では、面接者は被面接者が話す内容に矛盾があればその都度説明することを求める。

☐ ☐

Q899 裁判員裁判は、原則として、裁判官3人と国民から選ばれた裁判員6人の計9人で行われる。

☐ ☐

Q900 裁判員裁判において、裁判員は判決前には評議の状況を外部に漏らしてはいけないが、判決以降は禁止されていない。

☐ ☐

Q901 裁判員裁判で裁判員に選ばれた際には、理由や詳細を述べることなく辞任ができることを伝える。

☐ ☐

Q902 裁判員裁判において、裁判員は証人に対し、判断に必要な事項について質問することができる。

☐ ☐

Q903 保護観察処分に付された少年は少年院送致になることはない。

☐ ☐

A896 ○ 司法場面における［認知面接］では、目撃者に事件当時の状況をイメージし、視覚、聴覚、触覚等の感覚に注意を向けて思い出すよう教示することで文脈の心的再現を求める。

A897 ○ 司法場面における認知面接では、［想起の視点］を変えることによって追加情報を得ることを目的として、目撃者に「犯人や他の目撃者の立場」に立って思い出すよう教示する。

A898 ✕ 司法場面における認知面接では、目撃者からできるだけ多くの捜査情報を得ることが目的であり、記憶の想起に集中することを重視するため、話す内容に矛盾があってもその都度説明は［求めない］。

A899 ○ 裁判員裁判は、原則として、裁判官［3］人と国民から選ばれた裁判員［6］人の計［9］人で行われる。裁判員は裁判員候補者名簿をもとに事件ごとに［くじ］で選ばれる。

A900 ✕ 裁判員裁判において、「評議の秘密その他の職務上知り得た秘密を漏らしてはならない」（裁判員法第9条）とあり、裁判員は［判決以降］も評議の状況を外部に漏らすことは禁じられていると解釈できる。

A901 ✕ 裁判員裁判で裁判員に選ばれた際には、理由や詳細を述べることなく辞任することは［できない］。［裁判員裁判］で裁判員が辞退できるのは同法第16条に示される［辞退事由］（例：70歳以上であること等）に該当する場合である。

A902 ○ ［裁判員裁判］において、「裁判所が証人その他の者を尋問する場合には、裁判員は、裁判長に告げて、裁判員の関与する判断に必要な事項について尋問することができる」（裁判員法第56条）とされている。

A903 ✕ ［保護観察］を受けた少年が遵守事項を守らない、更生改善を図ることができない場合には［少年院］送致となる（更生保護法第71・72条）。

275

Q904 保護観察において、対象者に対して指導や支援を行う際、保護司は実施計画の策定をする。

☐ ☐

Q905 少年院仮退院者の保護観察を継続する必要がなくなった場合、地方更生保護委員会が退院を検討する。

☐ ☐

Q906 情状鑑定では、量刑判断を行う上で考慮すべき事項について評価する。

☐ ☐

Q907 情状鑑定は、裁判所から依頼されることはなく、被告人の弁護人からの依頼による私的鑑定として実施される。

☐ ☐

Q908 2021年（令和3年）の高齢者による犯罪において、刑法犯による検挙人員中に占める65歳以上の者の比率は、約10%である。

☐ ☐

Q909 保護観察に付されている人や刑事上の手続きによる身体の拘束を解かれた人で援助や保護が必要な場合にとられる措置は「応急の救護等」のみである。

☐ ☐

---

2 司法・犯罪分野における問題に対して必要な心理的支援

Q910 非行の要因に関するT. Hirschiの社会的絆理論について、社会的絆の1つであるコミットメントとは、既存の社会的枠組みに沿った価値や目標達成に関わる度合いを意味する。

☐ ☐

A904 ✕ 保護観察における［保護司］の役割は、対象者との日常的な面接による助言・指導、対象者の家族からの相談に対する助言、地域の活動や就労先等に関する情報提供や同行等が挙げられる。実施計画の策定は、［保護観察官］が行う。

A905 ◯ ［地方更生保護委員会］は、少年院仮退院者の保護観察を継続する必要がなくなったと認めるときは、決定をもって、退院を許さなければならない（更生保護法第74条）。

A906 ◯ ［情状鑑定］とは裁判所が量刑（処遇方法）を定める際に、被告人の心理的背景など必要となる情報の収集を目的として実施するものである。

A907 ✕ 情状鑑定では、裁判所により［中立的な鑑定人］が新たに選任されることになる。弁護士からの依頼（嘱託）による［私的鑑定］は刑事事件において存在するが、検察官も裁判官もその鑑定を認めることはない。

A908 ✕ 2021年（令和3年）の高齢者による犯罪において、［刑法犯］による検挙人員中に占める65歳以上の者の比率は、23.6%である。（「令和4年版犯罪白書」より）

A909 ✕ 保護観察に付されている人や刑事上の手続きによる身体の拘束を解かれた人で援助や保護が必要な場合は、「応急の救護等」と「更生緊急保護」の2つの措置がある。

A910 ◯ 社会的絆理論における［コミットメント］とは、逸脱が露見すれば、自分が投資したものを失うリスクが増大するため、既存の社会的枠組みに沿った目標の追求にコミットするほうが非行を起こしにくくなるという考え方である。

Q911 ☑ ☐ 人が行為の拠り所とする規範や文化が、同じ行為を犯罪として規制する別の規範や文化と接触・衝突し、葛藤することが犯罪の原因と説明するのは、A.K. Cohen の非行下位文化理論である。

Q912 ☑ ☐ 非行少年が常に非合法的文化に没入しているのではなく、非合法的文化と合法的文化の間を漂流していると考えるのは、D. Matza の漂流理論である。

Q913 ☑ ☐ 人は法を破ることに対する望ましくない意味づけが望ましい意味づけを凌駕するとき、非行に走ると説明するのは、E.H. Sutherland の分化的接触理論である。

Q914 ☑ ☐ 非行などの逸脱行為が他者からのレッテル貼りによって生み出されると考えるのは、H.S.Becker のラベリング理論である。

Q915 ☑ ☐ 少年鑑別所で用いる、少年の再非行の可能性と教育上の必要性を把握する法務省式ケースアセスメントツールにおいて、意欲、態度、今後の教育等によって改善し得る要素（動的領域）として、「本件態様」がある。

A911 ✕ 人が行為の拠り所とする規範や文化が、同じ行為を犯罪として規制する別の規範や文化と接触・衝突し、葛藤することが犯罪の原因と説明するのは、[T. Sellin]の[文化葛藤理論]である。[A.K. Cohen]の[非行下位文化理論]は、所属集団を求める個人が集団の中で一定の役割を果たして存在感を得たいという考えから非行や逸脱行動に向かうという考え方である。

A912 ○ D. Matzaの[漂流理論]では、非行少年自身に善悪の判断もついており、自分の意思で合法的文化を尊重することができるようになると考える。

A913 ○ 人は法を破ることに対する望ましくない意味づけが望ましい意味づけを凌駕するとき、非行に走ると説明するのは、E.H. Sutherlandの[分化的接触理論]である。例えば犯罪指向的な交友を重視するために、合法的な行動よりも非合法的な行動を重視して非行に至るという説明がなされる。

A914 ○ 非行などの逸脱行為が他者からのレッテル貼りによって生み出されると考えるのは、[H.S.Becker]の[ラベリング理論]である。

A915 ✕ [本件態様]は指導・監督を受けている期間中の再非行の状況等を指し、[法務省式ケースアセスメントツール]（MJCA：Ministry of Justice Case Assessment tool）においては[静的領域]（生育環境、学校適応、問題行動歴、非行・保護歴など）に含まれる。MJCAには、変化のできる[動的領域]（逸脱親和性、自己統制力、社会適応力、保護者との関係性など）もある。

Q916 D.A. Andrews と J. Bonta が主張する RNR モデル〈Risk-Need-Responsivity model〉では、犯罪を支える態度が変容すれば、再犯リスクは低減すると考える。

Q917 T. Ward らが提唱したグッド・ライブス・モデル〈Good Lives Model〉とは、性犯罪者のリラプス・プリベンション・モデルに基づいたモデルである。

Q918 強制性交（強姦）等罪の犯罪被害者には、加害者の刑事裁判で証言するときに付添人を付き添わせることが認められている。

Q919 保護観察官は、初回面接で対象者に対し、保護処分の決定に対する抗告について説明する。

Q920 更生保護には、心神喪失等の状態で重大な他害行為を行った人に対する医療観察制度が含まれる。

Q921 保護観察官は、自助の責任を踏まえつつ、対象者への補導援護を行う。

ポイント　保護観察

保護観察は、保護観察対象者の改善更生を図ることを目的として、指導監督と補導援護を行うことにより実施する。

指導監督	補導援護
・行状の把握 ・指示・措置 ・専門的処遇	・住居・宿泊場所 ・医療・療養 ・職業補導・就職援助 ・教養訓練の援助 ・生活環境の改善・調整 ・生活指導

A916 〇 ［RNRモデル］では、［犯罪指向的態度］の変容は再犯リスクの低下における重要な要因と考える。［RNRモデル］では、犯罪の危険因子を表すセントラルエイトのうち、過去の犯罪歴を除く7つの治療のターゲットを「動的リスク要因」と呼んでいる。具体的には①［犯罪指向的態度］、②犯罪指向的交友、③反社会的パーソナリティ・パターン、④家族・夫婦、⑤学校・仕事、⑥物質乱用、⑦レジャー・レクリエーションがある。

A917 ✕ ［リラプス・プリベンション・モデル］は、アルコール、薬物依存症の再発防止のための治療モデルとして開発され、回避目標の達成に主眼が置かれている。［グッド・ライブス・モデル］は、性犯罪者の処遇がリスクマネジメントに集中しすぎていることへの批判として成立したもので、対象者の動機づけを高めるための取組を重視する。

A918 〇 強制性交（強姦）等罪の犯罪被害者が証言する場合、不安や緊張を緩和するため、付添人に付き添ってもらうことが認められている。2017年に改正刑法が成立・施行され、それまでは［親告罪］であった性犯罪の強制性交等と強制わいせつが［非親告罪］化された。

A919 ✕ ［付添人（一般的に弁護士）］は、対象者に対し、保護処分の決定に対する抗告について説明する。［少年法］第32条には「保護処分の決定に対しては、（中略）少年、その法定代理人又は付添人から、二週間以内に、抗告をすることができる」とある。

A920 〇 ［医療観察制度］では、心神喪失を理由として指定通院医療機関に通院中、更生保護として保護観察所が精神保健観察を行うことがある。

A921 〇 保護観察官は、自助の責任を踏まえつつ、対象者への［補導援護］を行う。方法としては、住居や宿泊場所、医療、就労、教養訓練、生活環境の改善・調整などがある（更生保護法第58条1項1〜7）。

Q922 刑事施設において、受刑者に対して行われる特別改善指導には、行動適正化指導が含まれる。

☑ ☑

Q923 T. Wardらが提唱したグッド・ライブス・モデル〈Good Lives Model〉とは、クライエントを社会の中に包摂し、その立ち直りへの動機づけを高めるものである。

☑ ☑

Q924 DSM-5の反社会性パーソナリティ障害の診断基準における他人の権利を無視し侵害する広範な様式には、「衝動性、または将来の計画を立てられないこと」が含まれる。

☑ ☑

Q925 刑事施設において、受刑者に対して行われる特別改善指導には、「被害者の視点を取り入れた教育」が含まれる。

☑ ☑

Q926 幼児又は児童への司法面接では、面接の録画や録音は控える。

☑ ☑

Q927 幼児又は児童への司法面接では、本題に入る前に、練習として本題と関係のない話題についてのエピソードを話させる。

☑ ☑

Q928 幼児又は児童への司法面接では、事実をしっかり引き出すために同じ面接者が繰り返し面接を重ね十分な時間をかけて行う。

☑ ☑

ポイント　子どもへの司法面接

司法面接では、子どもからの聞き取りが、面接者の誘導によるものにならないよう細心の注意を払う。また、子どもの関わった事件が虚偽の話ではなく、実際にあった出来事であるかどうか確認できる情報を得る。事実確認が目的なので、心理的ケアを行うことはなく、対象となる子どもとの信頼関係の構築を重視する。

A922 ✕ 刑事施設において、受刑者に対して行われる［一般改善指導］には、行動適正化指導が含まれる。［特別改善指導］には性犯罪再犯防止指導、交通安全指導、就労支援指導がある。

A923 ○ T. Wardらが提唱した［グッド・ライブス・モデル］は、個人の社会における適応や動機づけを高めることを重視している。

A924 ○ 「衝動性、または将来の計画を立てられないこと」は、DSM-5の［反社会性パーソナリティ障害］の診断基準に含まれている。

A925 ○ 刑事施設において、受刑者に対して行われる特別改善指導には、［被害者の視点］を取り入れた教育が含まれる。罪の大きさや被害者等の心情等を認識させるなどし、被害者等に誠意を持って対応するための方法を考えさせる。

A926 ✕ 子どもが何度も面接を受けなくても済むよう、司法面接では［録画］と［録音］を行う。なお、司法面接のその他の特徴としては、子どもに自由に話をしてもらう［開かれた質問］を用いることや、子どもに誘導・暗示を与えないよう留意することが挙げられる。

A927 ○ 幼児又は児童への司法面接では、「今日ここに来るまでにあったことを話してください」など本題と関係のない話題についての［エピソード記憶］の練習を行う。

A928 ✕ 幼児又は児童への司法面接は、60分程度で原則［１］回とし、ビデオ録画することで、子どもが何度も面接を受けなくて済むようにする。

第20章 産業・組織に関する心理学

1 職場における問題に対して必要な心理的支援

Q929

能力や成果に応じて報酬が配分されることによって、就労による経済的自立が可能な社会を目指すことが、仕事と生活の調和（ワーク・ライフ・バランス）憲章において望ましいとされる。

Q930

ワーク・ファミリー・コンフリクトとは、仕事役割と家庭役割が相互にぶつかり合うことから発生する役割間葛藤のことを指す。

Q931

仕事が忙しすぎたり、家事・育児の負担が大きいことは、ワーク・ファミリー・コンフリクトのひとつである。

Q932

職場のメンタルヘルス対策では、家庭や個人生活などの業務に直接関係しない要因は、対策の対象外とする。

A929 ✕ 仕事と生活の調和（ワーク・ライフ・バランス）憲章には「経済的自立を必要とする者とりわけ若者が生き生きと働くことができ、かつ、経済的に自立可能な働き方ができ、結婚や子育てに関する希望の実現などに向けて、暮らしの経済的基盤が確保できる」とあり、経済的自立とは、能力や成果に応じた報酬を配分するような成果主義［ではない］。年齢、子育て、介護、障害など個々の状況を踏まえた上で、多様な生き方が選択・実現できる社会の実現が望ましいとされる。

A930 ◯ ［ワーク・ファミリー・コンフリクト］とは、仕事役割と家庭役割が相互にぶつかり合うことから発生する役割間葛藤のことを指す。仕事と家庭の両立における葛藤の要因は様々であり、加齢、仕事への想い、親の介護、介護と仕事の両立、ジェンダー規範など公私にわたって様々な課題があげられることがある。

A931 ✕ 「仕事が忙しすぎたり、家事・育児の負担が大きい」というのは、ワーク・ファミリー・コンフリクト［ではない］。単に大変さが並列されているだけで、葛藤が見られない。ワーク・ファミリー・コンフリクトは、仕事と家庭の役割が同時に生じていて、その役割間における相互に両立しがたいプレッシャーの葛藤のことを指す。［ワーク・ライフ・バランス］のネガティブな面を指している状態ともいえる。

A932 ✕ 「職場における心の健康づくり～労働者の心の健康の保持増進のための指針～」によれば、［家庭・個人生活等の職場以外の問題］も心の健康問題に影響を与える要因として挙げられている。

Q933 治療と仕事の両立支援において、仕事の繁忙などが理由となる場合には、就業上の措置や配慮は不要である。

☑ ☑

Q934 仕事と生活の調和推進のための行動指針で設けられた「多様な働き方・生き方が選択できる社会」に必要とされる条件や取組として、就業形態にかかわらず、公正な処遇や能力開発の機会が確保されることがあげられる。

☑ ☑

Q935 心の健康問題により休業した労働者の職場復帰支援として、事業者は職場復帰の可否を判断する際、本人の意思は職場復帰支援プランの作成後に確認する。

☑ ☑

Q936 職場復帰支援において、産業医と主治医は、同一人物が望ましい。

☑ ☑

Q937 休職時の傷病手当金については、職場復帰の見通しが立つまで説明しないことが望ましい。

☑ ☑

Q938 職場復帰は、以前とは異なる部署に配置転換させることが原則である。

☑ ☑

A933 ✕ 治療と仕事の両立支援において、就労によって疾病の増悪、再発や労働災害が生じないよう、就業場所の変更、作業の転換、労働時間の短縮、深夜業の回数の減少等の［適切な就業上の措置］や［治療に対する配慮］を行うことが求められる。

A934 ◯ 仕事と生活の調和に向けた取り組みを通じて、［ディーセント・ワーク］（働きがいのある人間らしい仕事）の実現に取り組み、職業能力開発や人材育成、公正な処遇の確保など雇用の質の向上につなげることが求められている。

A935 ✕ 心の健康問題により休業した労働者の職場復帰支援として、事業者は職場復帰の可否を判断する際、本人の意思は職場復帰支援プランの作成［前］に確認する。「心の健康問題により休業した労働者の職場復帰支援の手引き」などを参考に、職場復帰支援の5つのステップに沿って、休復職の流れや手続きについて理解をすることが重要である。「職場復帰の可否の判断及び職場復帰支援プランの作成」は、第3ステップに該当する。

A936 ✕ 職場復帰支援において、主治医と産業医は役割が異なる。［主治医］は、日常生活における病状の回復程度によって職場復帰の可能性を判断していることが多く、必ずしも職場で求められる業務遂行能力まで回復しているとの判断とは限らない。主治医の判断と［職場で必要とされる業務遂行能力］の内容等について、産業医等が精査した上でとるべき対応を判断し、意見を述べることが重要。

A937 ✕ 厚生労働省の「心の健康問題により休業した労働者の職場復帰支援の手引き」によると「病気休業開始及び休業中のケア」として休職時の［傷病手当金］について説明されることが望ましいとされている。

A938 ✕ 上記の手引きによると「職場復帰は元の慣れた職場へ復帰させることが原則」とされる。ただし、配置転換や異動をした方がよい場合もあるので留意が必要。

Q939 職場復帰支援において、産業保健スタッフと主治医の連携においては、当該労働者の同意は不要である。

☑ ☑

Q940 職場復帰支援プランの作成は、G. Caplanの予防モデルに基づく二次予防に該当する。

☑ ☑

Q941 労働者の心の健康の保持増進のための指針において、事業者は、職場のメンタルヘルスケアを実施しなければならないとされる。

☑ ☑

Q942 労働者の心の健康の保持増進のための指針によると、個人情報保護の観点から、人事労務管理とは異なる部署でのケアが望ましいとされる。

☑ ☑

Q943 事業場における労働者のメンタルヘルスケアについて、労働者は自己保健義務を負っているとされる。

☑ ☑

Q944 事業場における労働者のメンタルヘルスケアは、労働者の主治医が中心となって推進することが望ましい。

☑ ☑

A939 ✕ 職場復帰支援において、産業保健スタッフと主治医の連携においては、当該労働者に関する情報を共有する場合、原則［当該労働者の同意］が必要である。

A940 ✕ 職場復帰支援プランは、再発や再休職を予防するために作成するため、G. Caplanの予防モデルに基づく［三］次予防に該当する。二次予防は［早期発見・早期対応］（健康診断など）である。

A941 ✕ 労働者の心の健康の保持増進のための指針は、労働安全衛生法第70条の２第１項の規定に基づき定められている。労働安全衛生法において、「事業者は、労働者に対する健康教育及び健康相談、その他労働者の健康の保持増進を図るため必要な措置を継続的かつ計画的に講ずるように努めなければならない」とされる（努力義務）。しかし、心の健康対策に取り組んでいる事業所の令和３年の割合は59.2％にとどまっている（厚生労働省「令和４年版過労死等防止対策白書」）。

A942 ✕ 労働者の心の健康は、体の健康に比較し、職場配置、人事異動、職場の組織等の人事労務管理と密接に関係する要因によって、より大きな影響を受ける。こうした情報は機微な個人情報であることも考えると、メンタルヘルスケアは人事労務管理と［連携］をしながら行うことが望ましい。

A943 ◯ 事業場における労働者のメンタルヘルスケアについて、労働者は［自己保健義務］を負っているとされる。労働安全衛生法第26条に「労働者は、事業者が第20条から第25条まで及び前条第１項の規定に基づき講ずる措置に応じて、必要な事項を守らなければならない」と定められている。

A944 ✕ 労働者のメンタルヘルスケアについては、［事業場内産業保健スタッフ］が中心になることが多いが、主治医は［事業場外産業保健スタッフ］に該当するため、中心になるとは言い難い。

Q945 ☑ ☑ 事業場における労働者のメンタルヘルスケアでは、対象範囲を、業務に起因するストレスに限定することが大切である。

Q946 ☑ ☑ 職場の心理専門職として管理監督者研修を行うこととなった。研修内容に盛り込む内容として、代表的な精神疾患の診断法は重要である。

Q947 ☑ ☑ ストレスチェック制度において、事業者は、面接指導の結果を記録しておかなければならない。

Q948 ☑ ☑ ストレスチェック制度では、医師による面接指導を実施するにあたり、情報通信機器を用いて行うことが認められている。

Q949 ☑ ☑ ストレスチェック制度では、事業者は一定程度以上の心理的な負担が認められる全ての労働者に対し医師による面接指導を行わなければならないとされる。

Q950 ☑ ☑ ストレスチェック制度では、派遣労働者のストレスチェックの実施義務は、派遣元事業者にあるとされる。

Q951 ☑ ☑ ストレスチェックの実施にあたり、事前に労働者全員から同意をとる必要がある。

A945 ✕ 労働者のメンタルヘルスケアでは、［業務］に起因するストレスだけではなく、自身の持病や障害、家庭環境や対人関係などの可能性も含め、幅広くストレスの可能性を検討することが大切である。

A946 ✕ 職場の管理監督者は精神疾患を診断する立場に［ない］。問題文の内容は不適切である。

A947 ○ 事業者は、当該ストレスチェックによる面接指導の結果の記録を作成し、これを［5］年間保存しなければならない（労働安全衛生規則第52条の18 1項）。

A948 ○ ストレスチェック制度では、医師による面接指導を実施するにあたり、情報通信機器を用いて行うことが認められて［いる］。要件として、面接指導を行う医師と労働者とが相互に表情、顔色、声、しぐさ等を確認できる、映像と音声の送受信が常時安定しかつ円滑、情報セキュリティが確保される、などが挙げられる。

A949 ✕ ［高ストレス］者該当者への医師による面接指導の実施は、職場における当該労働者の心理的な負担の［原因］に関する項目だけではなく、職場における他の労働者による当該労働者への［支援］に関する項目や判断のための［補助面談］を経て定めることができる。事業者は、ストレスチェック結果の通知を受けた労働者のうち、高ストレス者として選定され、面接指導を受ける必要があると実施者が認めた労働者から［申出］があった場合は、医師による面接指導を実施する。

A950 ○ 派遣労働者に対するストレスチェック及び面接指導については、［派遣元事業者］が実施することとされている。派遣先事業者は、派遣元事業者が実施するストレスチェックおよび面接指導を受けることができるよう、派遣労働者に対し必要な配慮をすることが適当。

A951 ✕ ストレスチェックの実施にあたり、事前に労働者全員から同意をとる必要は［ない］。ストレスチェックの結果を［事業者に提供する］などの際には、労働者の同意が必要である。

Q952 ☑ ☑
ストレスチェックの対象は、ストレスチェックを希望した労働者である。

Q953 ☑ ☑
昇進や配置などの人的資源管理で行われる人事考課において、事業者が労働者を評価する指標として、業績、態度、ストレスチェックの結果などが挙げられる。

Q954 ☑ ☑
労働基準法が定める時間外労働は、原則月60時間とされる。

Q955 ☑ ☑
労働基準法が定める時間外労働は、原則年360時間とされる。

Q956 ☑ ☑
労働基準法が定める時間外労働は、臨時的な特別な事情がある場合には、年960時間とされる。

Q957 ☑ ☑
労働基準法が定める時間外労働は、臨時的な特別な事情がある場合には、月150時間（休日労働含む）とされる。

Q958 ☑ ☑
労働安全衛生規則に定められている産業医の職務には、職場におけるワクチン接種の実務が含まれる。

A952 ✕ ストレスチェックの対象者は「常時使用する労働者」とされ、一般定期健康診断の対象者と同様である。

. . . .

A953 ✕ 労働者を評価する指標としては、業績、態度、能力、パーソナリティなどが挙げられるが、ストレスチェックの結果は含まれない。[労働安全衛生規則]には、ストレスチェックについて、検査を受ける労働者について[解雇]、[昇進]又は[異動]に関して[直接の権限]を持つ監督的地位にある者は、検査の実施の事務に従事してはならないとある。したがって、人事考課においてストレスチェックの結果を採用するのは[不適切]である。

. . . .

A954 ✕ 労働基準法が定める時間外労働は、原則月[45]時間とされる。2019（平成31）年4月から「働き方改革を推進するための関係法律の整備に関する法律（働き方改革関連法)」において、長時間労働の是正、多様で柔軟な働き方の実現等を目的に労働時間の見直しが行われた。

. . . .

A955 ◯ 労働基準法が定める時間外労働は、原則[年360]時間である。

. . . .

A956 ✕ 労働基準法が定める時間外労働は、臨時的な特別の事情があって労使が合意する場合でも、月[100]時間未満、2〜6ヶ月平均[80]時間以内、年[720]時間以内とする必要がある。

. . . .

A957 ✕ 臨時的な特別な事情がある場合であっても、時間外労働と休日労働の合計は[月100時間]未満とされる。

. . . .

A958 ✕ ワクチン接種の実務は、[医療行為]にあたるため、労働安全衛生規則に定める産業医の職務に[含まれない]。産業医の職務については労働安全衛生規則第14条に定められている内容を確認する。

Q959 ワーク・モチベーション研究において人間関係論の基礎となったものとして、E. Mayoのホーソン研究があげられる。

☐ ☐

Q960 E.H. Scheinが提唱した概念で、職務の遂行にあたって、何が得意なのか、何によって動機づけられるのか、及び仕事を進める上で何に価値を置いているのかについての自分自身の認識のパターンのことをキャリア・アンカーという。

☐ ☐

Q961 キャリア・アダプタビリティとは、組織で働く従業員がはしごを順々に登るように、その専門性を磨き、キャリアアップできるようにしたシステムのことである。

☐ ☐

Q962 「今この会社を辞めたら損失が大きいので、この先も勤めようと思う」と考えることは、存続的コミットメントとされる。

☐ ☐

Q963 働き方改革を推進するための関係法律の整備に関する法律に基づいた取組として、健康経営の推進が挙げられる。

☐ ☐

Q964 雇用の分野における男女の均等な機会及び待遇の確保等に関する法律〈男女雇用機会均等法〉に基づいて事業主が行うべき雇用環境の整備として、労働者の採用にあたって、転居を伴う転勤に応じることができることを要件とすることが可能である。

☐ ☐

ポイント　働き方改革の取り組み

働き方改革の取り組みとして、以下のようなものが挙げられる。
1）［時間外労働］の上限規制
2）［インターバル制度］の導入
3）年［5］日以上の有給休暇取得の義務
4）同一［労働］・同一［賃金］の原則
5）［フレックスタイム制］の柔軟性の拡大
6）［高度プロフェッショナル制度］
7）産業医・産業保健機能と長時間労働者に対する面接指導等時間の強化

A959 ○ ワーク・モチベーション研究において人間関係論の基礎となったものとして、E. Mayoの［ホーソン研究］があげられる。照明の明るさや賃金、労働時間などの作業環境と生産性の関連を検討した実験において、作業環境よりも組織における非公式な人間関係や労働者の感情などが勤労意欲や生産性に関連があることが明らかとなった研究である。

. . . .

A960 ○ ［キャリア・アンカー］とは、キャリアを選択する際に、個人が最も大切にする価値観や欲求のことを示す。アンカーは錨を意味している。

. . . .

A961 ✕ ［キャリア・ラダー］とは、組織で働く従業員がはしごを順々に登るように、その専門性を磨き、キャリアアップできるようにしたシステムのことである。［キャリア・アダプタビリティ］とは、［M. Savickas］によって提唱された。アダプタビリティは適合を意味し、［キャリア・アダプタビリティ］には、関心度、コントロール、興味、自信の４次元があり、変化に直面したときに、その変化を受け入れて、適応できる能力が重要であるとされる。

. . . .

A962 ○ ［組織コミットメント］は所属する組織に対するコミットメント（関与や思い入れなど）を表す言葉である。現時点で組織を離れることは自分にとって損失となるから留まるというコミットメントは［存続的］コミットメントである。

. . . .

A963 ✕ ［健康経営］は、日本再興戦略、未来投資戦略に位置づけられた「国民の健康寿命の延伸」に関する取り組みのひとつであり［働き方改革］の取り組み［ではない］。

. . . .

A964 ✕ 2014（平成26）年７月、男女雇用機会均等法施行規則の改正で、全ての労働者の募集、採用、昇進、職種の変更をする際に、合理的な理由がないにもかかわらず転勤要件を設けることは［間接差別］として禁止されている（男女雇用機会均等法施行規則第２条2）。

Q965 ☑ ☑ 男女雇用機会均等法において、男女労働者間に生じている格差解消を目的として、女性労働者のみを対象とした取扱いや特別な措置をすることが可能である。

Q966 ☑ ☑ 「事業主が職場における優越的な関係を背景とした言動に起因する問題に関して雇用管理上講ずべき措置等についての指針」（令和2年、厚生労働省）が示す、職場におけるパワーハラスメントの3つの要素には、その行為により労働者の就業環境が害されるものが含まれる。

Q967 ☑ ☑ 組織内のハラスメント相談室で行われる相談者との初回面接においては、具体的な事実の聞き取りを行うが、具体的な対応策の検討は控える。

Q968 ☑ ☑ 入社前に抱いていた仕事上の期待と、入社後の経験が一致しないことによるギャップやフラストレーションのことをリアリティ・ショックという。

Q969 ☑ ☑ 令和4年度の過労死等の労災補償状況のうち、脳・心臓疾患に関する事案で支給決定件数の最も多かった業種（大分類）は運輸業、郵便業である。

 **ポイント** 厚生労働省「過労死等の労災補償状況」を確認しよう

「脳・心臓疾患に関する事案の労災補償状況」や「精神障害に関する事案の労災補償状況」「裁量労働制対象者に関する労災補償状況」について請求件数や支給決定件数、業種別による請求・支給決定件数などがまとめられているので、年度ごとの傾向について確認をしておこう。特に、件数が最も多いものは出題されやすいと考えられるため、請求件数、支給決定件数ともに確認しておこう。

A965 ○ 男女雇用機会均等法において、特例として女性の優遇が認められる場合がある（第8条）。厚生労働省のパンフレット「男女雇用機会均等法の概要」（平成31年3月）にも「職場に事実上生じている男女間の格差を是正して、男女の均等な機会・待遇を実質的に確保するために、事業主が、女性のみを対象とするまたは女性を有利に取り扱う措置（[ポジティブ・アクション]）は法違反とはなりません」とある。

A966 ○ 「事業主が職場における優越的な関係を背景とした言動に起因する問題に関して雇用管理上講ずべき措置等についての指針」によれば、職場におけるパワーハラスメントは、職場において行われる、①[優越的な関係] を背景とした言動であって、②業務上[必要かつ相当な]範囲を超えたものにより、③労働者の[就業環境]が害されるものであり①から③までの要素を全て満たすものを指すとされる。

A967 ✕ ハラスメント相談においては、[具体的な事実]を聞きながら、組織の対応に関する[相談者の意向]などを確認していくことが必要である。その際には、精神医学的な問題のアセスメントなども行うことが重要である。

A968 ○ [リアリティ・ショック] の定義は、Hall（1976）の「高い期待と職務上経験するフラストレーションとの衝突」やSchein（1978）の「組織での仕事・組織に所属することについての期待と現実感のギャップ」などが知られている。

A969 ○ 令和4年度の過労死等の労災補償状況のうち、脳・心臓疾患に関する事案で支給決定件数の最も多かった業種（大分類）は[運輸業、郵便業]である。厚生労働省の資料「過労死等の労災補償状況」を確認しておきたい。当該年度においては、「運輸業、郵便業」が172件と最も多い。平成26年度以降、請求件数、支給決定件数ともに最も多い状況が続いている。

Q970 過重労働対策としての労働時間の上限設定は、G. Caplan の予防モデルに基づく二次予防に該当する。

☐ ☐

Q971 育児休業、介護休業等育児又は家族介護を行う労働者の福祉に関する法律において、3歳に満たない子を養育する従業員について、労働者が希望すれば短時間勤務制度を利用できるとされる。

☐ ☐

Q972 育児休業、介護休業等育児又は家族介護を行う労働者の福祉に関する法律では、従業員からの申出により、子が1歳に達するまでの間、申し出た期間、育児休業を取得できるとされる。

☐ ☐

Q973 職場における自殺のポストベンションを集団で行う場合には、関係者の反応が把握できる人数で実施する。

☐ ☐

Q974 ハロー効果は、採用面接において面接者が陥りやすい心理である。

☐ ☐

Q975 日本で戸籍上の性別が変更できる要件として、生殖機能を欠くことがあげられている。

☐ ☐

ポイント 性別の取扱いの変更の審判基準（性同一性障害特例法第3条）

1 [18] 歳以上であること。
2 現に [婚姻] をしていないこと。
3 現に [未成年の子] がいないこと。
4 [生殖腺] がないこと又は生殖腺の機能を [永続的に欠く] 状態にあること。
5 その身体について他の性別に係る身体の器官に係る部分に [近似する外観] を備えていること。

A970 ✗ 過重労働対策（時間外労働の上限設定や短縮、年次有給休暇の取得促進）は、G. Caplanの予防モデルに基づく［一］次予防（未然防止）に該当する。

. . . .

A971 ◯ 育児休業、介護休業等育児又は家族介護を行う労働者の福祉に関する法律の2009（平成21）年の改正において、3歳までの子を養育する労働者が希望すれば利用できる［短時間勤務制度］（1日原則6時間）を設けることが事業主の義務と定められている。

. . . .

A972 ◯ 子が［1歳］に達するまで、また保育所に入れない等の場合に子が［1歳6か月］に達するまで育児休暇の延長が可能である。さらに、2017（平成29）年の改正により、1歳6か月に達した時点で、保育所に入れない等の場合に再度申出することにより、育児休業期間を最長［2歳］まで延長できることとなっている。

. . . .

A973 ◯ 自殺予防はプリベンション（prevention：事前対応）、インターベンション（intervention：危機介入）、ポストベンション（postvention：事後対応）の3段階に分類される。ケアを行う際の集団の人数については、［関係者の反応が十分に把握できる］人数で実施する。他者の自殺を経験した人がどれだけ精神的に動揺しているのか把握できる数に限ったほうがよいとされる（10人くらいまで）。

. . . .

A974 ◯ ［ハロー効果］は、採用面接において面接者が陥りやすい心理である。［目立ちやすい］特徴があると、それに引きずられて他の特徴への評価が歪んでしまうことをいう。

. . . .

A975 ◯ 性同一性障害者の性別の取扱いの特例に関する法律（性同一性障害特例法）において、［生殖］機能を欠くことは、戸籍上の性別が変更できる要件のひとつとしてあげられている。

Q976

☑ ☑ 「就労継続支援B型」について、障害基礎年金を受給している者は対象とならない。

- -

Q977

☑ ☑ ソーシャル・インクルージョンとは、社会的関係やネットワーク、互酬性の規範、信頼等を含む概念とされ、社会における人間関係や職場の一体感などを示す。

- -

Q978

☑ ☑ 精神障害の労災認定において、統合失調症は認定の対象となる精神障害である。

2 組織における人の行動

Q979

☑ ☑ PM理論のM機能とは、部下への配慮やメンバー間の人間関係に関心が高いリーダーのスタイルである。

- -

Q980

☑ ☑ 変革型リーダーシップとは、部下に成果を出すように求め、生産性向上や組織目標達成に向けて強力に推進するリーダーのスタイルである。

A976 ✕ 「就労継続支援B型」について、[障害基礎年金1級]受給者は対象となっている。

．．．．．．．．．．．．．．．．．．

A977 ✕ [ソーシャル・キャピタル]とは、社会的関係やネットワーク、互酬性の規範、信頼等を含む概念とされ、社会における人間関係や職場の一体感などを示す。[ソーシャル・インクルージョン](社会的包摂)とは、全ての人々を孤独や孤立、排除や摩擦から援護し、健康で文化的な生活の実現につなげるよう、社会の構成員として包み支え合うという理念のことを示している。

．．．．．．．．．．．．．．．．．．

A978 〇 厚生労働省「精神障害の労災認定」によれば、労災の認定には、1)認定基準の対象となる[精神障害]を発病していること。2)認定基準の対象となる精神障害の発病前おおむね[6]か月の間に、業務による強い心理的負荷が認められること。3)業務[以外]の心理的負荷や個体側要因により発病したとは認められないこととある。また、認定基準の対象となる精神障害は、ICD-10第Ⅴ章「精神および行動の障害」に分類される精神障害であり、認知症や頭部外傷などによる障害(F0)およびアルコールや薬物による障害(F1)は[含まれない]。統合失調症は労災認定の対象となる精神障害である。

A979 〇 三隅二不二が提唱したPM理論は、リーダーの行動パターンに[課題達成機能](P機能)と[集団維持機能](M機能)の2つの機能があるとし、これらの機能の大小を大文字・小文字で示したものである。PM型はP機能もM機能も高く最も効果的である。

．．．．．．．．．．．．．．．．．．

A980 ✕ 変革型リーダーシップは、組織を既存のあり方にとらわれずに[変革的]に発展させていくリーダーのスタイルのことを指す。

Q981 J.T. Reasonが提唱している安全文化の構成要素として、エラーやミスは影響度の高いものを報告することがあげられている。

☑ ☑

Q982 J.T. Reasonが提唱している安全文化の理論では、定められた指揮系統に厳密に従うことが重要であるとされる。

☑ ☑

Q983 社会的・構造的な差別によって不利益を被っている者に対して、一定の範囲で特別の機会を提供することなどにより、実質的な機会均等を実現することを目的として講じる暫定的な措置のことをポジティブアクションという。

☑ ☑

Q984 スノーボールモデルとは、事故は単独のエラーによって起こるのではなく、複数の即発的エラーや潜在的エラーが重なることで組織的に発生するという考え方であり、複数の対策を行うことで発生リスクを低減できるとされる。

☑ ☑

Q985 ある人物の起こした1件の大きな事故の背後には、同一人物による軽度、重度の同様の事故が29件発生しており、さらにその背後には、事故にはならなかったが危ない状況が300件あることを示した事故発生モデルをハインリッヒの法則という。

☑ ☑

Q986 最近、高所作業中に作業器具を落下させる事例が立て続けに発生し、地上で作業する従業員が負傷する事故が相次いだA社において、事故防止のための委員会を立ち上げることになった。委員会では、事故防止のために過失を起こした者の責任を明らかにする仕組みづくりを提案した。

☑ ☑

A981 ✗ J.T. Reasonは、①報告する文化、②正義の文化、③学習する文化、④柔軟な文化が重要であると指摘している。[報告する文化]において、エラーやミスは、影響度の高いものだけではなく、影響がささいなものも含めて広く報告することが重要であるとされる。

A982 ✗ J.T. Reasonが提唱している安全文化の理論では、定められた指揮系統に従うことも重要だが、予想し得ない事態に直面した場合にマニュアルに頼らず臨機応変に対応できる[柔軟な文化]が重要であるとしている。

A983 ○ 社会的・構造的な差別によって不利益を被っている者に対して、一定の範囲で特別の機会を提供することなどにより、実質的な機会均等を実現することを目的として講じる暫定的な措置のことを[ポジティブアクション]という。外国人労働者、高齢労働者、障害のある労働者、リモートワークの労働者や短時間労働者などが同一の職場で働きやすい環境を作ることや、育児や介護、難病の治療と仕事の両立の実現を目指すなど、多様な人が働きやすい環境を作るためのダイバーシティマネジメントが近年重要である。

A984 ✗ [スイスチーズモデル]とは、事故は単独のエラーによって起こるのではなく、複数の即発的エラーや潜在的エラーが重なることで組織的に発生するという考え方である。[スノーボールモデル]は、軽微なミスや勘違いが思わぬ方向に波及し、雪玉のように段々と危険が大きく膨れ上がってしまうという考え方である。

A985 ○ 1つの重大事故の背景には29の軽微な事故があり、さらにその背景には300のインシデントが存在するというのが、[ハインリッヒ]の法則である。

A986 ✗ 組織として事故が発生した場合は、[事故防止]のための委員会を立ち上げ、原因を分析して防止のための措置を講じなければならないが、過失を起こした者に責任を負わせるような仕組みを作るべきではない。

Q987 動機づけ理論において、動機づけ要因は満たされていれば満足につながるとされる。

☐ ☐

Q988 内発的動機づけが働いている行動に、賞罰などの外的報酬を加えることで、動機づけは更に高められるとされる。

☐ ☐

Q989 F. Herzbergの2要因理論において、分配の公正と手続の公正は、仕事への動機づけを高めるとされる。

☐ ☐

Q990 F. Herzbergの2要因理論においては、職場の出来事で不満足につながる要因をバーンアウトという。

☐ ☐

Q991 D.C. McClellandの目標達成理論では、課題への不安や恐怖を示す回避動機によって動機づけが低下すると考える。

☐ ☐

Q992 F. Herzbergの2要因理論では、会社の衛生要因を改善しても動機づけは高まらないと考える。

☐ ☐

Q993 過去の高業績に貢献した古参の従業員の発言力が強く、若手の従業員は意見が軽視されて、勤労意欲の低下がみられるという組織の特徴を属人思考という。

☐ ☐

 ポイント　動機づけ

内発的動機づけは、内面に湧き起こった興味・関心や意欲が行動要因になっているという考え方。
外発的動機づけは、評価や賞罰、外部からの強制など、人為的な刺激が行動要因になっているという考え方。

A987 ✕ F. Herzbergによると、仕事の満足度は、特定の要因が満たされると満足度が上がり、不足すると下がるわけではなく、仕事への満足を引き起こす要因（動機づけ要因）と不満足を引き起こす要因（衛生要因）の2つからなるとされる。

. . . .

A988 ✕ 内発的動機づけによって行われていた行動は、賞罰や報酬などの外発的動機づけを行うことによって、動機づけが［低減］する現象を［アンダーマイニング効果］という。

. . . .

A989 ◯ ［組織公正理論］において、分配的公正と手続き的公正は、組織の従業員の態度や行動に対して影響を及ぼし、仕事への動機づけを高めるとされる。

. . . .

A990 ✕ F. Herzbergの2要因理論において、職場の出来事で不満足につながる要因を［衛生要因］という。バーンアウトは［燃え尽き症候群］と呼ばれ、心身の極度の疲労により意欲を失うことを指す。

. . . .

A991 ✕ D.C. McClellandは、［欲求理論］において従業員の行動の動機は「達成動機」「親和動機」「権力動機」「回避動機」の4つに分類しており、回避動機によって動機づけは［高まる］と考えている。

. . . .

A992 ◯ F. Herzbergの［2要因理論］では、人事労務管理に必要な要素として「動機づけ要因」と「衛生要因」の2種類に分けて考えるべきだとされているが、衛生要因は「整備されていないと不満を感じるもの」ではあるが、動機づけは「整備されているとしても高まらないもの」とされる。

. . . .

A993 ◯ ［属人思考］とは、相手の地位や権威によって、指示の内容の良し悪しを決定する悪習のことを指す。このような［組織風土］（労働者間で共通の認識とされるような他の組織とは区別される独自の規則や価値観）や［組織文化］（従業員間で共有されている信念や前提条件、ルールのこと）は、労働者の動機づけや考えに影響を及ぼすものとして重要である。

第21章 人体の構造と機能及び疾病

1 心身機能、身体構造及びさまざまな疾病と障害

Q994 視床下部—下垂体系において、視床下部のニューロンの一部は下垂体前葉に軸索を送る。

Q995 視床下部—下垂体系において、視床下部で産生されたホルモンは下垂体門脈によって下垂体に運搬される。

Q996 摂食行動を制御する分子として、グレリンは、食欲を抑制する。

Q997 摂食行動を制御する分子として、レプチンは、食欲を促進する。

Q998 ホルモンの作用の説明として、メラトニンは睡眠を促す。

Q999 ホルモンの作用の説明として、プロラクチンは乳汁分泌を抑制する。

A994 ✕ 視床下部─下垂体を中心とした内分泌システムは、全身のホメオスタシスを調節する重要な身体システムである。視床下部のニューロンの一部は［下垂体後葉］に軸索を送り、その末端から下垂体後葉ホルモンが分泌される。

A995 ○ 視床下部で産生されるホルモンは［下垂体門脈］を通って［下垂体前葉］に至り、下垂体前葉ホルモンの分泌を制御する。

A996 ✕ グレリンは、［胃］でつくられ食欲を［促進］する。摂食調節物質は摂食亢進作用を持つ物質と摂食抑制作用を持つ物質に大別される。グレリンは、［摂食亢進作用］を持つペプチドホルモンである。

A997 ✕ レプチンは、［脂肪細胞］でつくられ食欲を［抑制］する。レプチンは、［摂食抑制作用］を持つペプチドホルモンである。視床下部に作用し、満腹感を感じさせる。

A998 ○ ［メラトニン］は松果体から分泌されるホルモンであり、睡眠を促す作用がある。近年、［メラトニン受容体作動薬］がベンゾジアゼピン系に代わる副作用の少ない睡眠導入剤として用いられている。

A999 ✕ ［プロラクチン］は下垂体前葉から分泌されるホルモンであり、乳腺から乳汁分泌を［促す］。また月経を［抑制］する。

Q1000 閉経では卵胞刺激ホルモンの血中濃度は上昇する。

☑ ☑

Q1001 単球は免疫担当細胞である。

☑ ☑

Q1002 赤血球は免疫担当細胞である。

☑ ☑

Q1003 肺動脈には静脈血が流れる。

☑ ☑

Q1004 B型肝炎ウイルスの感染経路として精液がある。

☑ ☑

Q1005 胆汁は乳化作用を有し、脂肪の分解を助ける。

☑ ☑

Q1006 メニエール病ではめまいは一過性で反復しない。

☑ ☑

Q1007 メニエール病では難聴や耳鳴りを伴う。

☑ ☑

Q1008 アレルギー反応によるアナフィラキシーの症状として気道
の拡張がある。

☑ ☑

A1000 ○ 閉経では血中の卵胞刺激ホルモン（FSH）は［上昇］する。閉経とは加齢により卵巣の活動性が停止した状態で、臨床的には［12か月］以上の無月経を閉経とするが、ホルモン検査としては血中卵胞ホルモン（エストラジオール）の［低下］とフィードバックによる卵胞刺激ホルモンの［上昇］を特徴とする。

A1001 ○ 単球は、血液中から組織に出ると、［免疫担当］細胞の一種である大食細胞（マクロファージ）に変化する。

A1002 ✕ 赤血球は免疫担当細胞［ではない］。肺において身体内に取り込まれた酸素を［ヘモグロビン］の働きにより必要な臓器に運搬する役割を果たす細胞である。

A1003 ○ 肺動脈は全身の静脈から集められた［静脈］血が流れるので、その血液の酸素含有量は他の動脈に比べて［低い］。

A1004 ○ B型肝炎ウイルスの感染経路は、［血液］、［精液］などの体液を通してのものである。飛沫感染や吐しゃ物による感染はしない。

A1005 ○ 胆汁は［乳化］作用を有し、脂肪の分解を［助ける］消化液である。中性脂肪は胃を通過しても、水と油の関係で混じり合うことはなく、十二指腸で［胆嚢］から分泌される胆汁と混じり合うことで初めて乳化し、水と馴染むようになる。また胆汁は［膵臓］から分泌される［リパーゼ］を活性化し、リパーゼが脂肪を分解する。

A1006 ✕ メニエール病は［回転性］めまいが反復する典型的な疾患である。

A1007 ○ メニエール病は内耳の［リンパ浮腫］が原因とされており、［難聴］や耳鳴りなどの聴力障害を伴うことが多い。

A1008 ✕ アナフィラキシーショックは、日常生活においても食物アレルギーやワクチンなどに対する反応としてしばしば生じ、速やかな対応を必要とする。気道は平滑筋の攣縮によって［収縮］し、呼吸困難に陥ることがある。

Q1009 アレルギー反応によるアナフィラキシーの症状として血圧の上昇がある。

☑ ☑

Q1010 発熱時に起こる身体の変化として、消化液分泌の抑制がある。

☑ ☑

---

2 心理的支援が必要な主な疾病

Q1011 くも膜下出血は高次脳機能障害の原因ではない。

☑ ☑

Q1012 くも膜下出血は脳動脈瘤の破裂によって起こる。

☑ ☑

Q1013 電解質異常はメタボリックシンドロームを構成する要件に含まれる。

☑ ☑

Q1014 2型糖尿病では、うつ病を合併すると、血糖値は下がることが多い。

☑ ☑

ポイント　糖尿病の分類

1 型糖尿病：自己免疫で膵臓のランゲルハンス島のβ細胞の働きが障害されることにより、インスリンが分泌されなくなる。[若年]発症で痩せ型、遺伝因子と環境因子による[自己免疫]とされる。治療に[インスリン]注射が必要。

2 型糖尿病：肥満でインスリンが身体で効きにくい状態になり、血糖値が上がる。遺伝素因も強く関係するとされる。食事療法、運動療法、[経口糖尿病]薬を使用する。[中高年]に発症。

A1009 ✕ アナフィラキシーショックでは、心拍出量の減少と末梢血管の拡張により、血圧が［低下］する。

A1010 ○ ［発熱］時に起こる身体の変化として、消化液分泌の［抑制］がある。他に呼吸数の［増加］、心拍数の［増加］、基礎代謝量の［増加］、タンパク質分解の［亢進］などがある。

A1011 ✕ くも膜下出血は、高次脳機能障害の原因と［なりうる］。［高次脳機能障害］は、脳の器質的疾患に続発する認知機能・社会的機能の障害で、多様な疾病が含まれるが、通常［認知症］と［精神障害］は含まない。

A1012 ○ くも膜下出血の原因としては、［脳動脈瘤］の破裂と［脳動静脈奇形］からの出血が主なものである。

A1013 ✕ 電解質異常はメタボリックシンドロームを構成する要件に含まれ［ない］。メタボリックシンドロームとは［内臓脂肪］が動脈硬化の進展と深く関連していることから近年注目されている考え方で、［ウエスト］周囲径が男性で［85］cm以上、女性で90cm以上に加え、［脂質異常］、［高血糖］、［高血圧］のいずれか2つの基準値を満たすことが要件とされている。

A1014 ✕ 2型糖尿病では、うつ病を合併すると、血糖値は［上がる］ことが多い。2型糖尿病は中高年で発病し、肥満でインスリンが身体で効きにくい状態になり、血糖値が上がる。うつ病ではストレスにより［コルチゾール］の分泌が亢進し、肝臓の［糖新生］を促したり、脂肪組織におけるインスリン［抵抗性］を助長したりするので、血糖値は［上がる］傾向がある。

Q1015 2型糖尿病では、飲酒は発症のリスクを上げるが、喫煙は発症のリスクに影響しない。

☑ ☑

Q1016 糖尿病は、1型から2型に移行することが多い。

☑ ☑

Q1017 非定型抗精神病薬の中には、糖尿病患者に使用禁忌の薬がある。

☑ ☑

Q1018 健診でHbA1c値が6.8％であった場合は、糖尿病の可能性は低い。

☑ ☑

Q1019 糖尿病は、認知症発症のリスクを高める。

☑ ☑

Q1020 肥満は、1型糖尿病の発症リスクを高める。

☑ ☑

 **ポイント** **糖尿病の特徴**

糖尿病は大きく1型と2型に分類され、両者は原因、病態、治療方針等が明らかに異なっているため、明確に区別して理解する必要がある。糖尿病は他の慢性疾患同様に［うつと不安］を伴うことが多い。摂食障害も比較的頻度が高い。糖尿病があることに伴う陰性感情の連鎖が、動機意欲・積極的セルフケアの低下、高血糖、合併症リスクの増加、QOLの低下を招く。

A1015 ✕ 飲酒は、アルコール自体にカロリーがあり糖分も含まれるので、血糖値を［上げる］。喫煙は肝臓の［代謝］に負担をかけ、［交感神経］を興奮させたりインスリンの働きを妨げたりして、血糖値を上げ、2型糖尿病発症のリスクを［上げる］。

A1016 ✕ 糖尿病は、1型から2型への移行は基本的に［ない］。糖尿病には膵臓の β 細胞の破壊からくるインスリンの絶対的不足による［1］型と、肥満・運動不足によってインスリンの細胞への働きが悪くなって発症する［2］型がある。糖尿病では、1型は［β 細胞が破壊される］ため2型に移行することはないが、2型糖尿病であった人が経過中、β 細胞に対する自己免疫で1型に移行したとの報告はある。（参考文献：呉美枝他：2型糖尿病の経過中，1型糖尿病に移行したと考えられる1症例. 糖尿誌52(10), 2009, pp.859-864）

A1017 ○ ［非定型抗］精神病薬のうち、クエチアピンとオランザピンは［耐糖能異常］や［体重増加］を起こしやすいことが知られており、我が国では［糖尿病患者］には禁忌である。

A1018 ✕ 健診でHbA1c値が6.8％であった場合は、糖尿病の可能性がある。［HbA1c］（NGSP）は過去1〜2か月の血糖値の平均を反映する測定値で、その正常値は5.6％未満である。［6.5％］以上では糖尿病を強く疑うとされている。

A1019 ○ 糖尿病は主として［血管］合併症を起こすことによって、［血管性］認知症の発症頻度を高める。また［Alzheimer型］認知症の発症頻度も高いことが近年の研究で明らかになってきた。

A1020 ✕ 肥満は、［2］型糖尿病の発症リスクを高める。［1］型糖尿病は、おそらく自己免疫機序による膵β細胞の破壊が原因であり、その発症に肥満は関係がない。1型糖尿病の患者は「発症したのは不摂生による」という社会的なスティグマによって苦しめられていることが多い。

Q1021 1型糖尿病の高校生の治療における留意点として、食事療法により治癒できるということがある。

☑ ☑

Q1022 1型糖尿病の高校生の治療における留意点として、やせる目的でインスリン量を減らすことは、危険であるということがある。

☑ ☑

Q1023 インスリン治療中の糖尿病患者にみられる低血糖の初期症状として、発汗の増加がある。

☑ ☑

Q1024 インスリン治療中の糖尿病患者にみられる低血糖の初期症状として、脈拍の減少がある。

☑ ☑

Q1025 Basedow病の症状として、動悸がある。

☑ ☑

Q1026 Basedow病の症状として、便秘がある。

☑ ☑

Q1027 甲状腺機能低下症では、眼球突出が認められる。

☑ ☑

Q1028 甲状腺機能低下症では、発汗過多が認められる。

☑ ☑

Q1029 慢性的なコルチゾールの過剰状態に伴う症状として、低血糖がある。

☑ ☑

A1021 ✕ 1型糖尿病は食事療法のみで治癒することは［ない］。基本的には［インスリン］注射が必要であり、一生病気とつきあっていく心構えが重要である。

A1022 ◯ どのような目的であっても、1型糖尿病患者が［インスリン］を急速に減らすことは極めて危険である。

A1023 ◯ 糖尿病の治療中、治療薬の影響により血糖値の［低下］を認めることは珍しくない。放置すると［意識障害］などの重篤な状態に陥ることもあるので、初期症状への注意が必要である。低血糖になると、副腎からの［アドレナリン］の分泌により、発汗の［増加］がみられる。

A1024 ✕ 低血糖の初期症状として、アドレナリンの分泌による脈拍の［増加］と、［動悸］がみられることが多い。

A1025 ◯ ［Basedow病（甲状腺機能亢進症）］は、甲状腺ホルモンの過剰分泌により生じる病態であり、［頻脈］・［動悸］・［発汗亢進］・［眼球突出］などを主な症状とする。甲状腺ホルモンの不足状態では粘液水腫と呼ばれる全く正反対の症状を呈する。

A1026 ✕ 便秘は甲状腺ホルモン［低下］時の症状のひとつである。

A1027 ✕ ［Basedow病（甲状腺機能亢進症）］では、眼球突出が認められる。甲状腺機能低下症は甲状腺ホルモンの分泌が低下することにより浮腫、体重増加、［うつ状態］、［傾眠傾向］などを呈する。中高年女性に多く発症する。原因の多くは慢性甲状腺炎（橋本病）である。

A1028 ✕ ［Basedow病（甲状腺機能亢進症）］では、発汗過多が認められる。

A1029 ✕ 副腎皮質ホルモンの一種である［コルチゾール］の慢性過剰状態は、腫瘍や薬剤の副作用として生じることがあり、［クッシング］症候群が有名である。副腎皮質ホルモンはインスリンの血糖降下作用に拮抗するため、血糖値の［上昇］がみられる。

Q1030 慢性的なコルチゾールの過剰状態に伴う症状として、満月様顔貌がある。

☑ ☑

Q1031 アルコール健康障害において、コルサコフ症候群は、飲酒後に急性発症する。

☑ ☑

Q1032 アルコール健康障害において、アルコール幻覚症は、意識混濁を主症状とする。

☑ ☑

Q1033 アルコール健康障害において、離脱せん妄は、飲酒の中断後数日以内に起こる。

☑ ☑

Q1034 筋萎縮性側索硬化症〈ALS〉では感覚障害が起きる。

☑ ☑

Q1035 筋萎縮性側索硬化症〈ALS〉では呼吸筋障害が起きる。

☑ ☑

Q1036 幻肢では、鏡を用いた治療法がある。

☑ ☑

A1030 〇 クッシング症候群などのコルチゾールの慢性過剰状態においては、[満月様顔貌(ムーンフェイス)] や [体幹部肥満] などがしばしば認められる。

. . . .

A1031 ✕ アルコール健康障害は急性中毒、いわゆるアルコール依存、離脱症状などからなる代表的な [物質使用障害]である。[コルサコフ] 症候群は失見当識、記銘力障害、[作話] を特徴とする症候群であり、出現するのは脳障害が長期化した後である。

. . . .

A1032 ✕ アルコール性の幻覚の内容としては、小動物などの [幻視] が多い。意識混濁を伴うこともあるが、必発ではない。

. . . .

A1033 〇 アルコールの [離脱症状] は通常、飲酒中断後 [数日]以内に起こる。

. . . .

A1034 ✕ 筋萎縮性側索硬化症〈ALS〉では、感覚障害が基本的には起き [ない]。筋萎縮性側索硬化症の支援にあたって、念頭におくべき症状として [4大陰性徴候] がある。陰性徴候とは基本的には起きないとされている症状のことで、①[感覚障害]、②[眼球運動障害]、③[膀胱直腸障害]、④[褥瘡] である。筋萎縮性側索硬化症では脊髄後角の感覚ニューロンは残っているため、末期に至るまで感覚は残っており、いわゆる [閉じ込め症候群] の状態に至る。

. . . .

A1035 〇 筋萎縮性側索硬化症では、末期は呼吸筋が麻痺して死に至るため、[呼吸筋麻痺] には留意が常に必要である。

. . . .

A1036 〇 幻肢とは「事故などにより失われて客観的には存在しない四肢が存在している」という感覚経験である。幻肢に感じられる痛みは [幻肢痛] と呼ばれ、長期にわたるケアの対象となる。患肢の代わりに [鏡] に映した健常肢を患者に見せながら運動させることで、幻肢痛が軽減するという報告がある。

Q1037 幻肢では、痛みやかゆみを伴うことがある。

☐ ☐

- -

Q1038 過敏性腸症候群〈IBS〉は機能性消化管疾患である。

☐ ☐

- -

Q1039 感染性腸炎は、過敏性腸症候群〈IBS〉の発症と関連しない。

☐ ☐

- -

Q1040 過敏性腸症候群〈IBS〉の我が国の有病率は、約2%である。

☐ ☐

- -

Q1041 プロバイオティクスは、過敏性腸症候群〈IBS〉の治療に有効ではない。

☐ ☐

- -

Q1042 過敏性腸症候群〈IBS〉では、下痢型IBSは女性に多く、便秘型IBSは男性に多い。

☐ ☐

- -

Q1043 我が国における移植医療について、移植件数が最も多い臓器は腎臓である。

☐ ☐

A1037 ○ 幻肢では［痛み］や［触覚］などの感覚があるように感じられる。幻肢に伴う痛みは幻肢痛と呼ばれ、四肢切断患者の［50～80］％に認められる。

A1038 ○ 過敏性腸症候群〈IBS〉は［機能性］消化管疾患である。［機能性］消化管疾患とは消化管に器質的異常はないが、［機能］的異常によって下痢、便秘、腹部膨満などの症状を呈するものをいう。原因不明の［炎症性］腸疾患であるクローン病や潰瘍性大腸炎もストレスが関与しているとされるが、消化管に［器質］的異常が認められる。

A1039 ✕ 感染性腸炎は、過敏性腸症候群〈IBS〉の発症と関連［する］。急性腸炎後に生じる［感染性腸炎後IBS］というものが知られている。

A1040 ✕ 過敏性腸症候群〈IBS〉の我が国の有病率は、約［6～14］％と考えられている。（参考文献：日本消化器病学会（2014）．機能性消化管疾患診療ガイドライン2014-過敏性腸症候群（IBS），南江堂, 4.）

A1041 ✕ ［プロバイオティクス］は、乳酸菌やビフィズス菌など体内環境に良いと考えられる微生物ないしそれを含む食品のことで、［腸内細菌叢］を正常化させる方向に向けると考えられるので過敏性腸症候群〈IBS〉の治療に有効である。

A1042 ✕ ［下痢型］IBSは男性に多く、［便秘型］IBSは女性に多い。

A1043 ○ 我が国における移植医療について、移植件数が最も多い臓器は［腎臓］である。臓器移植は法的・倫理的な問題を含む高度なチーム医療である。臓器提供者（ドナー）、移植患者（レシピエント）およびその家族などへの広範な心理的ケアが必要とされるため、正確な知識を持っておきたい。

Q1044 緩和ケアでは、精神症状、社会経済的問題、心理的問題及び スピリチュアルな問題の4つを対象にしている。

☑ ☑

Q1045 我が国の緩和ケアは、がん対策基本法とがん対策推進基本 計画とによって推進されている。

☑ ☑

Q1046 診療報酬が加算される緩和ケアチームは、精神症状の緩和 を担当する常勤医師、専任常勤看護師及び専任薬剤師から 構成される。

☑ ☑

Q1047 肺癌の終末期で緩和ケアを受けている患者が、不穏不眠を 呈した時、状態を評価するのに最も優先されるものは幻覚 の有無である。

☑ ☑

Q1048 肺癌の終末期で緩和ケアを受けている患者が、不穏不眠を 呈した時、状態を評価するのに最も優先されるものは見当 識の有無である。

☑ ☑

ポイント　スピリチュアルな問題

スピリチュアルな問題は、[スピリチュアルペイン]ともいう。人生の 意味や目的が喪失すると苦悩し、孤独感を覚える。自己の存在と意義の 消滅からくる痛みの感覚である。

A1044 ✕ WHOの定義（2002年）によると、緩和ケアとは、生命に危険のある疾患からくる問題に直面している患者とその家族に対し、早期より①［痛み］、②［身体的問題］、③［心理社会的問題］、④［スピリチュアルな問題］の4つの問題に関してきちんと評価し、予防、対処して、生活の質（QOL）を改善することをいう。

A1045 ○ 2006（平成18）年に［がん対策基本］法が成立した。また2018（平成30）年の［第3期がん対策推進基本計画］では早期からの緩和ケアが求められている。

A1046 ✕ 緩和ケアチームとしての診療報酬が加算されるためには、①［身体］症状の緩和を担当する［専任］（他の業務と兼任可能）の常勤医師、②［精神］症状の緩和を担当する［専任］の常勤医師、③緩和ケアの経験を有する［専任の常勤看護師］、④緩和ケアの経験を有する［専任の薬剤師］となっている。なお①から④までいずれか1人は［専従（もっぱらその業務に携わること）］であることが条件。ただし、患者数が1日15人以内の場合はいずれも専任でよいとされる。

A1047 ✕ 肺癌の終末期で緩和ケアを受けている患者が、不穏不眠を呈した時、肺癌末期による［せん妄］の可能性が高いが、肺癌の［脳転移］による器質性精神障害や、［前頭側頭型認知症］による性格変化などとの鑑別が問題になる。幻覚は［器質性精神障害］と［せん妄］で起こり、この2つを鑑別できない。

A1048 ○ 見当識障害が日内変動するのなら［せん妄］の可能性が高く、持続的なら［認知症］や［脳器質性精神障害］の可能性が高い。診断的意義も高く最も優先されるべき症状である。

1 代表的な精神疾患の成因、症状、診断法、治療法、経過、本人や家族への支援

Q1049
精神疾患の診断・統計マニュアル改訂第5版〈DSM-5〉では、機能の全体的評価を含む多軸診断を採用している。

Q1050
精神疾患の診断・統計マニュアル改訂第5版〈DSM-5〉では、強迫症／強迫性障害は、不安症群／不安障害群に分類される。

Q1051
失行は、認知症のBehavioral and Psychological Symptoms of Dementia〈BPSD〉の1つである。

Q1052
認知症の行動・心理症状 [behavioral and psychological symptoms of dementia〈BPSD〉] の治療では、非薬物療法よりも薬物療法を優先する。

Q1053
前頭側頭型認知症では、認知症の行動・心理症状 [behavioral and psychological symptoms of dementia〈BPSD〉] が初期からみられる。

Q1054
Alzheimer型認知症では、幻視が頻繁にみられる。

Q1055
カプグラ症候群はLewy小体型認知症の症状として出ることがある。

A1049 ✕ 精神疾患の診断・統計マニュアル改訂第5版〈DSM-5〉では、［DSM-IV-TR］まで採用されていた多軸診断が廃止され、［次元的（dimension）］診断へと改訂された。

· ·

A1050 ✕ DSM-Ⅳでは、不安症群／不安障害群の下位カテゴリーに強迫症／強迫性障害が分類されていたが、DSM-5では［強迫症および関連症群/強迫性障害および関連障害群］となっている。

· ·

A1051 ✕ 失行は、認知症の［中核症状］の1つである。

· ·

A1052 ✕ 認知症の行動・心理症状の治療では、［薬物］療法よりも［非薬物］療法を優先する。まず［非薬物］療法としての対応、ケア、環境調整などを試みてから、必要な場合に［薬物］療法を進める。

· ·

A1053 ○ 前頭側頭型認知症では、病初期より［脱抑制］や［常同行動］などの症状が目立つことが多く、行動・心理症状といえる。

· ·

A1054 ✕ ［Lewy小体型］認知症では、幻視が頻繁にみられる。

· ·

A1055 ○ 自分に身近な人が、そっくりの替え玉であると確信するタイプの妄想を［カプグラ症候群］ないしは［ソジーの錯覚］という。統合失調症、認知症（特に［Lewy小体型］認知症）、脳器質性疾患などで起こる。逆に見知らぬ人を自分のよく知っている身近な人だと確信するタイプの妄想は［フレゴリーの錯覚］という。

Q1056 前頭側頭型認知症は運動障害を伴うことが特徴である。

☑ ☑

Q1057 血管性認知症では歩行障害と尿失禁が早期から出現する。

☑ ☑

Q1058 せん妄の予防には、室内の照度を一定にし、昼夜の差をできるだけ小さくすることが有効である。

☑ ☑

Q1059 女性であることは、せん妄のリスク因子である。

☑ ☑

Q1060 入院という急激な環境変化と、睡眠薬投与により症状の易変性を特徴とする症状が出現した場合、せん妄を考える。

☑ ☑

Q1061 薬物依存症において、薬物摂取に伴う異常体験をフラッシュバックという。

☑ ☑

Q1062 アルコール依存症における脳機能障害の予防には、ビタミンB1の投与が有効である。

☑ ☑

A1056　✕　前頭側頭型認知症は2011年の新しい分類では、脱抑制や常同行動などを特徴とする［行動障害型前頭側頭型認知症（bv FTD）］と、言語障害を特徴とする進行性非流暢性失語（PNFA）および意味性認知症（SD）に大別される。bv FTDには運動ニューロン症状などの［運動障害］を伴う疾患とそうでない疾患が含まれている。

A1057　○　カリフォルニアのAlzheimer病診断治療センター（ADDTC）による虚血性血管性認知症の診断基準では、血管性認知症と関連する臨床症候として「歩行障害、尿失禁の比較的早期からの出現」が記載されている。NINDS-AIRENの診断基準では局所神経症候との表現になっており、DSM-5でも明言されていないが、正しいと考えるべきである。

A1058　✕　［せん妄］は一過性の見当識障害、認知機能低下や錯乱、幻視などの精神病様症状を伴う意識水準の低下で、症状の日内変動を特徴とする。重篤な疾患や手術、入院、薬物投与などの身体要因や環境の急激な変化を原因として起こる病態である。［概日リズム］が障害されているので、昼夜の区別のつけやすい環境にすることが有効である。

A1059　✕　女性であることは、せん妄のリスク因子［ではない］。せん妄の原因は、アルコール、［薬物］または薬物中毒。［感染症］、特に肺炎と尿路感染症。そして［脱水］状態および代謝異常、感覚遮断、［環境］の急激な変化、心理社会的［ストレス］などである。

A1060　○　せん妄では症状の［易変性］を特徴とする。これは入院という急激な環境変化や、睡眠薬投与により出現することがある。

A1061　✕　薬物の摂取中止後、少量の薬物再使用や飲酒、喫煙、睡眠不足、ストレスなどで［精神病症状］が簡単に再燃することを［フラッシュバック］という。

A1062　○　アルコール依存症における脳機能障害、特に［Wernicke脳症］の予防には、ビタミンB1の投与が有効である。

Q1063 アルコール依存症の離脱症状として幻視がある。

☑ ☑

Q1064 アルコール依存症の離脱症状としてけいれんがある。

☑ ☑

Q1065 依存症者の家族や友人を主な対象とする自助グループに該当するものとして、アラノン〈Al-Anon〉がある。

☑ ☑

Q1066 同じ効果を得るために、より多くの物質の摂取が必要になることを耐性という。

☑ ☑

Q1067 コカインは身体依存性が強い。

☑ ☑

Q1068 統合失調症の特徴的な症状として、自分の考えが周囲に伝わって知られていると感じるものがある。

☑ ☑

Q1069 緊張病に特徴的な症状として、昏迷がある。

☑ ☑

A1063 ○ アルコール依存症の離脱症状の幻視として［小動物幻視］や［リープマン現象］（目をつぶった患者の両眼を圧迫しながら暗示を加えると幻視が生じる）がある。

A1064 ○ アルコール依存症の離脱症状としてのけいれんは、手指の［振戦］や［強直間代発作］が特徴である。

A1065 ○ ［アラノン（Al-Anon）］は、Alcoholics Anonymous Family Groupのことで、アルコール依存症の［家族］や友人を対象とした自助グループである。

A1066 ○ ［耐性］は物質を繰り返し使っていると効果が減弱し、容量を増やさないと効果が得られなくなる現象である。物質関連障害には物質［中毒］（過剰摂取による症候群）、物質離脱、物質乱用、物質依存症（精神依存または身体依存の診断を満たす）、物質［使用障害］（乱用と依存症を含めた概念）などがある。

A1067 ✕ 物質への［渇望］や強い欲求を呈する状態を、［精神依存］という。物質を摂取しないでいると振戦、興奮、抑うつ、不安など身体症状を呈する状態を［身体依存］という。コカインは精神刺激薬のひとつであり、覚醒剤に類似している。中脳辺縁系の［ドパミン受容体］に作用して強い報酬効果をもたらす。精神依存性は強烈であるが、身体依存性や耐性はほとんどない。

A1068 ○ 統合失調症の特徴的な症状として、自分の考えが周囲に伝わって知られていると感じる［考想（思考）伝播］があり、K. Schneiderの［一級症状］に含まれる。

A1069 ○ ［緊張病］に特徴的な症状として、昏迷がある。昏迷とは［意識清明］でも精神運動性の活動がなく、周囲と活動的なつながりがないことである。DSM-5での［緊張病］症候群（カタトニア）は、統合失調症スペクトラム障害および他の精神病障害群の中に分類されているが、［発達障害］や［感情障害］など、他の精神疾患でも認められることに留意すべきである。

Q1070 統合失調症に対する治療として、認知行動療法は第1選択である。

Q1071 DSM-5の躁病エピソードの症状として、離人感がある。

Q1072 DSM-5の躁病エピソードの症状として、睡眠欲求の減少がある。

Q1073 双極性障害のうつ病相は、躁病相よりも長く続く。

Q1074 「人前で何かするときにとても不安になります」はうつ病を疑わせる発言である。

Q1075 うつ病において罪責感は減退、減少しない。

Q1076 うつ病では、認知機能は正常である。

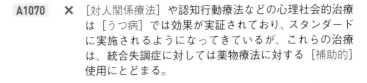

A1070 ✕ ［対人関係療法］や認知行動療法などの心理社会的治療は［うつ病］では効果が実証されており、スタンダードに実施されるようになってきているが、これらの治療は、統合失調症に対しては薬物療法に対する［補助的］使用にとどまる。

A1071 ✕ 離人感は、解離症群、特に離人感／［現実感消失］症に起こる症状である。

A1072 ◯ DSM-5では躁病エピソードと［軽躁病］エピソードが区別され、それに伴ってそれぞれ双極Ⅰ型障害と［双極Ⅱ型］障害が診断されることに留意が必要である。躁病エピソードの診断基準では、基準Aで症状の持続期間を規定し、基準Bで個々の症状を定義している。睡眠欲求の［減少］は、診断基準Bに入っている。

A1073 ◯ 双極性障害のうつ病相は、躁病相よりも［長く］続くため、うつ病とみなしてしまう誤診につながる。双極性障害と単極性うつ病とを理解し、それらの診断と治療についておさえておく必要がある。

A1074 ✕ 人前で何かをするときに不安になるのは、［社交不安症］の症状である。うつ病では［意欲低下］、［精神運動制止］の症状で「おっくうで面倒くさい」と訴えることが多い。

A1075 ◯ うつ病において罪責感は通常［増加］する。DSM-5の抑うつエピソードの診断では、①［抑うつ］気分と②［興味と喜び］の喪失の2つが基本症状で、他の症状として7つが挙げられている。どのような症状があるか確認しておこう。

A1076 ✕ うつ病には、認知症のような症状を呈する［仮性］認知症がある。一般にうつ病では記憶障害に対する深刻さがあるが、認知症ではむしろ指摘されても［取り繕う］などが特徴的である。

Q1077 うつ病の症状として、微小妄想がある。

☑ ☑

- -

Q1078 DSM-5に基づくうつ病／大うつ病性障害では、過眠や手足の重さを訴えることがある。

☑ ☑

- -

Q1079 DSM-5の月経前不快気分障害が含まれる症群又は障害群は抑うつ障害群である。

☑ ☑

- -

Q1080 パニック障害において予期不安は特徴的である。

☑ ☑

- -

Q1081 パニック発作の症状として、現実感消失がある。

☑ ☑

- -

Q1082 血を見ると目の前が真っ暗になり倒れそうな感覚になるのは、DSM-5に基づく社交不安症／社交不安障害（社交恐怖）の症状である。

☑ ☑

- -

Q1083 DSM-5の全般不安症／全般性不安障害の症状として、易怒性や睡眠障害がある。

☑ ☑

ポイント　DSM-5 における全般不安症／全般性不安障害

診断基準Cとして、以下の6つの症状のうち3つまたはそれ以上を伴うと定義されている。
①落ち着きのなさ、緊張感、または神経の高ぶり、②［疲労しやすいこと］、③［集中困難］、または心が空白になること、④易怒性、⑤［筋肉の緊張］、⑥睡眠障害（入眠または睡眠維持の困難、または落ち着かず熟眠感のない睡眠）

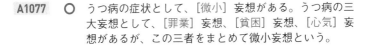

A1077 ○ うつ病の症状として、［微小］妄想がある。うつ病の三大妄想として、［罪業］妄想、［貧困］妄想、［心気］妄想があるが、この三者をまとめて微小妄想という。

A1078 ○ DSM-5に基づくうつ病／大うつ病性障害では、［過眠］や手足の［重さ］を訴えることがある。また「気分の反応性がある」「食欲・体重の増加」「過眠」「手足が鉛のように重く感じられる」「他者の拒絶的言動に関する過敏」などの症状があるときは、「非定型の特徴を伴う」という［特定用語］をつける。

A1079 ○ ［月経前不快気分障害］（PMDD）は、女性のQOLに大きく影響し、生理に関連して多様な身体・精神症状を呈する病態であるが、DSM-5では［抑うつ障害］群に分類される。抑うつと不安は合併することも多いため、PMDD患者のケアには抑うつと不安の双方に対する配慮が必要である。

A1080 ○ パニック障害では、徴候として現れる［広場恐怖］のとき、患者は「また発作が起きるのではないか」という［予期不安］に駆られることが多い。

A1081 ○ DSM-5ではパニック発作の症状として13の身体・精神症状が挙げられている。どのような症状があるのか確認しておこう。［現実感消失］は一般的には解離性障害の症状と思うかもしれないが、パニック発作の症状の中にも入っている。

A1082 ✕ 血を見ると目の前が真っ暗になり倒れそうな感覚になるのは、DSM-5に基づく［限局性恐怖症］の症状である。

A1083 ○ DSM-5の全般不安症／全般性不安障害の症状として、［易怒性］や［睡眠障害］がある。全般性不安障害は仕事や学業など一般的なことに対する過度の不安が［6か月］以上持続する不安障害群のサブカテゴリーである。DSM-5の診断基準には目を通しておきたい。

Q1084 強迫症の症状として、常同行為がある。

☑ ☑

Q1085 強迫症の症状として、カタレプシーがある。

☑ ☑

Q1086 反応性アタッチメント障害では、常に自分で自分を守る態勢をとらざるを得ないため、ささいなことで興奮しやすい。

☑ ☑

Q1087 反応性アタッチメント障害では、認知と言語の発達は正常である。

☑ ☑

Q1088 適応障害は、DSM-5の心的外傷およびストレス因関連障害群に分類される。

☑ ☑

Q1089 DSM-5に基づく解離性同一症／解離性同一性障害では、「気がついたら知らない場所にいて、普段着ないような派手な服を着ている」ようなエピソードを呈することがある。

☑ ☑

Q1090 PTSD関連症状に、薬物療法は無効である。

☑ ☑

Q1091 複雑性PTSDは、複数の、又は長期間にわたる心的外傷的出来事への暴露に関連する、より広範囲の症状を示す。

☑ ☑

A1084　✕　常同行為は、[前頭側頭型認知症] や統合失調症、発達障害にみられる、同じ決まった運動や行動を繰り返すことである。強迫症でみられる強迫行為と違って心理的葛藤に [乏しい]。

A1085　✕　[カタレプシー] は、緊張病症候群に認められる、意志発動の低下と非暗示性の亢進であり、[蝋屈症] などが含まれる。

A1086　○　反応性アタッチメント障害はPTSD関連障害群であり、[過覚醒]、過度の [警戒心]、過度の [驚愕反応] が生じやすい。

A1087　✕　反応性アタッチメント障害では、[認知面] での遅れ、[言語] の遅れが併存する。しかし [発達障害] には分類されておらず、心的外傷およびストレス因関連障害に分類されることに注意が必要である。

A1088　○　適応障害は、DSM-5の7. [心的外傷] およびストレス因関連障害群に分類されている。

A1089　○　DSM-5に基づく [解離性同一症／解離性同一性障害] では、「気がついたら知らない場所にいて、普段着ないような派手な服を着ている」ようなエピソードを呈することがある。解離中も患者は [別人格] として一貫した行動や言動をするが、後になって覚えていないと訴える。

A1090　✕　PTSD [関連症状] としての不安、抑うつ、不眠などには、[SSRI] や抗不安薬などの薬物療法が有効とされている。

A1091　○　[複雑性PTSD] とは、家庭内暴力、性的虐待、拷問のような長期にわたる [慢性反復性] の心的外傷的出来事に起因するPTSDのことであり、感情コントロールの障害、ストレス下での解離症状、情動の麻痺、無力感、恥辱感、挫折感、自己破壊的行動など、より広範な症状を呈する。

Q1092 ☑ ☑ DSM-5の急性ストレス障害〈Acute Stress Disorder〉の主な症状の1つに、周囲または自分自身の現実が変容した感覚がある。

Q1093 ☑ ☑ 「仕事が遅い」とひどく叱責され、ストレスや気分の落ち込みを訴える一方で、「休日はSNSで知り合った男性と遊びに行く」などの訴えは、DSM-5に基づく急性ストレス障害の症状といえる。

Q1094 ☑ ☑ 慢性疲労症候群では、体を動かすことによって倦怠感が軽減する。

Q1095 ☑ ☑ 起立性調節障害では、朝起きることができず、不登校の要因となりうる。

Q1096 ☑ ☑ 代理によるミュンヒハウゼン症候群では、加害者は被虐待児に対して献身的に振る舞っているように見える。

Q1097 ☑ ☑ DSM-5の身体症状症および関連症群における身体症状症では、重篤な疾患に罹患することへの強い不安がある。

Q1098 ☑ ☑ DSM-5に基づく病気不安症では検査で否定されても、死に至るような重大な病気であるという心配は軽減されない。

Q1099 ☑ ☑ DSM-5の身体症状症および関連症群における身体症状症では、疾患を示唆する身体症状を意図的に作り出している。

A1092　○　DSM-5の急性ストレス障害〈Acute Stress Disorder, ASD〉の主な症状の1つに、周囲または自分自身の現実が変容した感覚になる［解離症状］がある。ASDは心的外傷後ストレス障害（PTSD）の症状が3日後から［1か月］未満であるときに診断されるが、細かい違いもあるのでおさえておきたい。

A1093　✕　「仕事が遅い」とひどく叱責され、ストレスや気分の落ち込みを訴える一方で、「休日はSNSで知り合った男性と遊びに行く」などの訴えは、DSM-5に基づく［適応障害］の症状といえる。

A1094　✕　慢性疲労症候群では、体を動かすことによって倦怠感が［悪化］する。慢性疲労症候群（CFS）は過敏性腸症候群や［線維筋痛症］などとともに診察や検査で異常が認められない［機能性身体症候群］とされる疾患であり、心身症の一種と考えることもできる。うつ病との鑑別が問題になる。

A1095　○　［起立性調節障害］は思春期によくみられる病態であり、午前中に症状が強く午後は軽快するため、［不登校］の原因となりやすい。

A1096　○　［代理によるミュンヒハウゼン症候群］とは、子どもの虐待における特殊型である。加害者は母親が多く、医療スタッフに「熱心な母親」という印象を与える。子どもに病気を作り、巧妙な虚偽や症状を捏造する。献身的に面倒をみることによって自らの心の［安定］をはかることが特徴である。

A1097　✕　重篤な疾患に罹患することへの強い不安があるのは、［病気不安症］の症状である。

A1098　○　DSM-5に基づく［病気不安症］（従来の心気症）では検査で否定されても、死に至るような重大な病気であるという心配は軽減されない。

A1099　✕　疾患を示唆する身体症状を意図的に作り出しているのは、［作為症／虚偽性障害］の症状である。

Q1100 神経性無食欲症では、WHOの基準でBody Mass Index〈BMI〉17kg/m²は、成人では最重度のやせである。

☑ ☑

Q1101 神経性やせ症／神経性無食欲症では、未治療時に、しばしば頻脈を呈する。

☑ ☑

Q1102 神経性やせ症に伴う身体の変化として、骨密度は低下する。

☑ ☑

Q1103 神経性やせ症／神経性無食欲症では、未治療時に、しばしばリフィーディング症候群を発症する。

☑ ☑

Q1104 体型や体重に対する認知の歪みがあるのは、DSM-5の回避・制限性食物摂取症／回避・制限性食物摂取障害の特徴である。

☑ ☑

Q1105 過度の減量を契機に発症するのは、DSM-5の回避・制限性食物摂取症／回避・制限性食物摂取障害の特徴である。

☑ ☑

Q1106 ナルコレプシーでは、脳脊髄液中のオレキシン濃度の上昇が特徴である。

☑ ☑

Q1107 むずむず脚症候群では、選択的セロトニン再取り込み阻害薬〈SSRI〉によって症状が改善する。

☑ ☑

A1100 ✕ 神経性無食欲症では、WHOの基準で最重度のやせとは、BMI＝［15kg/m² 未満］を指す。

A1101 ✕ 神経性やせ症／神経性無食欲症では、未治療時に、低栄養からくる［徐脈］（脈が遅くなること）を呈することが多い。

A1102 ◯ 神経性やせ症に伴う身体の変化として、［低栄養］により骨密度は［低下］する。

A1103 ✕ 慢性的な栄養不良状態にいきなり十分量の栄養補給を行うと発症する代謝障害を［リフィーディング症候群］という。心不全、呼吸不全、不整脈、意識障害、けいれん発作など多彩な症状がある。未治療時に起こるわけではない。

A1104 ✕ 体型や体重に対する［認知の歪み］があるのは、DSM-5の［神経性やせ症／神経性無食欲症］の特徴である。

A1105 ✕ DSM-5の［回避・制限性食物摂取症］／［回避・制限性食物摂取障害］では、過激なダイエットと発症との関係は［明らかではない］。

A1106 ✕ ナルコレプシーでは、脳脊髄液中のオレキシン（ヒポクレチン - 1）濃度の［3分の1以下の低下］が診断基準にある。ナルコレプシーはDSM-5では睡眠─覚醒障害群に分類されており、中枢性過眠障害のひとつである。主な症状としては、過剰な眠気と［睡眠発作］、［情動脱力発作］、［睡眠麻痺］、［入眠時幻覚］が挙げられる。

A1107 ✕ ［むずむず脚］症候群（レストレスレッグス症候群：RLS）は、脚を動かしたい強い欲求にかられ、むずむずするような異常感覚を伴って睡眠が障害される症候群である。特発性と原因のある二次性がある。［SSRI］によって症状が誘発されたり［増悪］したりすることが報告されている。

Q1108 睡眠衛生指導上「深く眠るために熱いお風呂に入ってすぐ寝るようにしてください」と助言した。

☑ ☑

Q1109 強迫性パーソナリティ障害は、秩序や完全さにとらわれて、柔軟性を欠き、効率性が犠牲にされるという症状を特徴とする。

☑ ☑

Q1110 境界性パーソナリティ障害では、自傷行為、理想化とこき下ろし、感情の不安定性などが認められる。

☑ ☑

Q1111 DSM-5のパーソナリティ障害のうち、境界性パーソナリティ障害では、賛美されたい欲求の広範な様式を示す。

☑ ☑

Q1112 DSM-5の神経発達症群／神経発達障害群は、知的障害を伴わない発達障害のグループである。

☑ ☑

Q1113 発達性協調運動症／発達性協調運動障害は、DSM-5の神経発達症群／神経発達障害群に分類される。

☑ ☑

Q1114 注意欠如多動症／注意欠如多動性障害〈AD/HD〉の児童期に、反抗挑戦性障害を併存することは少ない。

☑ ☑

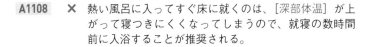

A1108　✕　熱い風呂に入ってすぐ床に就くのは、[深部体温] が上がって寝つきにくくなってしまうので、就寝の数時間前に入浴することが推奨される。

A1109　○　[強迫性] パーソナリティ障害は、秩序、完璧主義、精神および対人関係の統制にとらわれ、柔軟性、開放性、効率性が犠牲にされる広範な様式を特徴とする。DSM-5ではパーソナリティ障害は [A] 群、[B] 群、[C] 群の3つの群に大別され、強迫性パーソナリティ障害は [C] 群である。

A1110　○　[境界性] パーソナリティ障害は対人関係、[自己像]、情動などの [不安定性] および著しい [衝動性] の広範な様式で、成人期早期までに始まり、種々の状況で明らかになる。DSM-5では [B] 群に分類される。9症状が挙げられているので確認しておこう。

A1111　✕　賛美されたい欲求の広範な様式を示すのは [自己愛性] パーソナリティ障害である。

A1112　✕　DSM-5の神経発達症群／神経発達障害群には [知的障害] を伴うものと伴わないものが含まれる。知的障害を伴わない自閉症とされた [アスペルガー障害] は、DSM-5では自閉スペクトラム症の中に包含されている。

A1113　○　[発達性協調運動症]／[発達性協調運動障害] はDSM-5の1. 神経発達症群／神経発達障害群の [運動症群／運動障害群] に分類される。神経発達症群／神経発達障害群では従来の [知的障害] と、自閉スペクトラム症やAD/HDなどの [発達障害]、そして [チック] などの運動障害が包含されて分類されていることに注意する。

A1114　✕　注意欠如多動症／注意欠如多動性障害〈AD/HD〉の児童期に、反抗挑戦性障害を併存することは [多い]。ほかの併存障害としては、[うつ]、不安、情緒不安定、[不眠]、[記憶障害]、[解離性障害]、パーソナリティ障害、[素行障害] などが知られている。

Q1115
☑ ☑

DSM-5における注意欠如多動症／注意欠如多動性障害〈AD/HD〉の説明では、幼児期早期の正常範囲の運動活動性は、AD/HDの症状との鑑別が困難とされる。

Q1116
☑ ☑

注意欠如多動症／注意欠如多動性障害〈AD/HD〉の二次障害では、素行障害が出現しやすい。

Q1117
☑ ☑

DSM-5における素行症／素行障害の説明として、素行症を持つ人の反抗や攻撃性は、反抗挑発症を持つ人よりも軽度である。

Q1118
☑ ☑

DSM-5における素行症／素行障害の説明として、素行症における虚偽性には、義務を逃れるためしばしば嘘をつくことが含まれる。

Q1119
☑ ☑

DSM-5における素行症／素行障害の説明として、診断基準にある重大な規則違反には、性行為の強制、ひったくり及び強盗が相当する。

Q1120
☑ ☑

複雑部分発作は、発作中に意識障害を伴う。

Q1121
☑ ☑

緩和ケアは、疾患の終末期から開始する医療である。

A1115 ○ DSM-5における注意欠如多動症／注意欠如多動性障害〈AD/HD〉において、[幼児期早期]（4歳以前）の正常範囲の運動活動性は、AD/HDの症状との鑑別が[困難]である。

. . . .

A1116 ○ [素行障害]（Conduct Disorder：CD、社会的な規範に対する反復的かつ複数の分野にわたる問題行動）は55～85%の人が[注意欠如多動症／注意欠如多動性障害AD/HD]を合併しているとされている。

. . . .

A1117 ✕ [反抗挑発症]を持つ人の反抗や攻撃性は、典型的には[素行症]を持つ人の行動よりも重篤ではなく、人や[動物]に対する攻撃性、所有物の破壊、[盗み]や詐欺などは含まれない。

. . . .

A1118 ○ DSM-5の素行症の診断基準では、A基準の「虚偽性や窃盗」の中に、義務を逃れるためにしばしば[嘘をつく]という項目が入っている。

. . . .

A1119 ✕ DSM-5における素行症／素行障害の説明として、診断基準にある「人および動物に対する攻撃性」として、性行為の強制、ひったくり及び強盗が相当する。「重大な規則違反」とは、[13歳]未満から始まる[夜間外出]や不帰宅、怠学などのことを指す。

. . . .

A1120 ○ 複雑部分発作は、単純部分発作と異なり発作中に[意識障害]を伴う。「突然の動作停止後にぼんやりとなり、口をもごもご動かしながら舌なめずり」「自分の服をまさぐる動作」などの[自動症]を伴う。また[記憶障害]も伴う。

. . . .

A1121 ✕ 緩和ケアは、疾患の終末期に限らないで開始する。WHOによる緩和ケアの定義は、「生命を脅かす病に関連する問題に直面している患者とその家族のQOLを、痛みやその他の[身体的]・[心理社会的]・[スピリチュアルな]問題を早期に見出し的確に評価を行い対応することで、苦痛を予防し和らげることを通して向上させるアプローチ」である。

Q1122 「患者が、積極的に治療方針の決定に参加し、その決定に従って治療を受けること」をアドヒアランスという。

☑ ☑

2 | 向精神薬をはじめとする薬剤による 心身の変化

Q1123 向精神薬の薬物動態においては、薬物は主に腎臓で代謝される。

☑ ☑

Q1124 向精神薬の薬物動態においては、薬物はすべて代謝により活性を失う。

☑ ☑

Q1125 薬物の代謝と腸管への排出に関わる臓器として、腎臓がある。

☑ ☑

Q1126 薬物排泄の減少は、高齢者において薬物による有害事象が増加する原因の一つである。

☑ ☑

Q1127 抗認知症薬であるドネペジルが阻害するものとして、アセチルコリンエステラーゼがある。

☑ ☑

A1122 ○ 「患者が、積極的に治療方針の決定に参加し、その決定に従って治療を受けること」を［アドヒアランス］という。以前は［コンプライアンス］（従順）といわれていたが、治療を受けるという行為において、医療者からの指示に従うだけでなく、患者の［自己決定権］を重視する立場からアドヒアランス（固着、固守）と呼ぶようになった。

A1123 ✕ 向精神薬の薬物動態においては、薬物は主に［肝臓］で代謝される。腎臓で代謝されるのは少数。［薬物動態］とは、薬物の［吸収］、分布、分解、［排泄］などの薬物代謝を指す。

A1124 ✕ 向精神薬の薬物動態においては、代謝により活性を失うものもあるが、リスペリドンのように代謝によって［活性代謝物］パリペリドンとなるものもある。

A1125 ✕ 薬物の代謝と腸管への排出に関わる臓器は、［肝臓］である。［腎臓］は薬物の代謝と［尿中］への排出に関わる臓器である。

A1126 ○ 薬物排泄の［減少］と、薬物代謝の［低下］は、高齢者において薬物による有害事象が増加する原因の主たるものである。他に高齢者に起こる特徴として、薬物吸収の［低下］、体脂肪率の［増加］、体内水分量の［低下］がある。

A1127 ○ 抗認知症薬であるドネペジルが阻害するものとして、［アセチルコリンエステラーゼ］がある。抗認知症薬のうちドネペジル、ガランタミン、リバスチグミンの3種は、［コリンエステラーゼ阻害薬］として脳内のアセチルコリン等の分解を阻害する働きにより、認知症の進行を遅らせると考えられている。

Q1128 炭酸リチウムは、その副作用として甲状腺機能亢進症を起こしやすい。

Q1129 抗精神病薬はアカシジアを起こしやすい。

Q1130 ベンゾジアゼピン系抗不安薬は依存や耐性を生じやすい。

Q1131 ベンゾジアゼピン系抗不安薬が結合するのはアセチルコリン受容体である。

Q1132 抗精神病薬を長期間投与された患者に多くみられる副作用のうち、舌を突出させたり、口をもぐもぐと動かしたりする動きが特徴的な不随意運動をジストニアという。

Q1133 抗精神病薬の錐体外路系副作用として、高プロラクチン血症がある。

Q1134 悪性症候群では、血中クレアチンキナーゼ〈CK〉値の著明な上昇を認める。

Q1135 向精神薬の抗コリン作用によって生じる副作用として、口渇がある。

Q1136 向精神薬の抗コリン作用によって生じる副作用として、眼球上転がある。

Q1137 選択的セロトニン再取り込み阻害薬〈SSRI〉の副作用として、悪心・嘔吐がある。

A1128 ✕ 炭酸リチウムは、その副作用として［甲状腺機能低下症］を起こしやすい。

A1129 ◯ 抗精神病薬はドパミン神経の働きを［抑制］するのが主たる効果なので、アカシジアを［起こしやすい］薬剤といえる。

A1130 ◯ ベンゾジアゼピン系の抗不安薬や睡眠薬は、精神依存だけでなく［身体依存］や［耐性］も生じるので、その使用には注意が必要である。

A1131 ✕ ベンゾジアゼピン系抗不安薬が結合するのは［GABA］受容体である。

A1132 ✕ 抗精神病薬を長期間投与された患者に多くみられる副作用のうち、舌を突出させたり、口をもぐもぐと動かしたりする動きが特徴的な不随意運動を［ジスキネジア］という。抗精神病薬の副作用としては［錐体外路症状］が代表的であり、［パーキンソン］症候群ともいう。

A1133 ✕ ［高プロラクチン血症］は抗精神病薬の副作用としてはあり得るが、錐体外路系副作用（パーキンソン症状）ではない。

A1134 ◯ 悪性症候群は特定の［神経遮断薬］を使用した際に起こる、精神状態の変化、［筋硬直］、［高体温］、自律神経の活動亢進、血中［クレアチンキナーゼ〈CK〉］値の著明な上昇を特徴とする。臨床的には、神経遮断薬による悪性症候群は麻酔薬による［悪性高熱症］に類似する。

A1135 ◯ 向精神薬の［抗コリン］作用によって唾液分泌が阻害され、［口渇］が生じる。

A1136 ✕ 眼球上転は眼筋の［ジストニア］の症状であり、パーキンソン症候のひとつで、［ドパミン］受容体遮断によって生じる。

A1137 ◯ 選択的セロトニン再取り込み阻害薬〈SSRI〉の副作用として、投与初期の［悪心・嘔吐］がある。

Q1138 前向性健忘は、睡眠薬に認められる副作用として、通常はみられない。

☑ ☑

Q1139 睡眠薬として用いられるオレキシン受容体拮抗薬の副作用として、依存がある。

☑ ☑

Q1140 睡眠薬として用いられるオレキシン受容体拮抗薬の副作用として、呼吸抑制がある。

☑ ☑

Q1141 オレキシン受容体拮抗薬は、高齢者に比較的副作用の少ない睡眠薬とされている。

☑ ☑

Q1142 オピオイドの副作用として頻度が高いのは下痢である。

☑ ☑

3 医療機関への紹介

Q1143 初回面接中の来談者の発言で「あなたたちは私の秘密を知っているでしょう」との発言があったら、すぐに精神科へ紹介すべきである。

☑ ☑

Q1144 初回面接中の来談者の発言で、「会社を解雇されました。皆、同じ苦しみを味わえばいい」との発言があったら、すぐに精神科へ紹介すべきである。

☑ ☑

A1138 × 睡眠薬、特に［ベンゾジアゼピン系］の副作用としては翌朝の眠気、ふらつき、転倒、［健忘］、［反跳性不眠］、奇異反応などがあり、［アルコール］との併用で起こりやすい。また依存、耐性が問題になる。［前向性健忘］とは、その事象から以降のことを忘れること。

A1139 × ［傾眠］は睡眠薬として用いられるオレキシン受容体拮抗薬の副作用としてある。現在我が国で処方されているオレキシン受容体拮抗薬には、スボレキサントとレンボレキサントがあり、従来のベンゾジアゼピン系睡眠薬に比べて、［依存性］や転倒、［呼吸抑制］などのリスクが少ない。

A1140 × 呼吸抑制は［ベンゾジアゼピン］系睡眠薬や抗不安薬でよくみられる副作用である。

A1141 ○ ［オレキシン受容体拮抗薬］や［メラトニン受容体作動薬］は、反跳性不眠や依存性がなく、筋弛緩作用も少ないと考えられており、［高齢者］に推奨される。

A1142 × オピオイドの副作用として頻度が高いのは［便秘］である。

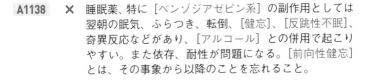

A1143 ○ 「あなたたちは私の秘密を知っているでしょう」という発言から思考障害、特に［思考伝播］が推測され、［統合失調症］の可能性が疑われる。できるだけ早く精神科を受診させることが望ましい。

A1144 × 「皆、同じ苦しみを味わえばいい」という言葉からはやや攻撃性が感じられるが、［自傷］、［他害行為］を積極的に行おうとしている様子は感じられないため、精神科受診の緊急性は高くないと考えられる。

第23章 公認心理師に関係する制度

1 保健医療分野に関する法律、制度

Q1145
介護老人保健施設は、医療法で規定されている医療提供施設である。
☐ ☐

Q1146
精神科病院は、医療法で「高度の医療技術の開発及び評価を行う能力を有すること」が要件として定められている。
☐ ☐

Q1147
精神保健及び精神障害者福祉に関する法律〈精神保健福祉法〉の入院に関する規定によると、応急入院の入院期間は24時間以内に制限される。
☐ ☐

Q1148
精神保健福祉法の入院に関する規定によると、措置入院は自傷他害の恐れのある精神障害者を市町村長が入院させるものである。
☐ ☐

Q1149
精神保健福祉法の入院に関する規定によると、措置入院は、72時間を超えて入院することはできない。
☐ ☐

Q1150
精神保健福祉法の入院に関する規定によると、緊急措置入院は、家族等の同意に基づいて緊急になされる入院をいう。
☐ ☐

ポイント　精神保健福祉法に基づく入院形態

精神保健福祉法に基づく精神科病院への入院形態（任意入院・措置入院・医療保護入院・応急入院・緊急措置入院）の対象、要件をおさえておこう。また入院の形態によって、行ってもよい行動制限やその要件も違うので確認しておこう。

A1145 ○ 介護老人保健施設は、[医療]法で規定されている医療提供施設である。医療法（1948（昭和23）年）第1条の二2項では病院、診療所、[介護老人保健施設]、[介護医療院]、調剤を実施する薬局その他の医療を提供する施設を医療提供施設と規定している。

A1146 ✕ [特定機能病院]は、医療法で「高度の医療技術の開発及び評価を行う能力を有すること」が要件として定められている（医療法第4条の2）。[精神科病院]は医療法の規定に基づいた病院で、精神病床のみを有し、原則として都道府県に設置が義務づけられている。

A1147 ✕ 精神保健及び精神障害者福祉に関する法律〈精神保健福祉法〉の入院に関する規定によると、応急入院の入院期間は[72]時間以内に制限される（第33条の7）。

A1148 ✕ 措置入院は自傷他害の恐れのある精神障害者に対して[都道府県知事]の権限で行われる入院形態である（第29条）。

A1149 ✕ [措置入院]は、入院させなければ[自傷他害]のおそれのある精神障害者で、2名以上の精神保健指定医の診察の結果が一致して入院が必要と認められたとき、[都道府県知事]（または政令指定都市の市長）の決定によって行われる入院である。入院期間の制限はない。

A1150 ✕ [緊急措置入院]は、措置入院の要件に該当するものの、急を要し措置入院の手順が踏めない場合に精神保健指定医1名の診断によって行うことができる入院である。入院期間は[72時間以内]に制限される。

Q1151 精神保健福祉法において、裁判官は、精神障害者又はその疑いのある被告人に無罪又は執行猶予刑を言い渡したときは、その旨を都道府県知事に通報しなければならないと規定されている。

Q1152 精神保健福祉法において、矯正施設の長は、精神障害者又はその疑いのある者を釈放、退院又は退所させようとするときは、あらかじめその収容者の帰住地の都道府県知事に通報しなければならないと規定されている。

Q1153 精神保健福祉法の入院に関する規定によると、任意入院の際は精神保健指定医の診察を要しない。

Q1154 精神保健福祉法において、身体的拘束を行った場合は、身体的拘束を行った旨、身体的拘束の理由、開始と解除の日時などを精神保健指定医が診療録に記載することが規定されている。

Q1155 母子保健法では、出産育児一時金の支給について定められている。

Q1156 母子保健法では、母子健康手帳の交付について定められている。

Q1157 難病の患者に対する医療等に関する法律〈難病法〉による「指定難病」は、治療法が確立しているものと定義されている。

A1151 ✕ 精神保健福祉法において、[検察官]は、精神障害者又はその疑いのある被告人に無罪又は執行猶予刑を言い渡したときは、その旨を[都道府県知事]に通報しなければならないと規定されている。裁判官の通報義務に関する規定はない。

A1152 ◯ 精神保健福祉法第26条に「矯正施設の長は、精神障害者又はその疑のある収容者を釈放、退院又は退所させようとするときは、あらかじめ、左の事項を本人の帰住地(帰住地がない場合は当該矯正施設の所在地)の都道府県知事に通報しなければならない」と示されている。ここでいう矯正施設とは、拘置所、刑務所、少年刑務所、少年院、少年鑑別所、婦人補導院をいう。

A1153 ◯ [任意入院]は本人の同意がある場合に行われ、精神保健指定医の診察は不要である。

A1154 ◯ 「精神保健及び精神障害者福祉に関する法律第37条第1項の規定に基づき厚生労働大臣が定める基準」に「身体的拘束に当たつては、当該患者に対して身体的拘束を行う理由を知らせるよう努めるとともに、身体的拘束を行つた旨及びその理由並びに身体的拘束を開始した日時及び解除した日時を診療録に記載するものとする」とある。

A1155 ✕ [健康保険法]では、出産育児一時金の支給について定められている。母子保健法は、母親と乳幼児の健康の維持を図るために、母親と乳幼児の[保健指導]、[健康診査]、[医療]などについて定めている。

A1156 ◯ 母子健康法第16条1に「市町村は、妊娠の届出をした者に対して、母子健康手帳を交付しなければならない」と[母子健康手帳]の交付について定められている。

A1157 ✕ 難病法においては、[指定難病]は「発病の機構が明らかでなく、かつ、治療方法が確立していない希少な疾病」(第1条)と定義されている。また、指定難病は300以上ある。

Q1158
指定難病は、客観的な診断基準又はそれに準ずるものが定まっていない。
☑ ☑

Q1159
我が国の保険診療の制度では、後期高齢者医療制度の対象は80歳以上である。
☑ ☑

Q1160
我が国の保険診療の制度では、診療報酬は保険者から保険医療機関に直接支払われる。
☑ ☑

Q1161
公認心理師は、特定保健指導を行うことができる。
☑ ☑

Q1162
2018年（平成30年）に改正された健康増進法で、国及び地方公共団体の責務として新たに規定されたものは、ストレスチェック制度である。
☑ ☑

2 福祉分野に関する法律、制度

Q1163
少年院は児童福祉法で定めている児童福祉施設である。
☑ ☑

A1158 ✕ 指定難病は、「当該難病の診断に関し客観的な指標による一定の基準が定まっていること」と定められている（難病法第5条）。

A1159 ✕ 我が国の保険診療の制度では、後期高齢者医療制度の対象は［75］歳以上である。［75］歳になると国民健康保険の資格を喪失し、［後期高齢者医療保険］で医療を受けることになる。

A1160 ✕ 診療報酬は保険者から［審査支払機関］を通じて、診療報酬の請求に応じて保険医療機関に支払われる。

A1161 ✕ 公認心理師は、特定保健指導を行うことが［できない］。特定保健指導とは、生活習慣病の予防のために行うメタボリックシンドロームに着目した［特定健康診査］の結果に基づいて、［生活習慣病］の発症リスクが高い人に対して専門スタッフが行うサポートのことである。医師、保健師、正看護師、［管理栄養士］のいずれかが行う。

A1162 ✕ 2018年（平成30年）に改正された健康増進法で、国及び地方公共団体の責務として新たに規定されたものは、［受動喫煙防止］である。ストレスチェック制度は2014（平成26）年6月に改正された［労働安全衛生法］に基づく制度である。

A1163 ✕ 少年院は［少年院法］に定められた施設で、家庭裁判所から保護処分として送致された少年の健全な育成を目的として矯正教育、社会復帰支援等を行う。児童福祉法で定める［児童福祉施設］は、助産施設、乳児院、母子生活支援施設、［保育所］、幼保連携型認定こども園、児童厚生施設、児童養護施設、障害児入所施設、児童発達支援センター、児童心理治療施設、児童自立支援施設、児童家庭支援センターである（第7条）。

Q1164

☑ ☑

合理的配慮は児童福祉法で定められている。

・・

Q1165

☑ ☑

児童虐待防止対策においては、家庭内暴力〈DV〉対策と児童虐待対応の連携を強化し、婦人相談所や配偶者暴力相談支援センターなどとの連携・協力を行うことが重要である。

・・

Q1166

☑ ☑

児童虐待防止対策における、児童相談所の体制について、一時保護などの介入対応を行う職員と、保護者支援を行う職員を同一の者とすると規定されている。

・・

Q1167

☑ ☑

児童虐待への対応として、児童虐待を受けていると思われる児童を発見した者は通告する義務があると規定されている。

・・

Q1168

☑ ☑

児童虐待の防止等に関する法律〈児童虐待防止法〉には、親権停止の要件が定められている。

・・

Q1169

☑ ☑

虐待など、父母による親権の行使が困難又は不適当な場合、子や親族などの請求により親の親権を一時的に停止することができるのは家庭裁判所（裁判官）である。

・・

Q1170

☑ ☑

児童虐待防止法では、児童虐待を行った保護者への罰則が定められている。

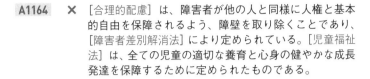

A1164 ✕ [合理的配慮]は、障害者が他の人と同様に人権と基本的自由を保障されるよう、障壁を取り除くことであり、[障害者差別解消法]により定められている。[児童福祉法]は、全ての児童の適切な養育と心身の健やかな成長発達を保障するために定められたものである。

A1165 ◯ 厚生労働省の「児童相談所運営指針」には、児童相談所が連携すべき関係機関として、[婦人相談所]と[配偶者暴力相談支援センター]も記載されている。また、内閣府と厚生労働省からは、児童虐待とDVの特性、これらが相互に重複して発生していることを踏まえ、その他の関係機関も含む相互の連携協力をさらに強化するようにという「配偶者暴力相談支援センターと児童相談所等との連携強化等について」の通達が出されている。

A1166 ✕ 児童虐待防止法では、児童相談所の介入機能と支援機能の[分離]が定められている（第11条7項）。

A1167 ◯ 「児童虐待を受けたと思われる児童を発見した者は、速やかに、これを市町村、都道府県の設置する福祉事務所若しくは児童相談所又は児童委員を介して市町村、都道府県の設置する福祉事務所若しくは児童相談所に[通告]しなければならない」と定められている（児童虐待防止法第6条）。

A1168 ✕ [親権停止]の要件は、[民法]第834条の2により「父又は母による親権の行使が困難又は不適当であることにより子の利益を害するとき」と定められている。

A1169 ◯ 家事事件における子どもの[親権]を判断するのは[家庭裁判所裁判官]の役割である（民法第834条の2）。

A1170 ✕ 児童虐待防止法では、虐待を行った保護者に対する[指導]については定められているが（第11条）、罰則については定められていない。

Q1171 ☑ ☑ 障害者虐待の防止、障害者の養護者に対する支援等に関する法律〈障害者虐待防止法〉における障害者とは、障害者基本法に規定する障害者である。

Q1172 ☑ ☑ 障害者権利条約には、障害者権利条約を実施するための法令制定に障害者は積極的に関与することが定められている。

Q1173 ☑ ☑ ユニバーサルデザインとは、障害者の権利に関する条約〈障害者権利条約〉において、障害者の使用に特化した設計のことである。

Q1174 ☑ ☑ 障害を理由とする差別の解消の推進に関する法律（障害者差別解消法）は、すべての国民が障害の有無によって分け隔てられることなく、共生社会の実現に資することを目的としている。

Q1175 ☑ ☑ 障害者差別解消法の対象となる障害には、身体障害、知的障害、精神障害及び発達障害が含まれる。

Q1176 ☑ ☑ 障害者差別解消法では、行政機関と事業者における障害を理由とする差別が禁止されている。

Q1177 ☑ ☑ 拘置所に収容されている障害者は、障害者の日常生活及び社会生活を総合的に支援するための法律〈障害者総合支援法〉に基づく地域移行支援の対象者である。

A1171 ○ 障害者虐待防止法第2条に「この法律において『障害者』とは、[障害者基本法] に規定する障害者をいう」とある。

A1172 ○ 障害者権利条約には、「締約国は、この条約を実施するための法令及び政策の作成及び実施において、並びに障害者に関する問題についての他の意思決定過程において、障害者を代表する団体を通じ、障害者と緊密に協議し、及び障害者を積極的に関与させる」（第4条3）とある。

A1173 ✕ ユニバーサルデザインとは、「調整又は特別な設計を必要とすることなく、最大限可能な範囲で [全ての人] が使用することのできる製品、環境、計画及びサービスの設計」である（障害者権利条約第2条）。

A1174 ○ 障害者差別解消法では、第1条に「もって全ての国民が、障害の有無によって分け隔てられることなく、相互に人格と個性を尊重し合いながら共生する社会の実現に資することを目的とする」と定められている。

A1175 ○ 障害者差別解消法に、対象は「身体障害、知的障害、精神障害（発達障害を含む。）その他の心身の機能の障害（以下「障害」と総称する。）がある者」と定められている（第2条1項）。

A1176 ○ 障害者差別解消法では、「行政機関等における障害を理由とする差別の禁止」（第7条）、「事業者における障害を理由とする差別の禁止」（第8条）が定められている。

A1177 ○ 障害者総合支援法が2012（平成24）年6月に成立した際に、地域移行支援の対象に「その他の地域における生活に移行するために重点的な支援を必要とする者であって厚生労働省令で定めるもの」が追加され、[保護施設]、[矯正施設]（拘置所も含む）、[更生保護施設]などに入院している障害者も対象となった。

Q1178 地域活動支援センターに通所している障害者は、障害者総合支援法に基づく地域移行支援の対象者である。

☑ ☑

Q1179 発達障害者支援法の支援対象には、18歳未満の者も含まれる。

☑ ☑

Q1180 高齢者虐待の防止、高齢者の養護者に対する支援等に関する法律〈高齢者虐待防止法〉に定められている高齢者虐待の種別は、身体的虐待、心理的虐待、介護・世話の放棄・放任（ネグレクト）及び性的虐待の4つである。

☑ ☑

Q1181 高齢者虐待防止法では、国民には、高齢者虐待の防止や養護者に対する支援のための施策に協力する責務があると規定されている。

☑ ☑

Q1182 総合相談支援は地域包括支援センターの業務である。

☑ ☑

Q1183 我が国の介護保険制度では、国民は65歳に達すると保険料を納付する義務が生じる。

☑ ☑

Q1184 住宅型有料老人ホームは介護保険が適用されるサービスである。

☑ ☑

Q1185 配偶者に対する虐待への対応について、配偶者からの暴力の防止及び被害者の保護等に関する法律〈DV防止法〉では、婦人相談員は被害者に対して必要な指導を行うことができると定められている。

☑ ☑

A1178 ✕ ［地域活動支援センター］は地域で生活する障害者の交流と自立を促す支援を行うところである。［地域移行支援］は施設入所している障害者が地域での生活に移行するための支援である。

A1179 ◯ 発達障害者支援法の支援対象には、［18歳未満］の者も含まれる。第2条2項に「『発達障害児』とは、発達障害者のうち18歳未満のものをいう」と規定されている。また第13条に「発達障害者の家族等への支援」が規定されており、家族も含まれる。

A1180 ✕ 高齢者虐待防止法に定められている高齢者虐待の種別は、［身体的虐待］、［心理的虐待］、［介護・世話の放棄・放任（ネグレクト）］、［性的虐待］に加えて、［経済的虐待］の5つである。

A1181 ◯ 高齢者虐待防止法では、［国民の責務］として、国民は「国又は地方公共団体が講ずる高齢者虐待の防止、養護者に対する支援等のための施策に協力するよう努めなければならない」と定められている（第4条）。

A1182 ◯ 地域包括支援センターは、住民の各種相談を幅広く受け付ける［総合相談支援］業務を行う。それ以外に、［権利擁護］のための業務、［包括的・継続的ケアマネジメント支援］の業務、［介護予防ケアマネジメント］の業務を行う。

A1183 ✕ 我が国の介護保険制度では、国民は［40］歳に達すると保険料を納付する義務が生じる。

A1184 ✕ 住宅型有料老人ホームの利用は介護保険が適用され［ない］。そこに入居していても介護が必要な場合には、［訪問介護］として介護保険サービスを利用することができる。

A1185 ◯ DV防止法では、［婦人相談員］は、配偶者からの暴力被害者の相談を受けることと必要な指導を行うことができると定められている（第4条）。婦人相談員は、［婦人相談所］、［福祉事務所］などに配置されている。

Q1186 DV防止法には、被害者の保護命令申立ては警察に対して行うと規定されている。

☑ ☑

. . . .

Q1187 DV防止法が定める、被害者への接近禁止命令の期間は1年間である。

☑ ☑

. . . .

Q1188 医療費支援は、生活困窮者自立支援制度に含まれる。

☑ ☑

3 教育分野に関する法律、制度

Q1189 「個性に応じて将来の進路を選択する能力を養う」ことは、教育基本法第2条に規定される教育の目標である。

☑ ☑

. . . .

Q1190 学校教育法で規定される学校には、各種学校が含まれる。

☑ ☑

A1186　✕　DV防止法には、被害者の保護命令の申立ては、[地方裁判所]に対して行うと規定されている（第11条）。加害者の住所地（不明の場合は居所）、申立人の住所または居所、暴力または脅迫が行われた地を管轄する地方裁判所に申立書を提出する。

A1187　✕　DV防止法が定める、被害者への接近禁止命令は、[6か月]が効力期間である（第10条2項）。再度の保護命令申立ては可能であるが、延長や更新ではなく新たな事件として審理される。

A1188　✕　医療費支援は、生活困窮者自立支援制度に含まれ[ない]。生活困窮者自立支援制度は、生活保護に至る前の自立支援策の強化を図ることと、生活保護から脱却した人が再び生活保護に頼ることのないようにするための支援を行う制度であり、[家計相談支援]、[就労準備支援]、[子どもの学習支援]、[住居確保給付金の支給]などが行われている。

A1189　✕　「個性に応じて将来の進路を選択する能力を養う」とされているのは[学校教育法]第21条である。教育基本法第2条に規定される教育の目標は、「勤労を重んずる態度を養う」、「自主及び自律の精神を養う」、「豊かな情操と道徳心を養う」、「他国を尊重し、国際社会の平和と発展に寄与する態度を養う」などである。

A1190　✕　学校教育法で定められている「学校」とは、「幼稚園、小学校、中学校、義務教育学校、高等学校、中等教育学校、特別支援学校、大学及び高等専門学校」である（第1条）。また、同法において、この第1条以外に学校教育に類する教育を行うものを[各種学校]と定義している（第134条）。

Q1191 学校保健安全法は、学校に在籍する児童生徒・教職員の健康及び学校の保健に関して示している。

☑ ☑

Q1192 学校保健安全法では、学校においては、児童生徒等の心身の健康に関し、健康相談を行うことが規定されている。

☑ ☑

Q1193 学校保健安全法では、感染症の予防上必要があるときは、臨時に、学校の全部又は一部の休業を行うことができると定められている。

☑ ☑

Q1194 教育相談主任は、学校教育法施行規則において、小学校及び中学校に設置することが規定されている。

☑ ☑

Q1195 教育委員会は、性行不良であって他の児童の教育に妨げがあると認める児童があるときは、出席停止を児童生徒本人に対して命じることができる。

☑ ☑

Q1196 いじめ防止対策推進法では、「児童等はいじめを行ってはならない」と定められている。

☑ ☑

Q1197 いじめ防止対策推進法において、いじめは「自分よりも弱い者に対し一方的に与える身体的・心理的な攻撃であること」と定義されている。

☑ ☑

Q1198 いじめ防止対策推進法及びいじめの防止等のための基本的な方針（平成29年改定、文部科学省）には、学校いじめ対策組織に、スクールカウンセラーが参画することが定められている。

☑ ☑

A1191 ○ [学校保健安全法] 第1条に「この法律は、学校における児童生徒等及び職員の健康の保持増進を図るため、学校における保健管理に関し必要な事項を定める」とある。

A1192 ○ [学校保健安全法] 第8条に「学校においては、児童生徒等の心身の健康に関し、健康相談を行うものとする」と定められている。

A1193 ○ 学校保健安全法第20条に「学校の設置者は、感染症の予防上必要があるときは、臨時に、学校の全部又は一部の休業を行うことができる」とある。

A1194 ✕ 教育相談主任の設置は、学校教育法施行規則には定められて[いない]。

A1195 ✕ 市町村の教育委員会は、「性行不良であって他の児童の教育に妨げがあると認める児童があるときは、その[保護者]に対して、児童の出席停止を命ずることができる」（学校教育法第35条）。

A1196 ○ [いじめ防止対策推進法] 第4条に「児童等は、いじめを行ってはならない」と定められている。

A1197 ✕ いじめの定義は「当該児童等が在籍する学校に在籍している等当該児童等と一定の人的関係にある他の児童等が行う心理的又は物理的な影響を与える行為（インターネットを通じて行われるものを含む。）であって、当該行為の対象となった児童等が心身の苦痛を感じているもの」とされている（いじめ防止対策推進法第2条）。

A1198 ○ いじめ防止対策推進法第22条に、学校いじめ対策組織は「心理、福祉等に関する専門的な知識を有する者その他の関係者」により構成されると定められており、文科省の基本的な方針には、「可能な限り、同条の『心理、福祉等に関する専門的な知識を有する者』として、スクールカウンセラー・スクールソーシャルワーカーを参画させる」とされている。

Q1199 ☑ ☑ いじめ防止対策推進法及びいじめの防止等のための基本的な方針には、教職員がいじめ問題に対して適切な対処ができるよう、スクールカウンセラー等の専門家を活用した校内研修を推進することが定められている。

Q1200 ☑ ☑ いじめ防止対策推進法に基づき、学校はいじめ問題対策連絡協議会を置くことができる。

Q1201 ☑ ☑ コミュニティ・スクールの取り組みに基づき、学校に学校運営協議会を設置することが義務付けられている。

Q1202 ☑ ☑ 生徒指導提要（文部科学省）に示されている生徒指導は、教育課程における特定の教科等で行われるものと定められている。

Q1203 ☑ ☑ 発達障害者支援法では注意欠如多動症／注意欠如多動性障害〈AD/HD〉は支援の対象に含まれない。

ポイント　いじめ防止対策推進法の概要

いじめの防止基本方針	地方公共団体は、学校、教育委員会、児童相談所、法務局、警察その他の関係者により構成される [いじめ問題対策連絡協議会] を置くことができる
基本的施策・いじめの防止等に関する措置	・学校が講ずべき基本的施策として、①道徳教育等の充実、② [早期発見] のための措置、③相談体制の整備、④インターネットを通じて行われるいじめに対する対策の推進を定める ・学校はいじめの防止等に関する措置を実効的に行うため、複数の教職員、心理、福祉等の専門家、その他の関係者により構成される [組織] を置く
重大事態への対処	重大事態に対処し、また同種の事態の発生の防止に資するため、速やかに、適切な方法により事実関係を明確にするための調査を行うものとする

A1199 ○ 文科省の基本的な方針には、「全ての教職員がいじめ防止対策推進法の内容を理解し、いじめの問題に対して、その態様に応じた適切な対処ができるよう、心理や福祉の専門家であるスクールカウンセラー・スクールソーシャルワーカー等を活用し、教職員のカウンセリング能力等の向上のための校内研修を推進する」とされている。

A1200 ✕ いじめ防止対策推進法に基づき、[地方公共団体]はいじめ問題対策連絡協議会を置くことができる。関係機関等の連携を図るため、学校、教育委員会、児童相談所、法務局、警察署、その他の関係者により構成される。

A1201 ✕ 学校運営協議会を設置することは[努力義務]である。[コミュニティ・スクール]とは学校運営協議会制度のことで、地方教育行政の組織及び運営に関する法律(第47条の5)に基づく、学校と保護者や地域の人々が[協働]しながら学校づくりを進める取り組みである。同法には、教育委員会は、学校運営協議会を置くよう[努めなければならない]とある(第47条の5)。

A1202 ✕ 生徒指導提要に示されている生徒指導は、個性の伸長を図りながら、[社会的資質]や[行動力]を高めることを目指して行われる教育活動であり、教育課程の[全ての領域]において機能することが求められている(第1章1節)。

A1203 ✕ 発達障害者支援法では、注意欠如多動症/注意欠如多動性障害〈AD/HD〉は支援の対象に含ま[れる]。発達障害は「自閉症、アスペルガー症候群その他の広汎性発達障害、学習障害、注意欠陥多動性障害その他これに類する脳機能の障害であってその症状が通常[低年齢]において発現するものとして政令で定めるもの」と定義されている(第2条1項)。

Q1204 特別支援教育の対象となる障害種別は、発達障害と知的障害である。

☑ ☑

Q1205 発達障害者支援センターの役割に発達障害の診断は含まれない。

☑ ☑

4 司法・犯罪分野に関する法律、制度

Q1206 裁判所が、重大な加害行為を行った者の精神状態に関する鑑定（いわゆる精神鑑定）の結果とは異なる判決を下すことは違法とされている。

☑ ☑

Q1207 心神喪失等の状態で重大な他害行為を行った者の医療及び観察等に関する法律〈医療観察法〉の対象となる犯罪行為には、恐喝や脅迫が含まれる。

☑ ☑

Q1208 医療観察法では、精神保健観察は、社会復帰調整官が担当すると定められている。

☑ ☑

Q1209 医療観察法では、入院施設からの退院は、入院施設の管理者が決定すると規定されている。

☑ ☑

Q1210 少年法では、審判に付すべき少年とは、刑罰法令に触れる行為を行った者に限定されている。

☑ ☑

Q1211 暴力防止プログラムは、保護観察において受講が義務付けられた、医学、心理学、教育学、社会学その他の専門的知識に基づく、特定の犯罪傾向を改善するための体系化された手順による専門的処遇プログラムである。

☑ ☑

A1204　✕　特別支援教育の対象となる障害種別は、発達障害と知的障害のほか、[視覚障害者]、[聴覚障害者]、[肢体不自由者]、[病弱・身体虚弱者]、[言語障害] などが特別支援教育の対象となる。

A1205　○　発達障害者支援センターの業務は発達障害のある人への [相談支援]、[発達支援]、[就労支援]、[普及啓発・研修] であり、[医学的診断] はそこに含まれない。

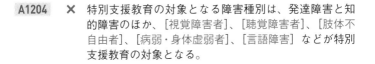

A1206　✕　裁判所では精神鑑定の結果を受けて、[裁判官] と [精神保健審判員（精神科医）] の合議体によって総合的に審判を行う（医療観察法第11条）。なお、[心神耗弱] は善悪の判断が著しく低下している状態を指し、[心神喪失] は、精神障害などのため、善悪を判断して行動することが全くできない状態を指す。

A1207　✕　医療観察法の対象となる犯罪行為は、重大な他害行為（殺人、放火、強盗、強制性交等、強制わいせつ、傷害）を指す（第2条）。恐喝や脅迫は重大な他害行為に含まれない。

A1208　○　医療観察法の規定として社会復帰調査官は [保護観察所] に置かれ、[精神保健観察] を一つの役割としている。

A1209　✕　医療観察法では、入院施設からの退院は、[裁判所] が決定すると規定されている（第51条）。

A1210　✕　[少年法] 第3条第3項には、刑罰法令に触れる行為を行っていなくても、将来罪を犯すおそれがある [虞犯少年] も審判に付すべき対象として明記されている。

A1211　○　専門的処遇プログラムには、[暴力防止] プログラムのほか、[飲酒運転防止] プログラム、[性犯罪者処遇] プログラム、[薬物再乱用防止] プログラムがある。

Q1212 ☑ ☑
犯罪被害者等基本法では、犯罪被害者等が、その受けた被害を回復し、社会に復帰できることを目的とした支援の施策を定めている。

Q1213 ☑ ☑
犯罪被害者等基本法では、犯罪被害者等のための施策は、犯罪被害者等が被害を受けたときから3年間までの間に講ぜられると規定されている。

Q1214 ☑ ☑
犯罪被害者支援の制度として、刑事事件の犯罪被害者は、裁判所に公判記録の閲覧及び謄写を求めることができる。

Q1215 ☑ ☑
成年後見制度において、成年後見人に選任される者は、弁護士又は司法書士に限られる。

Q1216 ☑ ☑
成年後見制度は、精神障害などにより、財産管理などの重要な判断を行う能力が十分ではない人々の権利を守り、支援する制度である。

---

5 産業・労働分野に関する法律、制度

Q1217 ☑ ☑
労働基準法は、労働条件の平均的な基準を定めている。

A1212 ✕ 犯罪被害者等のための施策は、「その受けた被害を回復し、又は軽減し、再び平穏な生活を営むことができるよう支援し、及び犯罪被害者等がその被害に係る刑事に関する手続に適切に関与することができるようにする」とある（犯罪被害者等基本法第2条3項）。「社会に復帰できること」はその目的ではない。

. . . .

A1213 ✕ 犯罪被害者等のための施策には期限が[ない]。犯罪被害者等基本法第3条3項に「犯罪被害者等のための施策は、犯罪被害者等が、被害を受けたときから再び平穏な生活を営むことができるようになるまでの間、必要な支援等を途切れることなく受けることができるよう、講ぜられるものとする」とされている。

. . . .

A1214 ◯ 刑事事件が裁判所で審理されている間に、原則として、被害者や遺族は裁判所が保管する公判記録の[閲覧、謄写（コピー）]が認められている。

. . . .

A1215 ✕ [成年後見人]は、未成年者・家庭裁判所で免じられた法定後見人等・破産者・被後見人に対して訴訟中か過去に訴訟をした者及びその配偶者並びに直系血族・行方の知れない者を除外して誰でもなることができる。[家庭裁判所]によって選任される。

. . . .

A1216 ◯ [成年後見制度]は、判断能力が不十分なために財産管理や契約等の法律行為を行えない人を[後見人等]が代理することで、本人の権利を守り、支援する制度である。

A1217 ✕ 労働基準法は労働条件の[最低]の基準を定めている（第1条）。労働3法（労働組合法、労働基準法、労働関係調整法）などの法規の目的を整理し、理解しておくこと。

Q1218 労働基準法に基づく有給休暇は、雇入れの日から3か月間継続勤務した労働者に対して付与される。

☑ ☑

Q1219 労働組合法は、労働争議の予防又は解決を目的とする法律である。

☑ ☑

Q1220 労働者は自らの健康管理に関する安全配慮義務を負う。

☑ ☑

Q1221 労働者派遣事業の適正な運営の確保及び派遣労働者の保護等に関する法律〈労働者派遣法〉では、事業所単位での派遣可能期間の延長があれば、派遣先の事業所における同一の組織単位に対し、3年を超えて派遣できると定められている。

☑ ☑

Q1222 労働安全衛生法に基づくストレスチェック制度では、労働者はストレスチェックの受検義務がある。

☑ ☑

Q1223 産業保健のストレスチェック制度は、労働者のうつ病の早期発見を目的とした取組である。

☑ ☑

Q1224 労働者の心の健康の保持増進のための指針の職場における心の健康づくりでは、「セルフケア」、「ラインによるケア」及び「事業場外資源によるケア」の3つが継続的かつ計画的に行われる。

☑ ☑

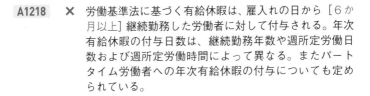

A1218 ✕　労働基準法に基づく有給休暇は、雇入れの日から［6か月以上］継続勤務した労働者に対して付与される。年次有給休暇の付与日数は、継続勤務年数や週所定労働日数および週所定労働時間によって異なる。またパートタイム労働者への年次有給休暇の付与についても定められている。

・・

A1219 ✕　［労働関係調整法］は、労働争議の予防又は解決を目的とする法律である。［労働組合法］は、労働者の［地位向上］のため、自主的に労働組合の結成の擁護を定めている（第1条）。

・・

A1220 ✕　［使用者］は労働者の健康管理に関する安全配慮義務を負う。［労働契約法］第5条に「使用者は、労働契約に伴い、労働者がその生命、身体等の安全を確保しつつ労働することができるよう、必要な配慮をするものとする」と規定されている。

・・

A1221 ✕　事業所単位での派遣可能期間の延長があっても、派遣先の事業所における［同一の］組織単位（「課」などが想定）では、［3］年を超えて派遣ができない。なお、同じ派遣労働者の場合、別の組織（異なる課など）への派遣はできる。

・・

A1222 ✕　ストレスチェックは労働者が［50人以上］いる事業所には［事業者］に［実施］義務がある。労働者の義務ではない（労働安全衛生法第66条の10）。

・・

A1223 ✕　ストレスチェック制度は、労働者の「『うつ』などのメンタルヘルス不調を未然に防止するための仕組み」である（厚生労働省「ストレスチェック制度導入マニュアル」より）。

・・

A1224 ✕　労働者の心の健康の保持増進のための指針の職場における心の健康づくりでは、「セルフケア」「ラインによるケア」「事業場内産業保健スタッフ等によるケア」「事業場外資源によるケア」の4つのケアが継続的かつ計画的に行われる。

Q1225 労働者の心の健康の保持増進のための指針において、「ストレスへの気づき方」は労働者への教育研修及び情報提供の内容に含まれる。

☐ ☐

Q1226 労働安全衛生法によって、事業場の規模に応じた事業者の義務として定められているのは、ハラスメント相談窓口の設置である。

☐ ☐

Q1227 常時50人以上の労働者を使用する事業場で選任される者で、労働安全衛生法が定める、作業条件、作業環境の衛生上の改善や疾病の予防処置などの管理を担当する者とは、作業主任者である。

☐ ☐

Q1228 雇用の分野における男女の均等な機会及び待遇の確保等に関する法律〈男女雇用機会均等法〉が示す、職場におけるセクシュアルハラスメントの防止対策では、労働者がセクシュアルハラスメントに関して事業主に相談したこと等を理由とした不利益な取扱いを禁止している。

☐ ☐

Q1229 障害者の雇用の促進等に関する法律〈障害者雇用促進法〉で、障害者の法定雇用率の算定基礎の対象には、精神障害者が含まれている。

☐ ☐

Q1230 2022年（令和4年）時点における障害者の雇用について、障害者扉用率の算定の対象者は、障害者手帳保持者に限らない。

☐ ☐

A1225 〇 労働者の心の健康の保持増進のための指針において、「ストレスへの気づき方」は［労働者への教育研修・情報提供］の内容に含まれる。その他、「メンタルヘルスケアに関する事業場の方針」「ストレス及びメンタルヘルスケアに関する基礎知識」「ストレスの予防、軽減及びストレスへの対処の方法」などが含まれる。

A1226 ✕ 労働安全衛生法によって、事業場の規模に応じた事業者の義務として定められているのは［衛生委員会］の設置である（第18条）。ハラスメント相談窓口の設置は、［労働施策総合推進法］の改正により、全ての事業主に義務化された。

A1227 ✕ 労働安全衛生法によって定められている、常時50人以上の労働者を使用する事業場で選任される、作業条件、作業環境の衛生上の改善や疾病の予防処置などの管理を担当する者は、［衛生管理者］である。

A1228 〇 職場におけるセクシュアルハラスメントを防止するために、事業主が雇用管理上講ずべき措置として定められている指針に「相談したこと、事実関係の確認に協力したこと等を理由として不利益な取扱いを行ってはならない」旨を定め、「労働者に周知・啓発すること」と定められている。

A1229 〇 障害者の法定雇用率の算定には、［身体障害者］、［知的障害者］、［精神障害者］が含まれている。従業員が一定数以上の規模の事業主は、従業員に対し一定の割合で障害者を雇用する義務がある（障害者雇用促進法第43条1項）。

A1230 ✕ 障害者雇用率制度の上では、［身体障害者手帳］、［療育手帳］、［精神障害者保健福祉手帳］の所有者を実雇用率の算定対象としている。

第24章 その他（心の健康教育に関する事項等）

1 具体的な体験、支援活動の専門知識及び技術への概念化、理論化、体系化

Q1231
☑ ☑
公認心理師は、心理的支援活動を概念化、理論化し、体系立てていくために、自らが立脚する支援理論と整合するデータを基に理論化する。

Q1232
☑ ☑
公認心理師は、クライエントの心理的支援に有用でなければ、理論を修正することを検討する。

Q1233
☑ ☑
心理的支援の理論は、理論化がなされた文化の文脈を考慮して適用する必要がある。

Q1234
☑ ☑
公認心理師が心理的支援の事実を記述する場合は、クライエントの発話に限定して詳細に記載する。

Q1235
☑ ☑
地域援助においては、公認心理師は参加的理論構成者としての役割が必要になる。

Q1236
☑ ☑
公認心理師が、量的データを扱う際には、研究者のリフレクシヴィティ〈reflexivity〉が重要である。

A1231　✕　公認心理師として、自らが立脚する支援理論があること
は重要であるが、特定の支援理論に固執することなく、
それに[整合しないデータ]も重視しなければならない。

. . . .

A1232　○　心理的支援活動は[クライエントの益]となるものでな
ければならず、そうでない場合には理論の修正が必要
となる。

. . . .

A1233　○　心理的支援の理論は、様々な時代や文化を背景に理論
化されているため、そのまま現代の日本社会に適用す
ることが適切でない場合もある。心理的支援の適用に
ついては文化や時代背景などの[文脈]を考慮する必要
がある。

. . . .

A1234　✕　心理的支援の事実を書き留めておく場合には、クライ
エントの発話だけでなく、[非言語的メッセージ]や、
[客観的情報]も記載する必要がある。

. . . .

A1235　○　[参加的理論構成者]とは、「研究室から飛び出して、地
域社会の問題に生活者の目線で実際に取り組んで、実
践を通してそれを研究し理論化していく」専門家のこ
とであり、公認心理師にはこの役割が求められている。
[コミュニティ心理学]においては、地域援助を行う上
で必要な役割として、社会変革者、地域のコンサルタン
ト、地域の分析者、システムを組織化する人に加え、参
加的理論構成者が挙げられている。

. . . .

A1236　✕　公認心理師が、[質的]データを扱う際には、研究者の
[リフレクシヴィティ〈reflexivity〉]が重要である。[リ
フレクシヴィティ〈reflexivity〉]は「反省性」や「再帰
性」を意味する。

2 実習を通じた要支援者等の情報収集、課題抽出及び整理

Q1237 公認心理師養成のための実習において、実際のクライエントに援助を提供する場合には、スーパービジョンを受ける。
☑ ☑

Q1238 公認心理師養成のための実習において、担当したクライエントに魅力を感じた場合には、それを認識して対処するように努める。
☑ ☑

Q1239 公認心理師養成のための実習では、業務に関する理解や書類作成の方法を学ぶことよりも、クライエントへの援助技法の習得に集中する。
☑ ☑

3 心の健康に関する知識普及を図るための教育、情報の提供

Q1240 健康日本21（第二次）は、平均寿命の延伸を基本目標としている。
☑ ☑

Q1241 健康日本21（第二次）は、生活習慣病の一次予防に重点を置いた対策を推進している。
☑ ☑

Q1242 健康日本21（第二次）では、小児科医と児童精神科医の増加が心の健康の目標の1つとされている。
☑ ☑

Q1243 健康日本21（第二次）において、こころの健康として気分障害の数値目標が設定されている。
☑ ☑

A1237 ○ 実習では、当該施設の実習指導者、または実習担当教員による指導を受けることになっており、実際のケースを持つ際には［スーパービジョン］が必要である。

A1238 ○ 実習の中で、クライエントに魅力を感じた場合は、自らの感情を［認識］し、それが治療の妨げにならないよう対処に努める必要がある。そのためにも実習指導者または実習担当教員にそのことを相談することが重要である。

A1239 ✕ 公認心理師となるためには、クライエントへの援助技法だけでなく、［業務に関する理解］や［書類作成］の方法も重要であるため、実習中にしっかりと学ぶことが大切である。

A1240 ✕ 健康日本21（第二次）は、［健康寿命］（健康上の問題で日常生活に制限のない期間）の延伸を基本目標としている。健康日本21については、厚生労働省の「健康日本21（第2次）の推進に関する参考資料」（平成24年7月）に目を通しておこう。

A1241 ○ 健康日本21（第二次）では、生活習慣を改善して生活習慣病等を予防する［一次予防］に重点を置いた対策を推進して、健康寿命の延伸等を図る。

A1242 ○ 健康日本21（第二次）では、小児人口10万人あたりの［小児科医・児童精神科医師］の割合の増加を目標として掲げている。

A1243 ○ 健康日本21（第二次）において、［気分障害］の数値目標が設定されている。

Q1244 健康日本21（第二次）において、こころの健康として発達障害の数値目標が設定されている。

Q1245 公認心理師がいじめ予防プログラムの実践を依頼され実施する場合、小学校の教師に対して説明責任を果たす。

Q1246 公認心理師がいじめ予防プログラムを実施した場合、実践したプログラムの終了後に形成的評価を行う。

Q1247 公認心理師がいじめ予防プログラムを行う場合、アクションリサーチの観点からプログラムを実施し、評価する。

Q1248 IOMにおけるメンタルヘルス問題への対応は、予防、治療、寛解の3段階で設定されている。

Q1249 IOMにおいて、普遍的予防は、まだリスクが高まっていない人々に対して行われる。

Q1250 IOMの予防に関する考え方はCaplanのものをもとにしている。

ポイント 健康日本21（第二次）

こころの健康に関して数値目標が設定されているのは、①自殺者数の減少、②気分障害・不安障害に相当する心理的苦痛を感じている者の割合の減少、③メンタルヘルスに関する措置を受けられる職場の割合の増加、④小児人口10万人あたりの小児科医・児童精神科医師の割合の増加の4つである。

A1244 ✕ 健康日本21（第二次）において、発達障害の数値目標は設定されて［いない］。こころの健康については、適切な保健医療サービスを受けることで、重い抑うつや不安の軽減が期待されるため、［気分障害・不安障害］の数値目標が設定されている。

A1245 ◯ 公認心理師は、いじめ予防プログラムに限らず、学校で何らかのプログラムを実施するにあたっては、教師に対する［説明責任］を果たさなければならない。

A1246 ✕ 公認心理師がいじめ予防プログラムを実施した場合、実践したプログラムの終了後に［総括的評価］を行う。［形成的評価］は、プログラム実施中に児童生徒の学習が成立しているかをその都度確認しながら行うことで、プログラムの終了後に行うことではない。

A1247 ◯ ［アクションリサーチ］は、現実問題の解決（改善）を目指した実践と研究のことである。いじめ予防プログラムは、当該小学校におけるいじめ予防を目指して実施され、実際に予防効果があったかという評価をすることが重要である。

A1248 ✕ IOMにおけるメンタルヘルス問題への対応は、［予防］、［治療］、［維持］の３段階で設定されている。

A1249 ◯ IOMにおいて、［普遍的予防］は一般大衆や精神障害の発症リスクが高まっていない人々が対象である。

A1250 ✕ IOMの予防に関する考え方はG. Caplanのものとは異なる。G. Caplanの考え方には早期発見・早期治療により病が重篤化しないための介入（第二次予防）、疾病発症後の治療過程においてリハビリテーションによる機能の維持回復や再発防止の取り組み（第三次予防）も含まれている。

本書内容に関するお問い合わせについて

このたびは翔泳社の書籍をお買い上げいただき、誠にありがとうございます。弊社では、読者の皆様からのお問い合わせに適切に対応させていただくため、以下のガイドラインへのご協力をお願い致しております。下記項目をお読みいただき、手順に従ってお問い合わせください。

●ご質問される前に

弊社Webサイトの「正誤表」をご参照ください。これまでに判明した正誤や追加情報を掲載しています。

正誤表　https://www.shoeisha.co.jp/book/errata/

●ご質問方法

弊社Webサイトの「書籍に関するお問い合わせ」をご利用ください。

書籍に関するお問い合わせ　https://www.shoeisha.co.jp/book/qa/

インターネットをご利用でない場合は、FAXまたは郵便にて、下記"翔泳社 愛読者サービスセンター"までお問い合わせください。
電話でのご質問は、お受けしておりません。

●回答について

回答は、ご質問いただいた手段によってご返事申し上げます。ご質問の内容によっては、回答に数日ないしはそれ以上の期間を要する場合があります。

●ご質問に際してのご注意

本書の対象を超えるもの、記述個所を特定されないもの、また読者固有の環境に起因するご質問等にはお答えできませんので、予めご了承ください。

●郵便物送付先およびFAX番号

送付先住所　〒160-0006　東京都新宿区舟町5
FAX番号　　03-5362-3818
宛先　　　　（株）翔泳社 愛読者サービスセンター

読者特典について

本書の読者特典として、下記の **Web アプリ**を提供しております。

---

①一問一答 500 問　※解説がつきます
②第 6 回試験 (問題＋解答)　※解説はつきません

読者特典をご利用になるには、お持ちのスマートフォン、タブレット、パソコンなどから下記の URL にアクセスしてください。画面の指示に従い、アクセスキーを入力して進んでください。なお、画面で指定された箇所のアクセスキーは、半角英数字で、大文字、小文字を区別して入力してください。

https://www.shoeisha.co.jp/book/exam/9784798181615

《注意》

※ Web アプリのご利用には、SHOEISHA iD (翔泳社が運営する無料の会員制度) への会員登録が必要です。詳しくは、Web サイトをご覧ください。
※ 読者特典のデータに関する権利は著者および株式会社翔泳社が所有しています。許可なく配布したり、Web サイトに転載することはできません。
※ 読者特典の提供は予告なく終了することがあります。あらかじめご了承ください。
※ 読者特典データの記載内容は、2023 年 7 月現在の法令等に基づいています。

執筆者紹介 (50音順)

●岩瀬 利郎 (いわせ・としお)

日本医療科学大学兼任教授／東京国際大学医療健康学部准教授。博士 (医学)。埼玉石心会 (狭山) 病院精神科部長、武蔵の森病院院長、東京国際大学人間社会学部教授、同大学教育研究推進機構教授を経て現職。精神科専門医・指導医、睡眠専門医、臨床心理士、公認心理師。著書に『認知症になる48の悪い習慣』(ワニブックス)、『発達障害の人が見ている世界』(アスコム) など。メディア出演にNHK BS プレミアム「偉人たちの健康診断〜徳川家康　老眼知らずの秘密〜」、テレビ東京「主治医が見つかる診療所〜寝起きの悪い人と寝起きのいい人の体は何が違うの〜」など。

●翁長 伸司 (おきなが・しんじ)

埼玉医科大学病院神経精神科・心療内科／埼玉医科大学かわごえクリニックこどものこころクリニック外来 臨床心理士。放送大学非常勤講師、中部学院大学非常勤講師、お茶の水女子大学非常勤講師。国立病院神経内科、スクールカウンセラー、大学院心理相談センター、大学非常勤講師などを経て現職。臨床心理士、公認心理師。

●下坂 剛 (しもさか・つよし)

四国大学生活科学部准教授。博士 (学術)。公認心理師。論文に「未就学児の親の育児関与とその規定因に関する研究」(共著、小児保健研究80巻)、著書に『人間の形成と心理のフロンティア』(共編著、晃洋書房)。

●田代 信久 (たしろ・のぶひさ)

帝京平成大学人文社会学部准教授、帝京大学医療共通教育研究センター特任講師を兼任。脳外科・神経内科・内科心理職、スクールカウンセラー、ハローワーク心理職、湘央医療技術専門学校、帝京高等看護学院、近畿大学九州短期大学講師を経て現職。教育学修士、臨床心理士、公認心理師。著書に『視能検査学　第2版』(共著、医学書院) など。

●中村 洸太（なかむら・こうた）
駿河台大学、聖学院大学、目白大学、ルーテル学院大学にて兼任講師。博士（ヒューマン・ケア科学）。心療内科・精神科クリニックや大学病院等を経て、現在は産業領域や教育領域を中心に臨床に携わる。精神保健福祉士、臨床心理士、公認心理師。著書に『メンタルヘルスマネジメント検定 Ⅱ種Ⅲ種 テキスト＆問題集』（共編著、翔泳社）、『メールカウンセリングの技法と実際』（共編著、川島書店）など。

●松岡 紀子（まつおか・のりこ）
医療法人社団こころけあ 心理カウンセラー。公立小中学校スクールカウンセラー、私設相談室非常勤カウンセラー、心療内科クリニック心理職を経て現職。成人の精神疾患や被害者支援を専門に医療臨床に従事。臨床心理士、公認心理師。

●三浦 佳代子（みうら・かよこ）
長崎純心大学人文学部地域包括支援学科准教授。博士（医学）。日本学術振興会特別研究員、富山大学エコチル富山ユニットセンター研究員、金沢大学保健管理センター助教などを経て現職。臨床心理士、公認心理師。公認心理師を目指す人のための情報サイト「公認心理師ドットコム」を運営。

●村上 純子（むらかみ・じゅんこ）
聖学院大学心理福祉学部心理福祉学科教授。博士（学術）。総合病院精神科、精神科クリニック、被災者ケアセンター勤務、公立小中高校のスクールカウンセラーなどを経て現職。臨床心理士、公認心理師。著書に『子育てと子どもの問題』（キリスト新聞社）。

●森田 麻登（もりた・あさと）
神奈川大学人間科学部助教。修士（医科学）、修士（臨床心理学）、修士（教育学）。臨床心理士、公認心理師。法務省心理技官、千葉県発達障害者支援センター相談員、筑波大学附属中学校スクールカウンセラー、帝京学園短期大学助教、身延山大学特任講師、植草学園大学講師、広島国際大学講師を経て現職。著書に『記憶心理学と臨床心理学のコラボレーション』（共著、北大路書房）。

執筆者調整・編集協力／中村 洸太、村上 純子

著者紹介

公認心理師試験対策研究会
心理に造詣が深い大学教員やカウンセラー、医師等の有志で構成される研究会。質の
高い心理職の合格に向けて尽力している。

カバーデザイン	小口翔平＋青山風音（tobufune）
カバー・本文イラスト	ハヤシ フミカ
DTP	株式会社 トップスタジオ

心理教科書

公認心理師 精選一問一答1250

2023年 9月21日 初版第1刷発行

著 者	公認心理師試験対策研究会	
発 行 人	佐々木 幹夫	
発 行 所	株式会社 翔泳社（https://www.shoeisha.co.jp）	
印刷・製本	日経印刷 株式会社	

ISBN978-4-7981-8161-5   Printed in Japan